JRA距離・コース別

王様 田端到の だから血統はやめられん!

著◎田端 到

実業之日本社

まえがき

王様のコース&血統本、2020年の最新版をお届けします。ほぼ3年に1度の刊行で好評をいただいてきたシリーズです。

2019年、種牡馬界には激震が走りました。日本の血統地図のど真ん中にいた両雄、ディープインパクトとキングカメハメハの相次ぐ訃報。ひとつの時代に区切りがつき、これで日本の競馬が新しい時代に突入することは間違いありません。

ただし、ならばすぐに今週や来週の競馬に影響が出るかといえば、それは違います。ディープインパクトやキングカメハメハの産駒は、今年も来年もまだまだ続々とデビューしてきます。毎週の馬券と格闘するにあたり、この両種牡馬の扱いが重要なのは当分、変わりません。

新しい潮流も生まれつつあります。2019年に産駒をデビューさせた新種牡馬、キズナとエピファネイアの大活躍です。キズナ産駒からは続々と重賞勝ち馬が生まれ、エピファネイア産駒からは二冠牝馬デアリングタクトが登場しました。

本書は各競馬場のコース距離ごとに、血統傾向を紹介・分析する内容ですが、コースごとの狙いを立てる前に、それぞれの種牡馬の全体傾向を把握しておく必要もあります。参考までに2020

年6月14日まで集計したキズナ産駒とエピファネイア産駒の勝利数トップ5コースを掲載しておきます。

●キズナ産駒

１位　阪神ダート１８００ｍ……８勝
２位　京都芝２０００ｍ…………６勝
３位　京都ダート１８００ｍ……５勝
３位　阪神芝１６００ｍ…………５勝
５位　中山芝１６００ｍ…………４勝
　　　中山ダート１８００ｍ……４勝
　　　阪神芝２０００ｍ…………４勝

●エピファネイア産駒

１位　阪神芝１６００ｍ…………６勝
２位　中山芝２０００ｍ…………４勝
３位　京都芝１６００ｍ…………３勝
　　　東京芝２０００ｍ…………３勝
　　　中京芝１６００ｍ…………３勝

東京芝１６００ｍ…………３勝
小倉芝１２００ｍ…………３勝
中山ダート１８００ｍ……３勝

　重賞を中心に競馬を見ている人には、キズナ産駒のダートの勝利数の多さは意外かも知れませんし、本文中にもあまり触れられなかった部分なのでここに補足しておきます。むしろ「ダート血統の可能性もあるのでは?」と言われたエピファネイアのほうが、現状、ダートの勝利数は多くありません。

　血統だけでなく、コースについても今後、大きな変化があります。京都競馬場が改修工事に入り、２０２０年11月から２０２３年３月までの開催が他場へ振り替えになります。

　そのため、本書の京都ページは本年10月の１開催のためだけに書かれたものです。省略してもいいんじゃないかという意見もありましたが、たった１枚の当たり馬券が人生を変えることもある。たった１開催だからといって、省略するわけにはいかない。１枚の当たり馬券でもいいから、本書が助けになるなら、お役に立ちたい。そんな気持ちで従来通りの構成にしました。

　競馬バカたちの人生の楽しい時間と、ささやかな幸せに、本書が少しでも貢献できますように。そして競馬場に、競馬バカたちの歓声が戻ってきますように。

２０２０年吉日

王様・田端 到

JRA距離・コース別
王様・田端到の
だから血統はやめられん！……目次

本書で使用したデータは2015年１月１日から2020年5月31日までの期間に中央競馬で行われたすべての平地競走を集計したものです。

本書内の「下級条件」とは２勝クラス（旧1000万下）以下、「上級条件」とは３勝クラス（旧1600万下）以上の条件を指します。

種牡馬ランキング10位以内の太字になっている種牡馬は「特注」と同じ扱いとし、「特注」同様、そのコースで特に注目すべき種牡馬となります。

装丁■西郷久礼デザイン事ム所
編集■松岡亮太
コース図作成■本橋卓弥（フリークデザイン）

東京競馬場

Tokyo Racecourse

東京競馬場▶芝

コース図

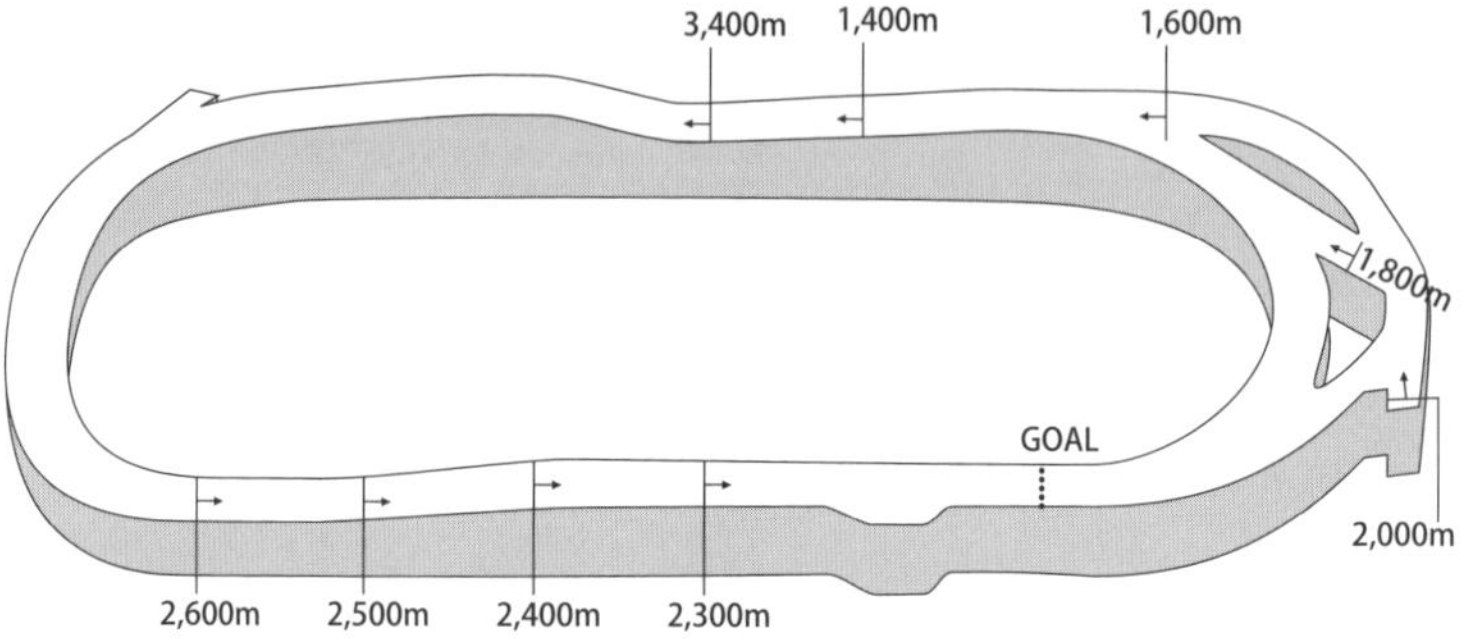

高低差断面図

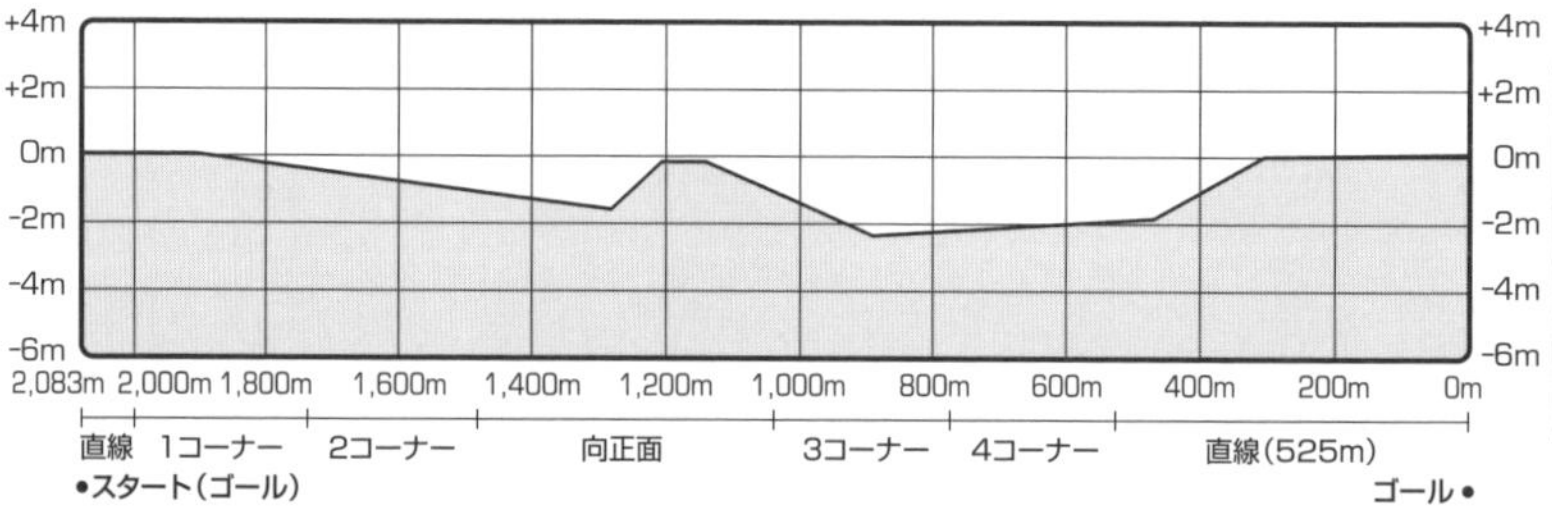

東京芝下級条件(2勝クラス以下)種牡馬ベスト5

順位	種牡馬	着別度数	勝率	連対率	複勝率	単回値	複回値
1	ディープインパクト	165- 122- 116- 624/1027	16.1%	27.9%	39.2%	68	76
2	ハーツクライ	71- 63- 71- 416/ 621	11.4%	21.6%	33.0%	70	80
3	ステイゴールド	69- 64- 54- 486/ 673	10.3%	19.8%	27.8%	76	70
4	キングカメハメハ	60- 47- 42- 273/ 422	14.2%	25.4%	35.3%	94	84
5	ダイワメジャー	51- 45- 38- 321/ 455	11.2%	21.1%	29.5%	78	79

東京芝上級条件(3勝クラス以上)種牡馬ベスト5

順位	種牡馬	着別度数	勝率	連対率	複勝率	単回値	複回値
1	ディープインパクト	68- 72- 73- 490/ 703	9.7%	19.9%	30.3%	65	81
2	ハーツクライ	25- 27- 20- 240/ 312	8.0%	16.7%	23.1%	53	58
3	キングカメハメハ	23- 19- 16- 210/ 268	8.6%	15.7%	21.6%	46	68
4	ステイゴールド	21- 25- 32- 200/ 278	7.6%	16.5%	28.1%	54	88
5	ダイワメジャー	18- 15- 18- 187/ 238	7.6%	13.9%	21.4%	45	53

１周が約２０８３ｍもある国内最大の競馬場。日本ダービーやオークス、ジャパンＣ、安田記念など各分野のトップホースを決めるレースが行われるだけあって、長い直線、広い幅員など、どの馬も不利なく力を出しやすい造りとなっている。

東京競馬場の代名詞とも言える長い直線は、ゴール前５００ｍの地点から約２００ｍをかけて高低差２ｍの坂を上る設計で、中山の坂と比べるとかなり緩やか。各コーナーの角度も大きくゆったりとしたカーブなので、全体的にはスピードが落ちる要素の少ないコースと言えるだろう。

そういうコースだけあって、芝全体の種牡馬ランキングは下級条件、上級条件ともに瞬発力のあるディープインパクトの勝率が高くなっている。下級・上級を合わせた勝ち鞍も２３３勝で、２位のハーツクライが96勝、ステイゴールドが90勝だからダブルスコアの圧勝。

重賞に絞っても、集計期間内に行われた１３２戦のうち34勝がディープインパクトで、２位のハーツクライが14勝だから、こちらもダブルスコアで圧勝。

ただ、17年に初年度産駒がデビューしたばかりのロードカナロアが、限られた産駒数ながらも戦績を上げてきていて、重賞での勝率が20・０％。ディープの勝率が８・４％、ハーツクライ９・２％と比較しても圧倒的な数値で、今後はロードカナロアの台頭にも注意を払っておきたい。

実際、18年のジャパンＣではロードカナロア産駒のアーモンドアイが２分20秒６という驚異的なレコードで勝利。さすがにこの時計は東京の高速馬場の影響が大きいけれど、この馬場に対応できるスピードと、距離の融通性もある。これは東京で走るうえでは非常に大きな強みだ。

前作時は全体のランキングではキングカメハメハとシンボリクリスエス以外はサンデーサイレン

ス系の種牡馬がベスト10を占めていたけど、今回はサンデー系以外のキングカメハメハ、ハービンジャー、ルーラーシップ、ロードカナロアがベスト10入り。ディープインパクト、ステイゴールドの産駒が減っていくことを考えると、次回作が出るころにはベスト10も大きく様変わりしているかも知れない。

それにしても今の東京芝コースは本当に速いよね。エアレーション、シャタリングと馬場のクッション性を高める施策は行っているんだけど、ここ2～3年でかなり高速化している。

これだけ馬場が速いと内を通るしかなくて、外を回して後方一気というタイプは以前より届きにくい。エンジンのかかりが遅いタイプにも厳しい馬場だよね。だから、ディープの成績がいいとはいえ、、「サドラーズウェルズ持ちのディープ産駒」のような欧州血統寄りのタイプは、冬開催の1回東京では走るけど春・秋の高速開催になると届かなくなる。

ハービンジャーもそう。全体の重賞成績では6位なんだけど、牝馬より切れ味の劣る、要は高速馬場に対応できない牡馬は東京の重賞で【1　0　0　32】とまったく走らない。

このようにわかりやすく高速馬場への対応が求められるのが今の東京芝コースというわけだ。

当然、馬券的にも高速馬場というのがカギになっていて、さっきも書いたように内しか走れない馬場となっている日は、それを見逃さないこと。特にＧⅠが行われる週は内枠の先行馬しか上位に来られないなんていう開催もある。そういう意味では狙う脚質、枠を決めつけて勝負できるコースとも言えるんだけど。いずれにしても、その日の馬場傾向を見極めたうえで勝負することを心がけておきたい。

東京芝１４００ｍ

逃げ馬の勝率……15・9％
複勝率……34・0％

１４００ｍは向正面からスタートして、すぐに１ｍ強の上り坂を迎える。その小山を超えると３コーナーの半ばまで下って、あとは緩やかに上りつつ４コーナーを回って直線に入るというレイアウトだ。

種牡馬ランキングではダイワメジャーが1位。特に牡馬の活躍が目覚ましく、集計期間内の全30勝のうち22勝が牡馬によるもの。ダイワメジャー産駒、特に牡馬は切れる脚はないけど、先行してしぶとく脚を伸ばす、粘るというレースが得意で、それが東京芝１４００ｍの特性とうまくマッチしているよね。枠順も馬場状態も問わずに堅実に走っている。ただ、５歳以上になるとガクッと戦績が落ちる点には注意しておきたい。

基本的にサンデーサイレンス系というのは脚を溜めてビュッと伸びる瞬発力勝負の馬が多いんだけど、ダイワメジャーは脚を溜めたところで切れるわけではない。サンデー系という大きな括りからは外して、「フジキセキ系とダイワメジャー」を同じグループと考えたほうがいい種牡馬なんだ。それが１４００ｍという距離に合っている。

ただしダイワメジャー産駒でも、牝馬はシゲルピンクダイヤのようにいわゆる牝馬らしい切れを持っている馬もたまにいる。だから牝馬は瞬発力が求められる東京芝１６００ｍのほうがよく走っているよね。

新しいところではロードカナロアがランキング3位に登場してきた。ロードカナロアは高速馬場にうまく対応できる種牡馬で、道中でペースが緩まなくてもその流れに乗って脚を伸ばせる馬が多い。１４００ｍという距離は東京に限らずスプリント戦並みのスピードをゴールまで持続させるという競馬になりやすくて、瞬発力よりも持続力が求められる。道中がハイペースで、しかも東京の高速馬場を考えると、ロードカナロアが限られた世代（20年春時点で3、4、5歳の3世代のみ）ながらランキング3位に入ってくるのも頷けるところだ。

ただ、勝率、複勝率ともに文句なしの成績だけど、ネックになるのが単複の回収値の低さ。簡単に言うと人気馬しか来ないんだ。そこが大事なポイントで、人気馬は信頼しつつ、無闇に穴を狙う種牡馬じゃないということ。これから産駒数が増えていくだけに、この傾向は頭に入れておきたい。

重賞では京王杯2歳Sがわかりやすくて、キンシャサノキセキ、ダイワメジャー、マツリダゴッホを買っておけば、セットで走ることも多い。15年の勝ち馬ボールドライトニングは父ダイワメジャーで、2着アドマイヤモラールが父キンシャサノキ

東京芝1400m　注目種牡馬ランキング

順位	種牡馬	着別度数	勝率	連対率	複勝率	単回値	複回値
1	ダイワメジャー	30- 23- 24- 205/ 282	10.6%	18.8%	27.3%	48	71
2	ディープインパクト	21- 21- 15- 138/ 195	10.8%	21.5%	29.2%	44	73
3	ロードカナロア	14- 14- 11- 58/ 97	14.4%	28.9%	40.2%	72	73
4	キンシャサノキセキ	12- 8- 17- 137/ 174	6.9%	11.5%	21.3%	98	53
5	ハーツクライ	10- 11- 13- 58/ 92	10.9%	22.8%	37.0%	50	85
6	キングカメハメハ	10- 10- 10- 68/ 98	10.2%	20.4%	30.6%	136	92
7	アドマイヤムーン	10- 5- 9- 94/ 118	8.5%	12.7%	20.3%	92	64
8	ゼンノロブロイ	10- 5- 4- 56/ 75	13.3%	20.0%	25.3%	142	119
9	ステイゴールド	9- 13- 6- 54/ 82	11.0%	26.8%	34.1%	100	106
10	マンハッタンカフェ	7- 8- 2- 45/ 62	11.3%	24.2%	27.4%	40	75
特注	**リアルインパクト**	**2- 2- 0- 9/ 13**	**15.4%**	**30.8%**	**30.8%**	**62**	**49**

セキ。16年は1着モンドキャンノ（父キンシャサノキセキ）、2着レーヌミノル（父ダイワメジャー）、3着ディバインコード（父マツリダゴッホ）とそろい踏み。17年も2着カシアス（父キンシャサノキセキ）、18年3着がカルリーノ（父マツリダゴッホ）。

特にキンシャサノキセキはお父さんのフジセキもこのコースを得意としていただけに、しっかりその特徴を受け継いでいる。今後、キンシャサノキセキ産駒のオープン級がどれだけ出てくるか微妙ではあるけれど、京王杯2歳Sに出てきたらまず検討すべきだし、合わせてダイワメジャー、マツリダゴッホもチェックしておきたい。

新しい種牡馬では、リアルインパクトも京王杯2歳Sに合うと思う。リアルインパクトの仔はフジキセキが得意としていたコースでよく走っていて、東京芝１４００ｍも得意とするはず。実際、まだ産駒数が少なくて集計期間内では13走しかしていないけど、2勝2着2回と将来性を感じる数字を残している。これを特注血統としておこう。

あとはストームキャット系、そして母父バクシンオー、母父フジキセキにも要注意。

脚質的には、展開によって逃げ・先行が有利になったり、鮮やかな差しが決まったり両極端なコース。データ上は逃げ・先行が上位だけど、これは19年の秋に逃げ馬がほとんど馬券に絡んでいたことが影響している。決して差しが決まらないコースではないんだ。ただ、東京芝全体のところに書いたように、高速化の影響で内枠の先行馬しか来ない日もあるので、それを見極めるというのが大事だね。

東京芝1600m

逃げ馬の勝率……11・1%
複勝率……35・4%

1600mは2コーナーの出口あたりからスタートして、長い向正面をフルに走る。さらに3～4コーナーを回って長い直線と坂を超えてゴール。1400mからスタート位置が1ハロン後ろになっただけなんだけど、逃げ馬の好走率が大きく下がっているよね。逃げ切るのはなかなか難しいコースなんだ。その理由のひとつが瞬発力を要求されるということ。

種牡馬ランキングを見ると明らかだけど、持続力を活かして1400mでランキング1位だったダイワメジャーが、かなり率を落として2位。代わりに瞬発力の代名詞でもあるディープインパクトが2位に45勝以上の差をつけて他を圧倒しているよね。

ただ勘違いしてはいけないのは、GIレベルの東京芝1600mはディープの得意コースとは言い切れないこと。能力差が大きい下級条件や、2歳重賞のサウジアラビアRC、アルテミスS。そして時期的に手薄なメンバーでスローの瞬発力勝負になりやすい東京新聞杯ではよく走るけど、道中が締まった流れになるレースではスピードの持続力が要求されるから、人気馬でも走れないケースがよくあるんだ。

安田記念やNHKマイルCが好例で、データ集計期間内のNHKマイルCはケイアイノーテックがレベルの低い年に勝ったくらい。安田記念も【1 1 1 20】で、人気薄のサトノアラジンが勝っただけで、勝率は4・3%と低調。牝馬限定でペースが緩むヴィクトリアマイルは安田記念より走れるけど、それでも【１　３　３　23】と2、3着が多く、中距離型のディープ産駒がよく取りこぼしている。

やはりGⅠで道中が締まった流れになると、得意の「溜めてビュッ！」ができないんだ。ディープは道中が緩みそうなら買い、締まりそうなら消しという出し入れで攻略できる。

東京マイルは個人的に得意で、というか「得意ですよね？」と人に言われて初めて気づいたんだけど（笑）、ヴィクトリアマイルと安田記念をよく当てているんだ。このふたつのレースはちょっとしたコツがあって、ヴィクトリアマイルは１４００ｍでも走れるようなスピードと瞬発力のあるマイラーを買って、２０００ｍや２４００ｍに実績のある一流牝馬を軽視する。安田記念はヴィクトリアマイルより道中が流れるから、ビュッという切れよりも持続力のあるタイプを買う。

最近だとアエロリット（父クロフネ）が説明しやすいんだけど、安田記念はハイペースで飛ばして好走できるのに、ヴィクトリアマイルでは切れ味がないぶん馬券圏内にも残

東京芝1600m　注目種牡馬ランキング

順位	種牡馬	着別度数	勝率	連対率	複勝率	単回値	複回値
1	ディープインパクト	72- 58- 55- 303/ 488	14.8%	26.6%	37.9%	74	87
2	ダイワメジャー	25- 19- 21- 161/ 226	11.1%	19.5%	28.8%	87	83
3	ハーツクライ	24- 17- 20- 146/ 207	11.6%	19.8%	29.5%	63	78
4	キングカメハメハ	19- 20- 15- 145/ 199	9.5%	19.6%	27.1%	48	65
5	ロードカナロア	15- 14- 14- 87/ 130	11.5%	22.3%	33.1%	77	105
6	ステイゴールド	14- 12- 19- 123/ 168	8.3%	15.5%	26.8%	81	90
7	ルーラーシップ	14- 11- 7- 71/ 103	13.6%	24.3%	31.1%	71	70
8	**クロフネ**	**10- 12- 3- 62/ 87**	**11.5%**	**25.3%**	**28.7%**	**76**	**60**
9	ハービンジャー	9- 7- 13- 85/ 114	7.9%	14.0%	25.4%	33	104
10	アドマイヤムーン	7- 10- 11- 104/ 132	5.3%	12.9%	21.2%	47	55
特注	**フレンチデピュティ**	**3- 2- 1- 10/ 16**	**18.8%**	**31.3%**	**37.5%**	**168**	**78**
特注	**母父フレンチデピュティ**	**14- 12- 10- 94/ 130**	**10.8%**	**20.0%**	**27.7%**	**55**	**66**
特注	**母父クロフネ**	**13- 14- 10- 102/ 139**	**9.4%**	**19.4%**	**26.6%**	**55**	**60**

れない。反対にプリモシーン（父ディープインパクト）のようなスローで切れるタイプはヴィクトリアマイルに向くけど、安田記念は向かない。同じマイルで好走するにしても、大雑把に安田記念型とヴィクトリアマイル型があるので、そこは意識しておきたい。

あと締まった流れになると、サドラーズウェルズ系のフランケルとかローエングリンが走ってくるよね。「サドラーの血統は時計が速いとダメ」という先入観を持っている人もいるようだけど、そういうことではない。一瞬だけ上がりが速くなるようなレースで良くないだけで、締まった流れの芝１６００ｍだったらサドラー系のマイラーは走るからね。安田記念で16年1着、17年2着と２年連続好走したロゴタイプ（父ローエングリン）はまさにその典型。サドラー＝高速馬場に不向きということではないよ。

話をランキングに戻すと、びっくりするほど前作時と上位の顔ぶれが変わっていない。ベスト４は順位も同じだ。そのなかで新顔がロードカナロアとルーラーシップ。２頭ともキングカメハメハ産駒だよね。この2種牡馬の違いは走法にあって、それぞれの母父からきている。

ルーラーシップはキングカメハメハ×トニービンで大跳び。ロードカナロアはキングカメハメハ×ストームキャットでピッチ走法。同じキンカメ産駒だけど対照的なんだ。これが産駒にも受け継がれて、ルーラーシップ産駒は大跳びで一瞬の反応は速くない。一方、ロードカナロア産駒は一瞬の反応が速くて、馬群を割れる。この東京芝１６００ｍではどっちもランクインしているけど、マイルを走れるルーラーシップ産駒はほとんど牝馬だから、牡馬も牝馬もマイルが得意なロードカナロアとはタイプがかなり違うよね。

あとはハーツクライ。種牡馬デビューからしばらくは「反応が遅い晩成のスタミナ血統」という印象だったけど、そこをカバーするために社台グループが快速の繁殖牝馬に付けまくったんだ。そうしたら仕上がりの早いマイラーが増えた。

母系にストームキャットやダンチヒという、短距離向きの血統を持つハーツ産駒が増えたのが、ランキング上位の理由だね。母系にダンチヒ系が入るマイラーだと、マイスタイル、ロジクライが祖母の父ダンチヒ。20年の東京新聞杯で穴をあけたシャドウディーヴァは母父デインヒル（その父ダンチヒ）。19年の朝日杯ＦＳ勝ち馬サリオスもデインヒル（父ダンチヒ）が入っていて、サウジアラビアＲＣでレコード勝ちした。ダンチヒの有無をチェックして距離適性を測るのもありだよね。

特注種牡馬は、母父も含めてクロフネとフレンチデピュティの親仔にしよう。徐々に産駒数が減っているなかでも、アエロリットやビーチサンバがこのコースで好走しているからね。ＮＨＫマイルＣは母父クロフネ、母父フレンチが抜群に強いし、2歳から3歳前半の時期は特に注意したい血統だ。

東京芝1800m

逃げ馬の勝率……9・5%
複勝率……27・2%

東京芝１６００ｍよりもさらに逃げ馬の好走率が下がっている。

10月開催はかなりの高速馬場で先行有利だけど、一年を通したデータでは逃げ馬に厳しいコースのひとつなんだ。理由はスローになりやすく、でも直線が長いからスロー向きの切れ味を持つ差し馬が台頭しやすいから。２コーナーの引き込み線からスタートして、緩やかに曲がりながら向正面に入っていく、ほぼワンターンと言っていいレイアウトで、隊列が決まりやすく、道中が緩みやすい。結果、上がりの瞬発力勝負になることが多くなるという理屈だね。

実際、東京芝１６００ｍで上がり１位だった馬の勝率28・９％に対して、東京芝１８００ｍの上がり１位馬の勝率は36・１％。重賞に限ると、さらに43・３％にまで跳ね上がる。速い上がりを使える馬を探すというのが、的中への近道となる。

種牡馬ランキングでは、上位組はお馴染みの顔ぶれが並ぶ。ディープインパクトが断然だから、まずはディープに逆らわないこと。福永祐一騎手も「ディープインパクト産駒が一番強いのは直線に坂のない芝１８００ｍだ」って言っていた。東京は坂があるといっても、かなり緩やかだからね。ディープが得意なのは当然だろう。後継者であるキズナの産駒も東京の芝１６００～２０００ｍは得意コースになると思う。

ほかではハービンジャーが5位に進出。ただ勝率は高くなくて、ニシノデイジー（東スポ杯２歳Ｓ１着）、ディアドラ（府中牝馬Ｓ１着）が頑張っているものの、勝ち鞍の大半は新馬～２勝クラス。上級条件では人気を裏切ることも多く、過信は禁物だ。

そんななか気を吐いているのが、7位にランクインしたヴィクトワールピサ。瞬発力に長けたタイプではないので下級条件が主となるけれど、勝率15・４％、単勝回収値３０７、複勝回収値１４３は立派のひと言。ヴィクトワールピサ産駒全馬の単勝を買ったとしても、軍資金が３倍に増える計算だ。さらに牝馬に限ると、勝率はキープしたまま回収値は単勝が４７１、複勝が１７９。

午前中にヴィクトワール牝馬を見つけたら、即買いの検討をすべきレベルだ。

また、前作では「ハーツクライはこのコースでは２着が多い」というようなことを書いたけど、ちゃんと勝ち切るようになった。快速母馬との配合が効いているんだろう。瞬発力勝負の１８００ｍでももたつかずにエンジンをかけられるような馬が増えたよね。

ランキング外ではエイシンフラッシュに注目。キングカメハメハと同じキングマンボ系で、日本ダービー馬でもある。ただ、自身がダービーで上がり３ハロン32・7秒をマークしたほどの切れ味は産駒に伝わっていなくて、タイプ的にはルーラーシップに似た印象だ。２歳戦など早い時期に東京芝１８００ｍで好走を見せていて、重賞でも３歳の２月の共同通信杯でエイムアンドエンドが10番人気３着に好走。穴党を喜ばせた。

こういう「スピードも切れ味も中途半端なＢ級のキングマンボ系」は、東京芝１８００ｍのようなこれといった特徴のないコースに向く傾向があるんだ。果たして20年に初

東京芝1800m　注目種牡馬ランキング

順位	種牡馬	着別度数	勝率	連対率	複勝率	単回値	複回値
1	ディープインパクト	64- 47- 55- 293/ 459	13.9%	24.2%	36.2%	70	80
2	ハーツクライ	25- 23- 24- 179/ 251	10.0%	19.1%	28.7%	52	75
3	キングカメハメハ	22- 15- 18- 98/ 153	14.4%	24.2%	35.9%	91	97
4	ステイゴールド	17- 22- 24- 177/ 240	7.1%	16.3%	26.3%	84	75
5	ハービンジャー	15- 11- 11- 128/ 165	9.1%	15.8%	22.4%	60	51
6	マンハッタンカフェ	15- 7- 6- 85/ 113	13.3%	19.5%	24.8%	70	63
7	**ヴィクトワールピサ**	**14- 5- 8- 64/ 91**	**15.4%**	**20.9%**	**29.7%**	**307**	**143**
8	ルーラーシップ	11- 10- 15- 74/ 110	10.0%	19.1%	32.7%	111	93
9	ダイワメジャー	9- 12- 6- 81/ 108	8.3%	19.4%	25.0%	40	47
10	ゼンノロブロイ	8- 4- 7- 73/ 92	8.7%	13.0%	20.7%	96	50
特注	**エイシンフラッシュ**	**6- 1- 2- 49/ 58**	**10.3%**	**12.1%**	**15.5%**	**157**	**86**
特注	**クロフネ**	**11- 12- 5- 80/ 108**	**10.2%**	**21.3%**	**25.9%**	**147**	**99**
特注	**フレンチデピュティ**	**10- 8- 10- 77/ 105**	**9.5%**	**17.1%**	**26.7%**	**122**	**79**

年度産駒がデビューするドゥラメンテやラブリーデイの仔たちはどうなるか、注目しておきたいところだね。

ブルードメアサイヤーでは、芝1600mに続いて母父クロフネ、母父フレンチが母父ランク2、3位と高い適性を示している（1位はサンデーサイレンス）。これを引き続き特注血統としておこう。

東京芝2000m

逃げ馬の勝率……14・5%
複勝率……33・0%

2000mは2コーナー奥の引き込み線からスタート。スタートしてすぐに最初のコーナーを迎えるため、内枠有利・外枠不利が定説だったけど、スタート位置の改修などもあって3年前にはそれほど有利・不利が目立たなくなっていた。

ただ、ここにきてまた内枠有利の傾向が強くなってきたね。特に重賞では顕著。これは19年秋が顕著だったけど、高速化して内有利の馬場が続いた影響だろう。

それにしても、このコースはランキング上位5頭の勝利数の寡占がすごい。1位ディープインパクト、2位ステイゴールド、3位キングカメハメハ、4位ハーツクライ、5位ハービンジャー。集計期間内の215レースのうち、約半数の107レースを上位5頭の種牡馬で賄っている。今後、ディープ、ステイ、キンカメの産駒が減っていくとどうなるか興味深くもある。

19年に初年度産駒をデビューさせた種牡馬で言えば、キズナとエピファネイアに注目したい。エピファネイア産駒は今のところ、芝2000mで1着が多いという傾向があるから、東京の上がりの速いレースでも走れるのか、今後の観察ポイントだ。20年に産駒をデビューさせる新種牡馬なら、キンカメの後継ドゥラメンテが芝2000m向きの中距離型になるんじゃないかと予測している。

これだけの寡占状態にあっても、19年にヴィクトーリアがフローラSを制するなど、ヴィクトワールピサが1800mに引き続き良い成績を残している。ただ、ヴィクトワールピサ産駒は年齢とともにダートに寄っていくので、芝で買うなら2歳、3歳の早い時期までがいい。実際、期間内に古馬が好走したのは、アンネリースが5歳で2勝クラスの特別戦を勝ったのと、ミッキーバードが1勝クラスを勝った2戦のみ。そのほかはすべて3歳春までの好走なんだ。

同じくサンデー系ではオルフェーヴルもなかなかの良績。2年目の産駒からかなり走るようになってきた。気性的に難しい産駒が多いから、2年目で育成や調教、レースの使い方を掴めてきたんだろうね。急かして走らせないほうがいい馬が多いから、東京芝2000mのように、ゆったり揉まれずに走れるコースは向い

東京芝2000m　注目種牡馬ランキング

順位	種牡馬	着別度数	勝率	連対率	複勝率	単回値	複回値
1	ディープインパクト	35- 35- 32- 178/ 280	12.5%	25.0%	36.4%	37	65
2	ステイゴールド	23- 19- 18- 144/ 204	11.3%	20.6%	29.4%	48	76
3	キングカメハメハ	20- 12- 8- 86/ 126	15.9%	25.4%	31.7%	58	55
4	ハーツクライ	16- 23- 17- 125/ 181	8.8%	21.5%	30.9%	46	71
5	ハービンジャー	13- 7- 15- 80/ 115	11.3%	17.4%	30.4%	76	82
6	**ヴィクトワールピサ**	**7- 12- 5- 41/ 65**	**10.8%**	**29.2%**	**36.9%**	**115**	**104**
7	**オルフェーヴル**	**6- 5- 7- 31/ 49**	**12.2%**	**22.4%**	**36.7%**	**125**	**78**
8	**スクリーンヒーロー**	**6- 2- 3- 21/ 32**	**18.8%**	**25.0%**	**34.4%**	**413**	**110**
9	ゼンノロブロイ	5- 5- 3- 43/ 56	8.9%	17.9%	23.2%	47	46
10	タニノギムレット	5- 1- 5- 32/ 43	11.6%	14.0%	25.6%	79	216

ている。東京じゃないけど、タガノディアマンテは万葉Sでゆったり追走して強い競馬を見せたし、ラッキーライラックもエリザベス女王杯で復活。オルフェーヴルはこれからまだまだ大物が出ると思う。

あとは、締まったペースになったときのロベルト系をマークしたい。タニノギムレットが10位に入っているし、8位スクリーンヒーローも好走率がかなり高い。

スクリーンヒーロー産駒はモーリスのようなマイラーと、ゴールドアクターのようなスタミナ型がいて、後者のタイプは重賞級だと中山のほうがいいんだけど、東京の芝２０００mでもモーリスが天皇賞（秋）を勝ったり、あとは下級条件の穴も多い。

天皇賞（秋）は、ジャパンCやダービーに実績がある芝２４００mタイプが人気になるんだけど、そういう馬を安易に買っちゃダメ。むしろ安田記念に近いイメージを持っておくべき。わかりやすい例で言えば、スワーヴリチャードが19年は天皇賞（秋）7着で、ジャパンC1着。エピファネイアは14年に天皇賞（秋）6着の後、ジャパンCを圧勝。２４００m向きの馬は危ないんだ。馬場が高速化していることもあって、マイル寄りのスピードがないと厳しいから、19年はマイルＧⅠを勝っている3頭（アーモンドアイ、ダノンプレミアム、アエロリット）で1～3着を独占。18年も2着にマイラーのサングレーザー。17年は極悪馬場で参考外だけれど、16年も1着モーリス、2着リアルスティール、3着ステファノス。毎年のようにマイラータイプが馬券になるんだ。これもあって、ディープインパクト産駒ならサングレーザー、ステファノスのように、王道路線を走ってきた馬とは違う、ちょっと人気がない馬が狙い目となる。

ただし、このコースで行われるもうひとつの重賞・フローラＳはスタミナが必要だ。この時期の3歳馬にとって、東京芝２０００ｍというのはかなりタフなコースだから、ルーラーシップやハーツクライ、ハービンジャーなどのスタミナのある血統がよく馬券になる。そこは天皇賞（秋）とは分けて考えたい。

東京芝2300m・2400m

逃げ馬の勝率……11・3%
複勝率……28・8%

東京芝２４００ｍはスタンド前発走。直線の坂の途中からスタートし、そのままコースを1周、再びスタンド前を通過してゴールに向かう。このコースでは日本ダービー、オークス、ジャパンＣと、日本のトップホースを決めるＧＩが行われる。いずれも大観衆が観戦するビッグレースのうえ、スタンド前発走となるため、特に場慣れしていない3歳馬にとってはゲートに入るまでに歓声にイレ込まず落ち着いていられるかどうかも、勝負を決めるひとつの要素となる。

一方、２３００ｍで行われるレースは、3歳春の新緑賞と未勝利戦1戦のみ。スタート地点は２４００ｍから１００ｍゴール寄りになった地点で、ちょうど坂を上り切ったあたりとなる。

ランキングを見ると、さすがディープインパクトの勝率が15・3%と高く、データ集計期間（15～20年）に行われた6回のダービーのうち4勝を挙げている実績はダテではない。それでいて単勝回収値が１００を超えているので、正しく狙えばディープでも儲かるコースなんだ。ちなみに近6

年のうち残りの2年はキングカメハメハ産駒が勝っているけれど、こちらの単勝回収値は52と低調。このコースで挙げた9勝はすべて5番人気以内に限られる。

ダービーは最近、個人的に苦手なレースになってしまった。理由はわかっていて、「距離が延びていいスタミナタイプ、たとえば母系にサドラーを持っている馬」を狙ってしまうから。もう近年のダービーはそういう馬じゃダメなんだ。わかっているんだけど、ついつい買ってしまう（苦笑）。

たとえばディープインパクト産駒なら、母父ダンチヒ系や、母父ストームキャット系のような「スピード母系」を買うのが正解で、サトノルークス（ディープ×サドラーズウェルズ）のような「スタミナ母系」を買うのは悪手になってしまった。こういう血統の馬はさらに距離が延びる菊花賞まで待たないと馬券になってくれない。サトノルークスもダービー17着で、菊花賞2着だったね。

19年のダービーも1着ディープ×ダンチヒ系（ロジャーバローズ）、2着ディープ×ストームキャット系（ダノンキングリー）だったし、オークスも1、2着がディープ×ストームキャット系（1着ラヴズオンリーユー、2着カレンブーケドール）の決着だった。

東京芝2300m・2400m　注目種牡馬ランキング

順位	種牡馬	着別度数	勝率	連対率	複勝率	単回値	複回値
1	**ディープインパクト**	**41- 27- 27- 173/ 268**	**15.3%**	**25.4%**	**35.4%**	**106**	**74**
2	**ステイゴールド**	24- 23- 16- 169/ 232	10.3%	20.3%	27.2%	55	56
3	**ハーツクライ**	16- 13- 16- 123/ 168	9.5%	17.3%	26.8%	106	61
4	**ルーラーシップ**	**13- 7- 5- 46/ 71**	**18.3%**	**28.2%**	**35.2%**	**108**	**70**
5	**ハービンジャー**	12- 7- 11- 86/ 116	10.3%	16.4%	25.9%	50	68
6	**キングカメハメハ**	9- 8- 5- 67/ 89	10.1%	19.1%	24.7%	52	86
7	**オルフェーヴル**	4- 5- 4- 26/ 39	10.3%	23.1%	33.3%	35	70
8	**ジャングルポケット**	4- 4- 4- 41/ 53	7.5%	15.1%	22.6%	44	56
9	**タニノギムレット**	4- 3- 7- 25/ 39	10.3%	17.9%	35.9%	85	114
10	**ネオユニヴァース**	3- 8- 3- 35/ 49	6.1%	22.4%	28.6%	108	76

ディープ産駒の場合、春の東京の高速馬場に対応するには、２４００ｍでもダンチヒやストームキャットを持っていないと厳しい。特にダービーは、この週からBコースからCコースに替わることもあって、軽いスピードを活かして先行できるタイプが優位。当然、馬場のいいところを走れる内枠が有利にもなり、1枠が断然有利だ。1枠1番、ディープ×ダンチヒ系のロジャーバローズが勝った19年のダービーは、まさに近年のダービーを象徴する結果と言えるだろうね。

一方、古馬混合GⅠのジャパンCでは、15〜19年の近5年中2年でハーツクライ産駒が勝利。3着も2回あるように、ハーツクライがやたらと強い。ディープ産駒の〝溜めてビュッ〟に対して、ハーツ産駒は徐々に加速してトップスピードが持続するイメージ。だから3歳限定のGⅠより、締まった流れになるジャパンCのほうが合っているんだ。こういう持続ラップに強いのはトニービンの血の特徴で、ハーツクライの母父がトニービン。ほかではルーラーシップも母父トニービンだから、締まった流れの芝２４００ｍに強い。キセキがジャパンCで逃げて、スーパーレコードの2着に粘ったよね。

20年のダービーはわかりやすくディープインパクト産駒（コントレイル）vsハーツクライ産駒（サリオス）という構図になったよね。

社台スタリオンの関係者によると、20年の3歳世代はハーツを付けた繁殖牝馬の質が良くて、レベルの高いハーツクライ産駒が揃っている。実際、この世代の朝日杯FSを勝ったサリオスも強かったし、マイラプソディやワーケアもいる。ハーツクライ産駒は小回り中山芝２０００ｍの皐月賞で過信せず、東京芝２４００ｍで喜んで買いましょうというのが過去の傾向だからね。皐月賞2着のサリオスがダービーで再び好走したのはある意味当たり前。ダービー前には距離不安を囁かれていたけれどね。

改めて種牡馬ランキングに目を向けると、ルーラーシップがすごくいい。20年の３歳がまだ4世代目だから、今後、好走はさらに増えてくるだろう。そしてルーラーシップの得意レースといえば、ゆりかもめ賞。初年度産駒が走った17年のレジェンドセラー（３着）から、18年ドレーク（２着）、19年キタサンバルカン（２着）、20年ヴァリアーモ（２着）まで、４年連続で好走中なんだ。

青葉賞も19年のリオンリオンが勝っていて、今後も青葉賞は活躍場所になるはずだし、ルーラーシップ産駒は、ジャパンC、青葉賞、ゆりかもめ賞と、このコースで必ず注目すること。「トニービン持ちは東京芝２４００ｍに強い」という法則に従えば、ドゥラメンテやラブリーデイもトニービン持ちの種牡馬だから、これからデビューする産駒の動向が楽しみだ。

東京芝2500m・3400m

逃げ馬の勝率……０％
複勝率……５・９％

東京芝２５００ｍは２４００ｍから１００ｍ下がった直線の坂がちょうど始まったあたりからスタート。つまりゴールまでに2回の坂超えが必要となるなかなかタフなコースだ。このコースで行われるのは目黒記念とアルゼンチン共和国杯の２重賞。

また３４００ｍは向正面のなかほどからスタートし、芝コースをぐるっと1周半。ダイヤモンド

Sだけで使われるコースとなっている。

種牡馬ランキングを見ると、ハーツクライが1位。ほかの芝コースでは1位の常連ディープインパクトは勝ち鞍なしで、９位までランクを下げている。

２５００ｍに関して言えば、ディープが得意とする２４００ｍから１００ｍ距離が延びただけなのにこの急落ぶり。２度の坂超えもあって、１００ｍ延長という字面以上にスタミナが要求されること、そして施行されるのが古馬重賞のみで、道中が締まった流れになりやすいことが、ハーツクライが上昇し、ディープが成績を下げる主な要因のひとつだ。

２５００ｍで行われる重賞、目黒記念とアルゼンチン共和国杯はコース、格（GⅡ）、ハンデ戦と、いずれも同じ条件で行われている。

ただし、両方で好走する馬は多くない。その年その年によって流れは変わるけど、傾向として目黒記念のほうがスタミナ勝負になりやすく、天皇賞（秋）の翌週、ジャパンCまで中２週と、古馬の一流馬が出走しづらいアルゼンチン共和国杯のほうがペースは緩みがち。スローからの瞬発力勝負となりやすい傾

東京芝2500m・3400m　注目種牡馬ランキング

順位	種牡馬	着別度数	勝率	連対率	複勝率	単回値	複回値
1	ハーツクライ	5- 3- 1- 25/ 34	14.7%	23.5%	26.5%	92	59
2	キングカメハメハ	3- 1- 2- 19/ 25	12.0%	16.0%	24.0%	133	85
3	ステイゴールド	3- 0- 3- 19/ 25	12.0%	12.0%	24.0%	75	54
4	アドマイヤドン	1- 1- 0- 2/ 4	25.0%	50.0%	50.0%	52	72
5	ルーラーシップ	1- 1- 0- 7/ 9	11.1%	22.2%	22.2%	53	34
6	カンパニー	1- 0- 0- 4/ 5	20.0%	20.0%	20.0%	354	100
7	ロードカナロア	1- 0- 0- 1/ 2	50.0%	50.0%	50.0%	205	100
8	ドリームジャーニー	1- 0- 0- 1/ 2	50.0%	50.0%	50.0%	16275	2340
9	スクリーンヒーロー	1- 0- 0- 1/ 2	50.0%	50.0%	50.0%	105	60
10	ディープインパクト	0- 6- 5- 29/ 40	0.0%	15.0%	27.5%	0	97
特注	母父ダンスインザダーク	2- 1- 0- 2/ 5	40.0%	60.0%	60.0%	76	80

向にあるんだ。

ルーラーシップ産駒のムイトオブリガードがわかりやすい例で、超スローの瞬発力勝負となった18年のアルゼンチン共和国杯は上がり32・5秒をマークして2着。19年も上がり33・8秒で1着。一方、19年の目黒記念ではスタミナ勝負になり、上がり35・0秒で5着と着順を下げている。道中が緩まず、上がりがかかる目黒記念は凡走し、道中が緩んで瞬発力勝負になったアルゼンチン共和国杯で上昇するという典型だ。この出し入れは覚えておきたい。

ちなみにルーラーシップ産駒でも、ムイトオブリガードのように流れが緩んだほうがいいタイプと、リオンリオンのように締まった流れになったほうがいいタイプがいる。だからリオンリオンはたぶん、目黒記念のほうが向くタイプだ。この見分けは母系も重要だけど、それより過去の戦績を見て、どっちに向くタイプなのかを判断することを重視したい。

一方、３４００ｍで行われるダイヤモンドSは、現在の中央競馬でもっともスタミナを要するレースのひとつ。スローの芝２４００ｍにしか実績がないような偽ステイヤーでは走れない。

血統的にはハーツクライ産駒が2勝していて、これはフェイムゲームによるもの。ステイゴールド産駒も好成績だから、今後はオルフェーヴルやゴールドシップの産駒が走るだろう……と思っていたら、20年はドリームジャーニー産駒のミライノツバサが超大穴で勝った。ドリームジャーニーはオルフェーヴルの全兄だから、基本的には産駒の傾向も一緒だと思えばいい。ステイゴールド系の全般に注意しよう。

ほかでは、母父ダンスインザダークが2勝している。この2勝は違う馬（17年アルバート、19年ユーキャンスマイル）だから、さすがはかつて菊花賞血統として有名だっただけのことはある。母父にも目を配ろう。

東京競馬場▶ダート

コース図

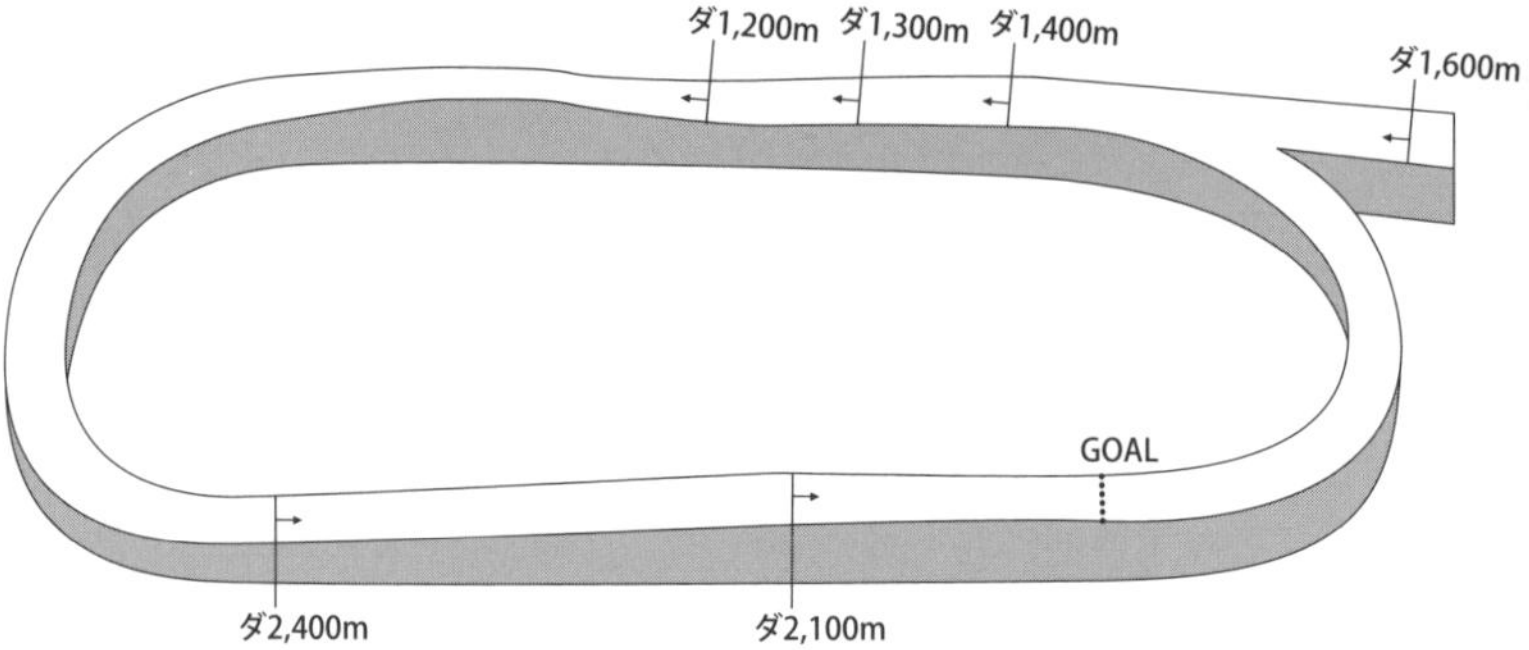

高低差断面図

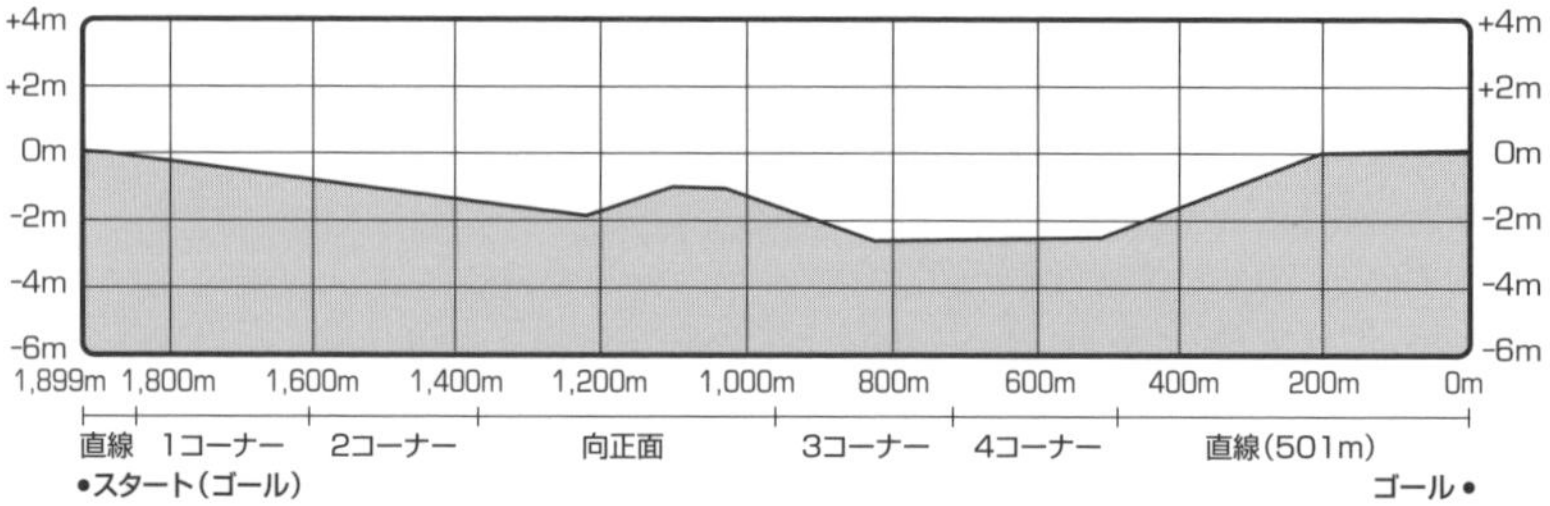

東京ダート下級条件（2勝クラス以下）種牡馬ベスト5

順位	種牡馬	着別度数	勝率	連対率	複勝率	単回値	複回値
1	**ゴールドアリュール**	62- 43- 49- 498/ 652	9.5%	16.1%	23.6%	86	72
2	**キングカメハメハ**	49- 49- 47- 320/ 465	10.5%	21.1%	31.2%	67	94
3	**クロフネ**	48- 40- 36- 432/ 556	8.6%	15.8%	22.3%	65	65
4	**パイロ**	41- 31- 30- 341/ 443	9.3%	16.3%	23.0%	103	68
5	**ヘニーヒューズ**	40- 31- 24- 190/ 285	14.0%	24.9%	33.3%	103	99

東京ダート上級条件（3勝クラス以上）種牡馬ベスト5

順位	種牡馬	着別度数	勝率	連対率	複勝率	単回値	複回値
1	**ゴールドアリュール**	15- 14- 7- 95/ 131	11.5%	22.1%	27.5%	47	90
2	**キングカメハメハ**	12- 17- 21- 168/ 218	5.5%	13.3%	22.9%	67	111
3	**クロフネ**	8- 7- 7- 66/ 88	9.1%	17.0%	25.0%	95	124
4	**シンボリクリスエス**	5- 5- 5- 41/ 56	8.9%	17.9%	26.8%	56	69
5	**カネヒキリ**	5- 3- 3- 30/ 41	12.2%	19.5%	26.8%	80	140

日本では小回りで直線も短くなりがちなダートコースだけれど、国内最大級の規模を誇る東京競馬場だけあって、ダートコースも大きい。１周１８９９ｍは京都芝の外回りとほぼ同じで、直線も約５０２ｍと長い。中央のほかの競馬場と比較して、東京ダートはかなり異質なコースだと言えるだろう。

それだけに距離設定も他場とはまったく変わってくる。１３００ｍ、１６００ｍ、２１００ｍは中央では東京競馬場だけで施行される距離で、他場に同距離がある１４００ｍにしてもダートスタートは東京だけ。この特異な距離設定と、角度が大きく緩やかなカーブ、長い直線という特徴が相まって、東京ダート巧者、いわゆるリピーターが生まれやすくなっている。

東京ダート全体の種牡馬傾向を見ると、１位ゴールドアリュール、２位キングカメハメハ、３位クロフネ。ゴールドアリュールもダービーで５着だったことを考えると、現役時代に芝のＧⅠにも実績のあった馬が上位にランクしている。さらに４位はヘニーヒューズで、芝の重賞でも好走する産駒を出している種牡馬。東京は他場よりもスピードが求められるダートという傾向が見てとれるね。

勝率や連対率だとヘニーヒューズの成績が優秀。日本で供用された最初の世代が20年の5歳世代だから、20年5月時点で走っているのはまだ3世代だけ。これで全体の4位にランクされるのは、かなりの東京ダート適性を示していると言えるだろう。

いずれにしても、これだけ他場と特徴が違うと、馬柱に並ぶ中山ダートの成績はほとんど参考にならないと考えていい。東京ダートでの成績や、速いタイムの実績など、東京ダート独自の見方が必要とされるコースだ。

東京ダート1300m

逃げ馬の勝率……15・3%
複勝率……35・7%

東京ダート１３００ｍは向正面の中間よりやや2コーナー寄りの地点からスタートするコースで、行われるのは2勝クラス以下の下級条件のみ。

種牡馬ランキングを見ると、サウスヴィグラス、プリサイスエンドが1位、2位。どちらもフォーティナイナー系だ。特にプリサイスエンドは、まだこれだけ上位にいたんだという驚きがある。短距離の下級条件だとまだ走れるし、単勝２３７、複勝１００という回収値も立派なもの。血統的に人気になりづらい馬が多いけど、下級条件なら馬券的においしいんだ。

12位にも同じ父系のスウェプトオーヴァーボードが入っていて、この3頭の「フォーティナイナー系セット」はダート短距離で堅実に走る。スウェプトオーヴァーボード産駒はほかの2種牡馬に比べると、芝向きの産駒が多いのが特徴で、ダートなら脚抜きの良い馬場のほうがいい。

サウスヴィグラス産駒を絞り込むなら、まずはダート１４００ｍからの距離短縮。１００ｍしか違わなくても、これがよく効く。あとはローテーション。フォーティナイナー系はスピードが豊かだから、多少太くても休み明けから走れる。もしくは初戦でコケても、叩き2戦目で走る。つまり、休み明け初戦か2戦目のどっちかで来ることが多い。全体の連対率や回収値が高いわけではないから、だらだらと毎回買ってもしょうがないんだ。この2戦のどっちも来ないようであれば、もう買わないくらいの気持ちでいいと思う。

あとは穴を調べると、差し馬がよく届いているね。ダート１３００ｍなんて普通は先行スピードがないと勝負にならないのに、サウスヴィグラス産駒は「前走が４角10番手以下だった馬」が鮮やかな差しを決めるケースがよくある。

ヘニーヒューズは好走率、回収値ともに優秀で買いやすい。下手に絞らなくても、積極的に勝っていける血統だ。

19年ニュージーランドＴを勝ったワイドファラオとか、19年朝日杯ＦＳであわやの４着に突っ込んできたタガノビューティーとか、芝でも走れるスピードを持っていて、そのスピードを活かせる東京ダートがベストマッチ。良馬場、重馬場問わずに走るし、他場で負けていても東京で巻き返してくる。２１００ｍ以外は全部買ってもいいくらい。実際には、全部買うような買い方じゃダメだけど（笑）。

ヘニーヒューズ産駒で注意しなくてはいけないのは、最初は芝でも走るんだけど、それは身体が柔らかい３歳の早い時期まで。身体が固まってくるとやはりダートがベストになる産駒が多いね。13年の朝日杯ＦＳを勝ったアジアエクスプレスも３歳夏にはダート重賞のレパードＳを勝っていたし、ワイドファラ

東京ダート1300m　注目種牡馬ランキング

順位	種牡馬	着別度数	勝率	連対率	複勝率	単回値	複回値
1	サウスヴィグラス	9- 11- 13- 81/ 114	7.9%	17.5%	28.9%	59	101
2	プリサイスエンド	8- 7- 3- 47/ 65	12.3%	23.1%	27.7%	237	100
3	**ヘニーヒューズ**	**6- 5- 4- 20/ 35**	**17.1%**	**31.4%**	**42.9%**	**137**	**145**
4	キンシャサノキセキ	5- 9- 6- 51/ 71	7.0%	19.7%	28.2%	60	55
5	パイロ	5- 3- 3- 44/ 55	9.1%	14.5%	20.0%	157	68
6	ファスリエフ	5- 2- 5- 36/ 48	10.4%	14.6%	25.0%	199	146
7	ゴールドアリュール	5- 1- 4- 49/ 59	8.5%	10.2%	16.9%	36	36
8	ダイワメジャー	4- 6- 4- 37/ 51	7.8%	19.6%	27.5%	43	80
9	マンハッタンカフェ	4- 2- 2- 13/ 21	19.0%	28.6%	38.1%	76	87
10	キングヘイロー	4- 2- 2- 31/ 39	10.3%	15.4%	20.5%	49	51
特注	**ダンカーク**	**2- 1- 1- 8/ 12**	**16.7%**	**25.0%**	**33.3%**	**115**	**65**

オも6月にはユニコーンＳを勝っている。

あと、ヘニーヒューズ産駒は調子のいいときと調子の悪いときがはっきりしているよね。代表的なのがモーニンなんだけど、好調期は続けて馬券になる一方、調子を落とすと途端に走らなくなる。なるべく早い時期に、調子に乗っているときに買ったほうがいい。逆にしばらく馬券になっていない馬は手を出さないほうがいいということでもあるんだけれど。

北海道のスタリオン取材で何度かヘニーヒューズ自身を見たことがあるけど、６００キロ以上の馬格で、筋肉はモリモリ、ものすごい迫力だった。こういうマッチョな馬体を受け継いでいる産駒が出世する傾向があるから大型馬に注目しよう。

ついでに代表産駒のアジアエクスプレスも馬産地の評判がすごくいいから、今からマークしておくといいだろう。初年度産駒が20年にデビューする。たぶんヘニーヒューズと似た傾向になるはずだから、東京ダートは得意だと思うよ。

東京ダート１４００ｍ

逃げ馬の勝率……14・4％
複勝率……36・7％

東京ダート１４００ｍのスタート位置は2コーナーを抜けたすぐのところ。ＪＲＡでは唯一のダートスタートの１４００ｍだ。

ＧＩフェブラリーＳのステップレース根岸Ｓが行われるコースだね。

根岸Ｓはダートのわりに速い上がりが求められるレースで、昔はサンデー系の差し馬が強いことで有名だった。最近は母父サンデー系のほうが走っている。コパノキッキングの母父ゴールドヘイローしかり、ノンコノユメの母父アグネスタキオンしかり、ユラノトの母父フジキセキしかり。根岸Ｓに限らず、東京ダート１４００ｍの母父ランキングでは、１位サンデーサイレンス、２位フジキセキ、３位アグネスタキオンと、サンデー系が上位を独占しているよね。ちなみに４位、５位はロベルト系のシンボリクリスエスと、ブライアンズタイム。この２頭がフレンチデピュティ（６位）より上位にいるというのも特徴的だ。

　種牡馬ランキングを見ると、上級条件のレースがたくさん組まれていることもあって、たった１００ｍの違いでもダート１３００ｍのランキングとはガラリと変わる。クロフネ、ゴールドアリュール、キングカメハメハがトップ３。

　注目は４位パイロ、９位シニスターミニスター、そして12位にランクしたカジノドライヴの「エーピーインディ系の御三家」。

東京ダート1400m　注目種牡馬ランキング

順位	種牡馬	着別度数	勝率	連対率	複勝率	単回値	複回値
1	クロフネ	25- 24- 22- 182/ 253	9.9%	19.4%	28.1%	83	95
2	ゴールドアリュール	25- 23- 23- 207/ 278	9.0%	17.3%	25.5%	69	85
3	キングカメハメハ	21- 16- 16- 137/ 190	11.1%	19.5%	27.9%	69	117
4	**パイロ**	**20- 18- 17- 172/ 227**	**8.8%**	**16.7%**	**24.2%**	**85**	**69**
5	キンシャサノキセキ	18- 21- 17- 179/ 235	7.7%	16.6%	23.8%	74	95
6	**ヘニーヒューズ**	**17- 11- 7- 97/ 132**	**12.9%**	**21.2%**	**26.5%**	**96**	**77**
7	サウスヴィグラス	16- 20- 15- 214/ 265	6.0%	13.6%	19.2%	86	78
8	ダイワメジャー	14- 11- 10- 157/ 192	7.3%	13.0%	18.2%	62	43
9	シニスターミニスター	13- 11- 15- 113/ 152	8.6%	15.8%	25.7%	93	119
10	エンパイアメーカー	13- 11- 11- 124/ 159	8.2%	15.1%	22.0%	66	84
特注	**カジノドライヴ**	**11- 8- 10- 63/ 92**	**12.0%**	**20.7%**	**31.5%**	**39**	**182**
特注	**ダンカーク**	**5- 1- 3- 23/ 32**	**15.6%**	**18.8%**	**28.1%**	**102**	**100**

エーピーインディ系というのはアメリカで栄えている系統で、タイムの速いダートに強い、スピードのある系統だね。同時に一本調子だったり、気性の難しさがあったり、ヤンキーっぽさがあるから馬券的に面白い。

なかでもパイロは馬産地でも人気が上がっていて、種付け料も14年には１５０万円だったのが、20年現在は２５０万円。それにつれて繁殖牝馬の質も上がっているから、今後さらに成績を伸ばしてくる可能性が高い。東京ダート１４００ｍで言うと、19年の根岸Ｓで3着に来たクインズサターンがパイロ産駒だ。

パイロ産駒を絞り込むとしたら、前走着順がヒント。「前走4着以内」に限れば単勝回収値は１００を超える。さらに「前走が2、3着」だと複勝率は50％を超えるんだ。ローテーションでは、間隔を詰めたほうが走るタイプで、中1週、中2週での勝ち鞍が多い。狙いが絞りやすい種牡馬だけに、効率的に活用したい。

東京ダート1600m

逃げ馬の勝率……12・1％
複勝率……29・8％

東京ダート１６００ｍは2コーナー奥の引き込み線からスタート。ＪＲＡでは唯一のダートマイルのコースだ。スタート地点は芝で、ダッシュがつきやすいこともあって前半から速いペースで流れることが多い。もともとスピード勝負になりやすい東京ダートだけに、脚抜きの良い馬場になると芝並みの時計が記録されるケースもある。スピードの有無、速い上がりが使えるかどうかが大きく勝敗を分けるコースだ。

また、定説の通りに内枠は不利で、外枠に向かってなだらかに勝率や連対率が上昇していく。１枠は明らかに良くないし、２枠、３枠も、外枠の馬に比べれば成績は落ちる。内枠の馬と外枠の馬で迷っているようなら、外の馬を取ったほうがいいだろうね。

種牡馬ランキングを見ると、断トツの１位がゴールドアリュール。まずはこれを知っておこう。ゴールドアリュール産駒に関しては、ＧＩフェブラリーＳでの強さを見ればわかるよね。データ集計期間内だけでも、コパノリッキー（15年1着）、ゴールドドリーム（17年1着、18・19年2着）、サンライズノヴァ（20年3着）と、集計期間内の6年中5年で馬券絡み。ＧＩを含めた全レースの単勝回収値が１００を超えているように、このコースで軸にするにはもってこいの種牡馬だ。後継種牡馬も、スマートファルコンとエスポワールシチーがいて、今後はそちらの活躍も増えていくだろう。

ゴールドアリュール産駒は、脚抜きの良いダートに強いタイプと、時計のかかるダートのほうが強いタイプがいるから、この見

東京ダート1600m　注目種牡馬ランキング

順位	種牡馬	着別度数	勝率	連対率	複勝率	単回値	複回値
1	ゴールドアリュール	42- 24- 18- 268/ 352	11.9%	18.8%	23.9%	103	66
2	キングカメハメハ	24- 29- 34- 217/ 304	7.9%	17.4%	28.6%	58	89
3	ゼンノロブロイ	24- 18- 16- 158/ 216	11.1%	19.4%	26.9%	160	82
4	ヘニーヒューズ	19- 16- 16- 82/ 133	14.3%	26.3%	38.3%	61	100
5	クロフネ	19- 16- 15- 205/ 255	7.5%	13.7%	19.6%	58	56
6	パイロ	16- 11- 11- 140/ 178	9.0%	15.2%	21.3%	100	60
7	タピット	15- 4- 4- 21/ 44	34.1%	43.2%	52.3%	120	100
8	エンパイアメーカー	14- 18- 19- 180/ 231	6.1%	13.9%	22.1%	51	87
9	シンボリクリスエス	14- 15- 15- 163/ 207	6.8%	14.0%	21.3%	95	58
10	ネオユニヴァース	14- 11- 8- 149/ 182	7.7%	13.7%	18.1%	60	47

極めが大事なんだ。各馬の成績をチェックして、良のダートのほうが好成績か、重や稍重のダートのほうが好成績か、これを把握したうえで取捨を判断したい。

3位にはゼンノロブロイが頑張っているね。ゼンノロブロイは東京の芝でも堅実にランク入りしていたように、東京コースを非常に得意としていて、ダートでもマイルでランクインしてきた。勝率、単勝回収値ともに2位のキンカメを上回っているように、馬券的にも頼りになる存在だ。

成績の内訳をチェックしても、未勝利より1勝クラスのほうが勝ち鞍も多く（未勝利8勝、1勝クラス12勝）、勝率（同11・8％、13・5％）も高い。数に頼っているわけではなく、ちゃんと適性があるからこその上位だ。単勝回収値を見ても未勝利の１３３に対して、1勝クラスは２５９と倍近い。回収値が高いのは人気がなくても走っているということだ。

前作の3年前のランキングと比較すると、サンデー系種牡馬が数を減らして、その代わりにストームキャット系へニーヒューズ、エーピーインディ系のタピット、パイロあたりがランキングに入ってきた。

なかでもタピットは抜群にいいよね。アメリカの至宝とも言えるスーパー種牡馬で、種付け料は日本円にして３０００万円以上。日本には少しの産駒しか入ってきていないけど、スウィングビートが4勝、フォギーナイトが3勝と、数少ない産駒のなかから東京ダートマイル巧者を出している。フェブラリーSを勝ったテスタマッタもタピット産駒だったように、よほど適性が高いんだろう。同じエーピーインディ系のマジェスティックウォリアーも日本での供用が始まって、19年に初年度産駒がデビューした。今後、東京ダート１６００ｍで走ってきそうだ。

シンボリクリスエスも産駒の減少にともなって順位を落としたけど、ルヴァンスレーヴという最後の大物を出したうえに、近年は母父として活躍馬を送り出している。東京ダート１６００ｍを得意とするアルクトスが母父シンボリクリスエスだ。母父ランクではサンデーサイレンス、フレンチデピュティに次ぐ3位に上昇。クリスエスの後継エピファネイアも将来的には東京ダートで走る仔を出しそうだ。

また、このコースではフェブラリーＳのほか、ユニコーンＳ、武蔵野Ｓの3重賞が行われる。重賞はゴールドアリュールと、ストームキャット系、エーピーインディ系をマークしておけば、3着以内の馬のかなりの割合をカバーできるから、下級条件以上に重点的にチェックしておきたい。

東京ダート2100m

逃げ馬の勝率……11・4％
複勝率……28・9％

東京ダート２１００ｍはスタンド前の坂を上り切ったあたりからスタート、そのままダートコースを1周回ってくるコースだ。

ちょっと前までは、芝で勝ち切れずに伸び悩んだヨーロッパ血統が最終的に行き着く場所だったんだけれど、現在は芝でも走る種牡馬が上位を占めている。4位ハーツクライ、6位のホワイトマズルあたりにかつての名残りが見られるくらいだね。

ハーツクライ産駒は前走芝で走っていた馬が7勝中3勝を挙げていて、芝での切れ味不足をダートでカバーして勝利につなげている。回収値もバカ高いので、一発狙ってみる価値はある。

そして万馬券血統といえば、7位にランクインしたロージズインメイ。典型的な大穴種牡馬で、「一度穴をあけた馬は、また忘れたころに穴をあける」ということをよく頭に刻んでおきたい。前触れなしに突然激走する馬がよくいるから、ピンポイントでつかまえるのは難しいんだけど、一度走った条件を覚えておくと狙いやすくなる。冬のダートに穴が多いという特徴もある。

あとは前作で推薦しておいたルーラーシップがちゃんと勝って、ランキングは14位。ルーラーシップ産駒のダラっとしたタイプ、芝では切れ味に欠けるタイプが、ダートの長丁場に活路を見出している。今後も芝で頭打ちになった馬が、ダートの長距離を狙ってきそう。砂を被るのを嫌がるのか、真ん中より外の枠に入ったときが狙い目だ。

東京ダート2100m　注目種牡馬ランキング

順位	種牡馬	着別度数	勝率	連対率	複勝率	単回値	複回値
1	キングカメハメハ	12- 16- 16- 121/ 165	7.3%	17.0%	26.7%	77	99
2	クロフネ	10- 6- 4- 64/ 84	11.9%	19.0%	23.8%	92	74
3	シンボリクリスエス	9- 7- 9- 77/ 102	8.8%	15.7%	24.5%	48	76
4	**ハーツクライ**	**7- 6- 5- 92/ 110**	**6.4%**	**11.8%**	**16.4%**	**331**	**97**
5	ネオユニヴァース	6- 7- 4- 43/ 60	10.0%	21.7%	28.3%	41	60
6	ホワイトマズル	6- 3- 1- 26/ 36	16.7%	25.0%	27.8%	270	91
7	**ロージズインメイ**	**6- 1- 3- 39/ 49**	**12.2%**	**14.3%**	**20.4%**	**74**	**48**
8	ゴールドアリュール	5- 9- 11- 66/ 91	5.5%	15.4%	27.5%	50	112
9	カネヒキリ	5- 5- 6- 40/ 56	8.9%	17.9%	28.6%	50	137
10	マンハッタンカフェ	5- 5- 4- 52/ 66	7.6%	15.2%	21.2%	52	90
特注	**ルーラーシップ**	**5- 1- 7- 37/ 50**	**10.0%**	**12.0%**	**26.0%**	**50**	**60**
特注	**アイルハヴアナザー**	**5- 1- 2- 27/ 35**	**14.3%**	**17.1%**	**22.9%**	**410**	**138**

中山競馬場
Nakayama Racecourse

中山競馬場▶芝

コース図

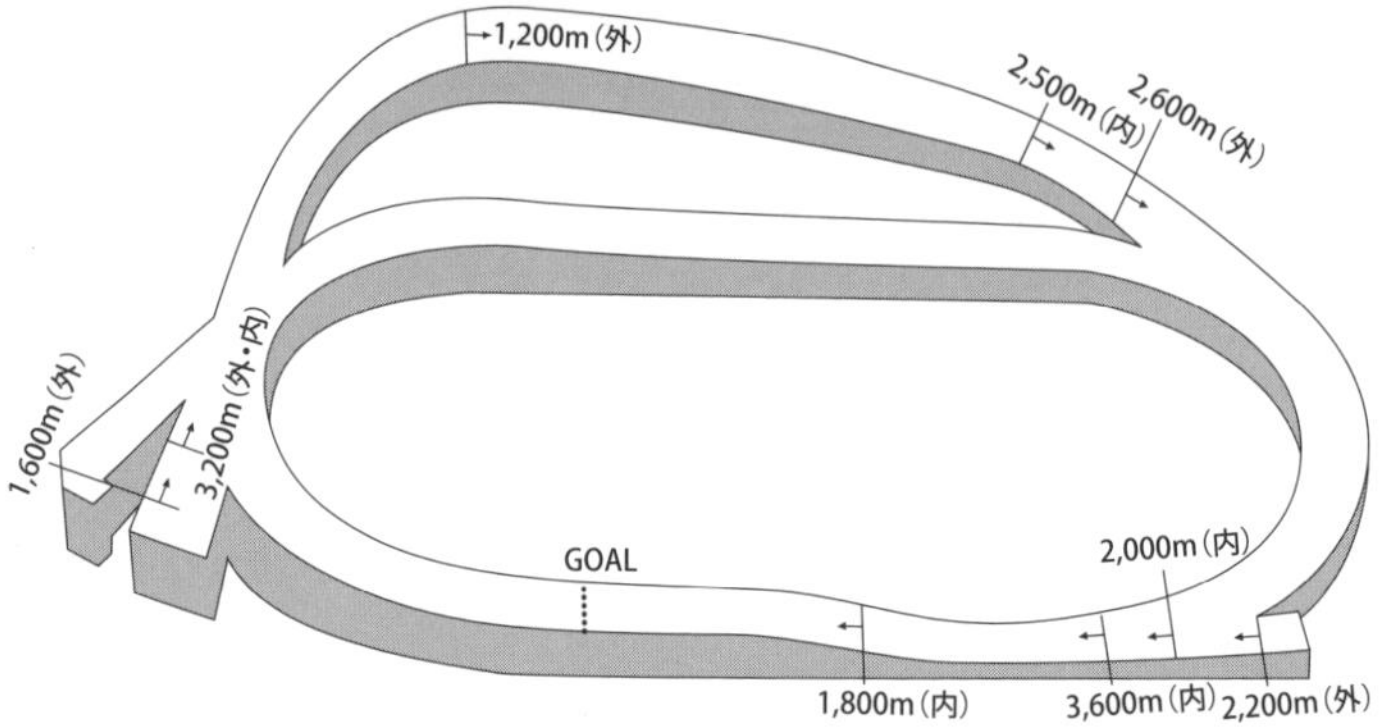

高低差断面図

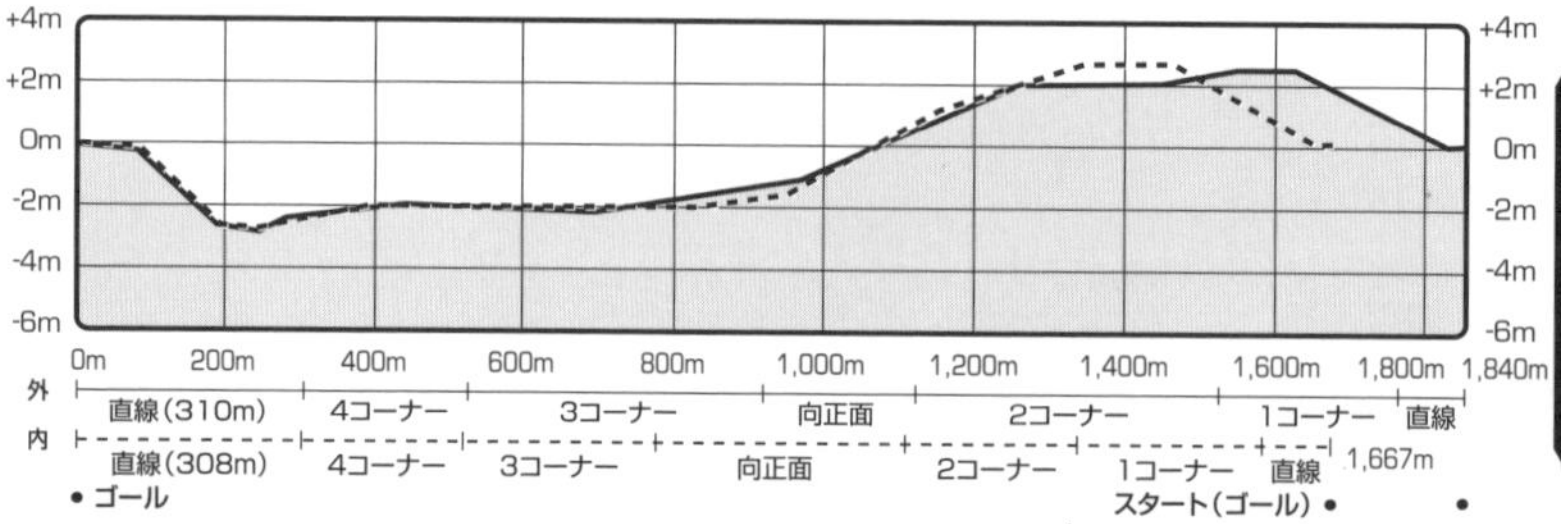

中山芝下級条件(2勝クラス以下)種牡馬ベスト5

順位	種牡馬	着別度数	勝率	連対率	複勝率	単回値	複回値
1	**ディープインパクト**	109- 65- 70- 439/ 683	16.0%	25.5%	35.7%	77	75
2	**ハーツクライ**	54- 47- 37- 373/ 511	10.6%	19.8%	27.0%	81	80
3	**ステイゴールド**	50- 50- 41- 364/ 505	9.9%	19.8%	27.9%	69	87
4	**ハービンジャー**	44- 34- 48- 324/ 450	9.8%	17.3%	28.0%	70	73
5	**キングカメハメハ**	32- 36- 33- 242/ 343	9.3%	19.8%	29.4%	55	70

中山芝上級条件(3勝クラス以上)種牡馬ベスト5

順位	種牡馬	着別度数	勝率	連対率	複勝率	単回値	複回値
1	**ディープインパクト**	46- 40- 33- 293/ 412	11.2%	20.9%	28.9%	78	61
2	**ステイゴールド**	21- 20- 24- 181/ 246	8.5%	16.7%	26.4%	48	66
3	**ダイワメジャー**	17- 24- 21- 160/ 222	7.7%	18.5%	27.9%	66	81
4	**キングカメハメハ**	17- 20- 18- 144/ 199	8.5%	18.6%	27.6%	55	71
5	**ハービンジャー**	13- 3- 11- 94/ 121	10.7%	13.2%	22.3%	74	62

中山競馬場は東京競馬場とともに関東圏の主場となっているが、小回り、短い直線、ゴール前の急坂と、東京とは正反対のコース形態となっている。当然ながら、好走する血統の傾向も大きく変わってくる。

芝コースには内回りと外回りがあり、内回りは１８００ｍ、ＧⅠの皐月賞が行われる２０００ｍ、有馬記念が行われる２５００ｍ、ＪＲＡ平地最長距離の３６００ｍ。外回りはスプリンターズＳが行われる１２００ｍ、１６００ｍ、２２００ｍの距離でそれぞれ使用される。

ただし、同じく内・外回りがある京都競馬場や阪神競馬場と違って、３コーナーで内回りと外回りが合流するので直線の距離は同じ３１０ｍ。２コーナーから３コーナーまでの形態に大きな違いがあるんだ。

内回りはいわゆる楕円形のコースで、１周距離は約１６６７ｍ（Ａコース使用時）。ローカル競馬場と同程度の大きさ。一方の外回りは2コーナーを頂点としたいびつなおむすび型。向正面の直線に見える部分も緩いカーブの連続で、直線部分は少ない。こちらの1周距離は約１８４０ｍで、京都競馬場の約１８９４ｍとさほど変わらない。外回りコースに関しては小回りという認識は改めておいたほうがいいだろう。

中山芝コースの代名詞でもあるゴール前の急坂は、１１０ｍのあいだに高低差2・2ｍを上るという文字通りの急坂。最大で2・24%の勾配は、ＪＲＡ全10場のなかで最大となっている。そのうえ坂を上ってからゴールまでの距離が１００ｍほどしかなかく、つまりゴール前のもっとも厳しい局面でこの急坂に差し掛かることになる。非力で軽い切れ味を武器にしている馬は最後の急坂で脚が上がってしまうことも多く、反対にエンジンのかかりが遅い馬だと差しが届かないこともある。
そういう意味では東京との出し入れがすごく大事。東京はスローな流れから上がりの速い競馬になりがちだけど、中山は向正面が下り坂というコース形態もあって道中は速い流れになりやすく、上がりのかかる競馬も多い。東京の芝が上がり34秒だとすると、中山の芝は上がり36秒、そんなイメージだ。だから東京だと鋭さ負けをしていたり、一瞬は前に出るけど長い脚を使えずに負けてしまった馬が、中山に替わって巻き返してくる。

血統で言うと、一瞬でキュッと前に出る器用さのあるステイゴールド産駒が中山向き、トニービンの血の影響で加速に時間のかかるハーツクライ産駒が東京向き。これが基本だ。ただしこれも近年は変わりつつあり、ステイゴールドは東京でも走るし、ハーツクライは中山でも走っちゃうようになった（苦笑）。それでもクラスが上がれば、この分け方は今も有効だから頭に入れておきたい。

それと、改修前は中山の重賞で明らかに成績の良くなかったディープインパクト産駒が、改修後、14年の有馬記念でジェンティルドンナが勝ったあの開催からやたらと中山でも走るようになった。この改修で差しが決まるようになったんだ。

馬場の高速化も一因だろうね。19年の京成杯AHでは1分30秒3というとんでもないレコードが出る馬場になったし。9月の開催は一年でもっとも馬場が良い状態ではあるにせよ、そのほかの開催でも中山芝の高速化は顕著。

ただそれでもちゃんと中山向き、東京向きの血統はある。下級条件と上級条件それぞれの種牡馬ベスト5を比較しても、上級条件ではディープインパクトの勝率や複勝率が下がるし、ハーツクライはランク外。下級条件では能力だけでどうにかなっていたディープ、ハーツの産駒が上のクラスで成績を落とす図式が見て取れる。

中山芝１２００ｍ

逃げ馬の勝率……16・２％
複勝率……37・６％

中山芝１２００ｍは外回りコースを使用。スタート位置はおむすび型の頂点あたり、２コーナーを回った地点となる。スタートから３コーナー半ばまで下り、そこから直線の急坂まではほぼ平坦というコースのため、序盤からハイペースになりやすく、後半より前半３ハロンのほうが速い「前傾ラップ」のレースが目立つ。スタート直後からビュンビュン飛ばすうえに、最後の急坂を超えるという難関が待ち構えるため、持続力が問われるコースだ。

１２００ｍの馬券を当てるコツは、中山のような前半３ハロンが速い「前傾ラップ向きの馬」と、前後半の３ハロンタイムが同じくらいの「イーブンラップ向きの馬」を見分けて、コースや展開によって出し入れすること。

代表的な例がモズスーパーフレアで、中山の芝１２００ｍでは19年オーシャンＳ1着、スプリンターズＳ２着などしっかり好走。でも、イーブンラップになりやすい京都芝１２００ｍだと、19年京阪杯で1番人気8着、20年のシルクロードＳでも２番人気４着と人気を裏切っている。この前傾ラップとイーブンラップによる出し入れのタイミングは覚えておきたい。血統で言うとダンチヒやストームキャットは前傾のハイラップに強く、モズスーパーフレアはこの血を両方持っている。

　種牡馬ランキングを見ると、1〜3位にダイワメジャー、アドマイヤムーン、キンシャサノキセキと、ダートでも走れる血統が上位を占めていることに注目。これもコース形態から来る特徴で、ダートの短距離戦もスタートから飛ばしてゴールまで粘り込むというレースになりやすく、中山芝1200mも同じような資質が求められるから。馬場の改修によって多少傾向が変わってきたけれど、スプリンターズSでもダート実績を残してきた馬がときどき好走する。クロフネ産駒のスリープレスナイトなどが好例だよね。

　近年でも下級条件は特にその傾向が強くて、ダイワメジャー（1位）、キンシャサノキセキ（2位）、アドマイヤムーン（4位）、ダノンシャンティ（6位）と、芝ダート兼用タイプの種牡馬が上位に4頭もランクインしている。下級条件の穴を狙うときはダート1200mでも走れそうな馬を探すのもひとつの手だ。キンシャサノキセキ産駒は芝ダート兼用馬がよくいるから、特にマークしよう。

中山芝1200m　注目種牡馬ランキング

順位	種牡馬	着別度数	勝率	連対率	複勝率	単回値	複回値
1	ダイワメジャー	20- 24- 12- 125/ 181	11.0%	24.3%	30.9%	60	72
2	アドマイヤムーン	9- 15- 10- 67/ 101	8.9%	23.8%	33.7%	30	85
3	キンシャサノキセキ	7- 10- 11- 89/ 117	6.0%	14.5%	23.9%	49	88
4	ロードカナロア	7- 2- 6- 32/ 47	14.9%	19.1%	31.9%	54	59
5	ハービンジャー	6- 3- 2- 15/ 26	23.1%	34.6%	42.3%	451	145
6	ハーツクライ	6- 2- 4- 35/ 47	12.8%	17.0%	25.5%	187	81
7	スウェプトオーヴァーボード	5- 3- 3- 45/ 56	8.9%	14.3%	19.6%	36	61
8	ディープインパクト	5- 1- 3- 56/ 65	7.7%	9.2%	13.8%	41	30
9	ベーカバド	4- 6- 4- 26/ 40	10.0%	25.0%	35.0%	73	137
10	ダノンシャンティ	4- 3- 1- 25/ 33	12.1%	21.2%	24.2%	288	94
特注	リアルインパクト	1- 0- 0- 8/ 9	11.1%	11.1%	11.1%	37	12
注目	ドレフォン	2021年初年度産駒デビュー					

ダイワメジャーに関しては、牡馬と牝馬の違いに気をつけたい。芝１２００ｍで走るのは、ほぼ牝馬。データ集計期間内の20勝のうち、12勝が牝馬によるものだ。中山に限らず、牝馬は１２００から１６００向き、牡馬は１４００から１８００向きが中心と、大ざっぱに捉えておこう。

また、早熟傾向があるから３歳春までは重賞やオープンでも走れるけど、それ以降は重賞になると不振というのもダイワメジャー産駒の特徴。ナックビーナスがオーシャンSで４年連続２着という珍記録を達成した以外は、16年のスプリンターズSでソルヴェイグが３着しているだけ。ナックビーナスもスプリンターズSではさっぱりだし、重賞のダイワメジャーは過信禁物だ。

あとは意外に外枠がいい。１枠の勝率３・７％に対して、６枠22・２％、７枠20・２％とかなりの開きがある。先行スピードがある反面、鋭い末脚が使えるタイプではないから、包まれるとスッと抜け出せない。もちろん内枠の得意な馬もいるけど、外めをスムーズに回ってこられるほうが走る馬を見つけたい。

ほかの種牡馬では、ストームキャット系は押さえておかないとね。外国産馬が多いから特定の種牡馬がランクに入っているわけではないけど、ミスターメロディ（ストームキャット系スキャットダディ×母父デピュティミニスター）なんかは、スプリンターズSにも向くと思う。

そういえば社台スタリオンがストームキャット系の新種牡馬を２頭入れたんだ。18年から日本で供用しているドレフォンと、20年から供用を開始したブリックスアンドモルタル。

ブリックスアンドモルタルの仔が出てくるのはまだ先だけど、ドレフォンは16年のブリーダーズCスプリントを勝った快速馬で、21年には初年度産駒がデビューする。いかにも芝・ダートの短距離に向いた血統だし、中山芝１２００ｍでもかなり走ってくるんじゃないか。注目しておきたいね。
19年の新種牡馬ならリアルインパクトがいい。リアルインパクト産駒はダイワメジャーやフジキセキと近い「早熟マイラー型のサンデー系」だから、今後は芝１２００を守備範囲にする馬が増えるだろう。

中山芝１６００ｍ

逃げ馬の勝率……11・２％
複勝率……32・２％

中山芝１６００ｍは外回りコースを使用。スタート地点は1コーナー付近のポケットで、すぐに最初のコーナーを迎えるため外枠の馬は内に入ることができずにずっと外々を回らされやすい。距離ロスが大きくなるぶん、外枠不利がこのコースの常識だった。

ところがこの中山芝１６００ｍも馬場改修の影響をモロに受けてしまった。というか、このコースがいちばん影響を受けたかも知れない。速い上がりが出る馬場になったことで、外枠の差し馬がよく馬券に絡むようになってきたんだ。それが如実に現れているのが逃げ馬の好走率で、前作時、３年前の逃げ馬の勝率17・５％、複勝率40・３％に対して、今回の集計期間では勝率11・２％、複勝率32・２％と格段に下がっている。これはちゃんと把握していない人もいるだろうから、あらためてこのデータの変化を受け止めてほしい。

差しが利くと途端に成績を上げてくるのが、お馴染みのディープインパクト。３年前の集計では

29勝の1位で、2位ダイワメジャーとの差は8勝だったのが、今回は43勝で2位キンカメとの差は24勝。ダブルスコア以上の圧倒的な勝利数になっている。個人的にはとても残念なんだけれど。昔の中山マイルは東京マイルと全然違う傾向があって好きなコースだったのに、このコースまでディープ産駒に制圧されてしまうとは。

ただ、中山マイルで走るディープは上位人気が中心なので、絞るのは難しくない。5番人気までに気を配っていれば十分。あとは内が残る馬場のときにディープを買わないこと。高速馬場の中山で内有利、先行有利の日は、さすがにディープ産駒でも外から差すのは難しい。中山開催は内の馬しか走らない週とか、外から差してくる週とか、内外の傾向がはっきりしているので、その日の傾向を掴んでおくと馬券を当てやすくなる。

一方、差しが決まる馬場に割りを食いながらもダイワメジャーはよく頑張っているよね。一年を通じてもっとも中山芝コースの状態がいい9月の開催はあまり過信せずに、時計がかかる冬場が狙い目となる。

中山芝1600m　注目種牡馬ランキング

順位	種牡馬	着別度数	勝率	連対率	複勝率	単回値	複回値
1	ディープインパクト	43- 32- 31- 231/ 337	12.8%	22.3%	31.5%	70	67
2	キングカメハメハ	19- 20- 15- 101/ 155	12.3%	25.2%	34.8%	94	96
3	**ダイワメジャー**	**19- 19- 21- 195/ 254**	**7.5%**	**15.0%**	**23.2%**	**47**	**62**
4	ハービンジャー	15- 11- 13- 81/ 120	12.5%	21.7%	32.5%	52	94
5	ロードカナロア	11- 15- 6- 77/ 109	10.1%	23.9%	29.4%	40	56
6	**スクリーンヒーロー**	**11- 4- 6- 61/ 82**	**13.4%**	**18.3%**	**25.6%**	**270**	**110**
7	ハーツクライ	10- 14- 11- 117/ 152	6.6%	15.8%	23.0%	51	62
8	アドマイヤムーン	10- 9- 4- 95/ 118	8.5%	16.1%	19.5%	66	65
9	ヴィクトワールピサ	10- 7- 5- 69/ 91	11.0%	18.7%	24.2%	102	82
10	キンシャサノキセキ	9- 12- 13- 74/ 108	8.3%	19.4%	31.5%	57	97
特注	**オルフェーヴル**	**8- 4- 6- 53/ 71**	**11.3%**	**16.9%**	**25.4%**	**97**	**66**
特注	**ルーラーシップ**	**7- 6- 7- 47/ 67**	**10.4%**	**19.4%**	**29.9%**	**64**	**95**

ダイワメジャー産駒は走るレースもだいたい決まっていて、ニューイヤーＳ（16年1着、18年3着ダイワリベラル）、東風Ｓ（17年ダイワリベラル2着、ロジチャリス3着。18年タイセイサミット2着。19、20年アストラエンブレム2着）、ターコイズＳ（17、18年ミスパンテール1着。19年シゲルピンクダイヤ3着）の3レースは毎年のように馬券に絡んでくる。ほかのコースに比べるとトリッキーなので、リピーターがよく走るんだ。

スクリーンヒーローも回収値が高く、いい成績を残している。スクリーンヒーロー自身は08年ジャパンＣ1着、09年天皇賞（秋）2着と東京のイメージが強いけど、その父グラスワンダーは中山マイルだった朝日杯3歳Ｓ、そして有馬記念連覇と、中山を得意とする馬だったからね。父スクリーンヒーローは、母父ディアブロやタイキシャトルなどデヴィルズバッグ系の牝馬と相性が良くて、これらはパワータイプのマイラー血統だから、この配合だと中山のような短い直線をぐいっと出るような競馬に向くんだ。

ランク外で目立つのは13位オルフェーヴル、14位ルーラーシップ。どちらも本質は長距離血統ではあるけど、牝馬が中山マイルの締まった流れでよく走っている。東京や京都で切れ負け惜敗というタイプがハイペースの中山で巻き返してくるので、馬券に加えてみるのも一考だろう。

といっても、わざわざルーラーシップ産駒をマイルで買わなくても同じ父系のロードカナロア産駒を買ったほうが間違いがないから、こちらの名前も挙げておこう（笑）。回収値の低さでわかるように、ほとんど人気馬しか来ないから穴の妙味は少ないけど、逆に言えば人気馬の安定感は高い。19年の京成杯ＡＨをトロワゼトワルがレコード勝ちしたよね。あれは前走準オープン1着からの連勝だった。こんなふうに前走の着順がいい馬を素直に買うのが、ロードカナロア産駒のコツだ。

中山芝1800m

逃げ馬の勝率……12・9%
複勝率……………39・6%

中山芝１８００ｍはスタンド前、急坂の途中からスタートし、内回りコースを1周するコース。上り坂からのスタートでスピードに乗りづらく、またすぐに1コーナーを迎えるために、序盤からハイペースになることはあまりない。２コーナーから向正面の半ばまで緩やかに下り、あとは直線の急坂までほぼ平坦となる。

基本的には逃げ・先行馬が馬券圏内に残りやすいけれど、逃げ馬の勝率は高くないし、前半はスローでも後半から小回りを意識してペースがグンと上がることも多くて、先行馬にとって決して楽な競馬にはならない。

〝こういう展開になる!〟と型にハメるのが難しいコースで、超スローの瞬発力勝負になったり、途中からペースが上がるマクリの勝負になったり、序盤からハイペースになって極端な差し・追い込み決着になったりする。予想するのが面白いコースだよね。小回りだからといって、あまり先行有利と決めつけないほうがいいだろう。

スタートしてから1コーナーまで２００ｍ弱と短く、典型的な小回りコースなんだけど、枠順による有利不利がほとんどないのも特徴。

ランキングを見ると、顔ぶれが一気に中距離っぽくなってきたね。なかでも8位にマンハッタンカフェ、10位にメイショウサムソンが入ってきたのは中山らしいランキング。

この2頭は一瞬でトップスピードに乗るというより、徐々にスピードアップして末脚を長く使うというタイプ。メイショウサムソン産駒ならフロンテアクイーン（18、19年中山牝馬S2着、1着）、マンハッタンカフェ産駒ならアースライズ（15年フラワーC2着）、ルージュバック（16年中山牝馬S2着）、クインズミラーグロ（17年中山牝馬S3着）など、牝馬重賞でよく走っている。ランク外だけどアイルハヴアナザーもそういうタイプで、勝ち切れないけど複勝率は34・3％もある。

ランク上位陣に目を向けると、ステイゴールドがこの舞台を得意としている。17年スプリングS勝ち、18、19年に中山記念連覇を果たしたウインブライトの、好位につけて立ち回り、勝負どころでスッと前に出るレース上手っぷりは、まさにステイゴールド産駒の長所。

ウインブライトは東京ではさっぱりだけど、中山と香港

中山芝1800m　注目種牡馬ランキング

順位	種牡馬	着別度数	勝率	連対率	複勝率	単回値	複回値
1	ディープインパクト	40- 19- 24- 138/ 221	18.1%	26.7%	37.6%	97	73
2	ハーツクライ	16- 12- 6- 98/ 132	12.1%	21.2%	25.8%	54	59
3	**ステイゴールド**	**14- 16- 8- 83/ 121**	**11.6%**	**24.8%**	**31.4%**	**58**	**98**
4	ハービンジャー	9- 1- 14- 88/ 112	8.0%	8.9%	21.4%	32	69
5	**ルーラーシップ**	**7- 10- 10- 52/ 79**	**8.9%**	**21.5%**	**34.2%**	**38**	**70**
6	キングカメハメハ	7- 7- 11- 77/ 102	6.9%	13.7%	24.5%	34	67
7	ヴィクトワールピサ	7- 7- 5- 49/ 68	10.3%	20.6%	27.9%	127	76
8	**マンハッタンカフェ**	**6- 8- 7- 39/ 60**	**10.0%**	**23.3%**	**35.0%**	**114**	**109**
9	ロードカナロア	6- 7- 3- 26/ 42	14.3%	31.0%	38.1%	61	66
10	メイショウサムソン	5- 5- 5- 44/ 59	8.5%	16.9%	25.4%	41	47
特注	**ゴールドシップ**	**2- 0- 1- 13/ 16**	**12.5%**	**12.5%**	**18.8%**	**126**	**40**
特注	**ドリームジャーニー**	**1- 2- 5- 16/ 24**	**4.2%**	**12.5%**	**33.3%**	**27**	**99**
特注	**ナカヤマフェスタ**	**0- 2- 3- 15/ 20**	**0.0%**	**10.0%**	**25.0%**	**0**	**62**

ではものすごく強い競馬をするよね。香港の芝は日本よりもちょっと力のいる馬場で、上がりのタイムなどは中山に近い。だから昔からフジヤマケンザンとかエイシンプレストンとか、中山の得意な馬は香港でも強いんだ。ぼくも「香港の王者を有馬記念につれてくれば勝負になるぞ」と、以前から書いていたんだけど、ワーザーが宝塚記念で2着に来た。あれは阪神の内回りコースだけど、中山と阪神の内回りは近いからね。

ステイゴールドは残念ながら20年の5歳世代が現役最後の産駒になるけど、もう後継種牡馬が続々と産駒をデビューさせている。オルフェーヴルは産駒によって得意コースが多様だけど、ゴールドシップは中山を得意にするであろう種牡馬だ。ブラックホール、サトノゴールドがワンツーを決めた19年の札幌2歳Sは、渋った時計のかかる馬場を後方から徐々にスピードに乗って追い上げてくるというレースぶりで、これぞゴールドシップというところを見せた。札幌も中山と比較的、形状が近いコースだからね。この札幌2歳Sの上がり最速はサトノゴールドがマークした36・4秒。こういう上がりのかかるレースに強いというのがゴールドシップらしいところだね。中山や札幌、阪神内回りなどの小回りコースを主戦場に活躍していくと思うよ。

あとは19年のホープフルS、20年スプリングSをともに2着に好走したヴェルトライゼンデを出したドリームジャーニー。オルフェーヴルの全兄で、現役時代に有馬記念や朝日杯FSを勝った中山巧者らしく、ドリームジャーニー産駒も中山の成績がいい。そしてナカヤマフェスタも同じステイゴールド後継で、その名の通り中山向きだよね。後継種牡馬も含めてステイゴールド系は中山の中長距離がベストと考えよう。

中山芝2000m

逃げ馬の勝率……10・7%
複勝率……26・8%

芝２０００ｍのスタート地点は4コーナーを出て直線に入った地点。そのまま内回りコースを1周するレイアウトとなっている。芝１８００ｍのスタート地点から２００ｍ後ろに下がっただけながら、最初のコーナーまでの距離が長くなるぶん先行争いが激しくなる。その結果ペースが上がりやすくなるんだ。芝１８００ｍと比較して逃げ馬の勝率、複勝率がガクッと下がるのもこのため。小回りらしく道中のペースも緩みづらく、上がりのかかるタフな競馬になりやすいのが特徴だ。

特にＧＩは先行馬にとっては厳しいレースになりやすくて、コース全体の先行の勝率12・3%、中団の勝率６・３%に対し、ＧＩでは先行の勝率８・３%、中団の勝率10・9%と逆転。皐月賞に限ればさらにこの傾向が強くなる。だから皐月賞を先行して好走した馬は価値が高く、エポカドーロのようにダービーでも馬券になったり、ジェネラーレウーノやダンビュライトのように、のちに中山の重賞を勝ったりする。キタサンブラックもそうだね。

道中の流れが厳しく、差しが決まるとなれば、ディープインパクトの出番で、種牡馬ランキングは1位。勝率、複勝率も他馬と比べて上々の数字を残している。さすがに単勝回収値は高くないけど、これもレベルが上がる上級条件に絞れば１４６。さらに1～3番人気の安定度が高く、馬券的には信頼しやすい。

ただし注意しておきたいのは、皐月賞だけは16年ディーマジェスティが8番人気1着、17年アルアインが9番人気1着と、近5年で2度も穴をあけている点。どちらも前走で重賞を勝っていながら人気の盲点になっていた形で、皐月賞のディープは人気薄もケアが必要だ。

この穴をあけた2頭に共通しているのが、ディーマジェスティは8枠18番、アルアインが6枠11番と、どちらも外めの枠に入っていたことだよね。これはかなり大事なポイントだ。中山のディープ産駒は内枠に比べて外枠の好走率が高くなる傾向にあって、ここ中山芝2000mの重賞でもこの傾向は顕著。集計期間内の11勝中、実に半数以上の6勝が8枠だからね。内で包まれるより、外をスムーズに回って差すというディープの特性が表れている。

そのほかで注目しておきたいのはステイゴールド、いや、ステイゴールド系と言っておこうか。ステイゴールド産駒はディープに比べると鋭い切れはないけど、小回りをうまく立ち回る器用さがあるし、馬群に包まれても割ってこられる気性の強さもある。芝1800mのとこ

中山芝2000m　注目種牡馬ランキング

順位	種牡馬	着別度数	勝率	連対率	複勝率	単回値	複回値
1	ディープインパクト	47- 31- 32- 185/ 295	15.9%	26.4%	37.3%	83	84
2	ハーツクライ	24- 21- 21- 165/ 231	10.4%	19.5%	28.6%	92	102
3	ステイゴールド	24- 19- 23- 169/ 235	10.2%	18.3%	28.1%	95	84
4	ハービンジャー	18- 17- 20- 161/ 216	8.3%	16.2%	25.5%	62	58
5	キングカメハメハ	15- 17- 17- 99/ 148	10.1%	21.6%	33.1%	48	73
6	ルーラーシップ	12- 11- 11- 78/ 112	10.7%	20.5%	30.4%	45	78
7	ゼンノロブロイ	9- 7- 6- 76/ 98	9.2%	16.3%	22.4%	64	108
8	ヴィクトワールピサ	8- 7- 4- 82/ 101	7.9%	14.9%	18.8%	39	58
9	スクリーンヒーロー	8- 5- 2- 42/ 57	14.0%	22.8%	26.3%	82	51
10	マンハッタンカフェ	7- 11- 9- 67/ 94	7.4%	19.1%	28.7%	71	93
特注	シンボリクリスエス	7- 2- 4- 75/ 88	8.0%	10.2%	14.8%	40	44
特注	オルフェーヴル	6- 5- 5- 72/ 88	6.8%	12.5%	18.2%	41	37
特注	エピファネイア	4- 4- 2- 16/ 26	15.4%	30.8%	38.5%	90	80
特注	ドリームジャーニー	3- 4- 5- 17/ 29	10.3%	24.1%	41.4%	47	140

ろでも言った通り、非常に中山向きの血統なんだ。

ステイゴールド産駒の牡馬が初めてＧＩを勝ったのは当時中山芝１６００ｍで行われていた朝日杯ＦＳ（06年ドリームジャーニー）。オルフェーヴル産駒の牡馬が初めてＧＩを勝ったのも中山の皐月賞（18年エポカドーロ）。これがステイゴールド系の未来を表している。

ステイゴールド系のなかでも切れるタイプではなくて、母系にヨーロッパの血を持つ馬とか、ゴールドシップみたいなジリっぽいタイプがこのコースにぴったり。今後、ゴールドシップ産駒が中山芝２０００ｍの重賞を勝つシーンが見られるんじゃないかな。

そのほか、サンデー系から離れると、ロベルト系がいい。９位にスクリーンヒーロー、そしてベスト10入りは逃したけど、11位にシンボリクリスエスがまだ残っている。ロベルト系は持久力とパワーが売りで、厳しい流れになったときに浮上したり、中山の急坂を苦にしない。パンパンの高速馬場は向かない馬も多いけど、春の雨の多い時期や、年末年始の時計のかかる中山で買っておきたい血統だ。

シンボリクリスエス産駒は20年生まれがラストクロップで、エピファネイアが後継馬として成功しそうだ。エピファネイアは20年の桜花賞、オークスを勝ったデアリングタクトを出したけれど、全体的には今のところ牝馬のマイラーが目立っていて、牡馬はちょっとジリっぽい馬も多くなるはず。上がりの速い東京で負けて、中山で巻き返すという穴パターンが出てくるんじゃないか。中山芝２０００ｍも合うと思う。

そして、ロベルト系の未来を託す種牡馬が、20年に２歳馬がデビューするモーリスだ。現役時代は芝１６００ｍを中心に活躍した馬だから、マイラーのイメージが強いだろうけど、ぼくは芝２０００ｍ前後の中距離向きの産駒が多くなるんじゃないかと予想している。というのは、モーリスの母父はサドラー系の凱旋門賞馬カーネギーだから、この血が現役時代より強めに出てくるはずなんだ。まあ、産駒がデビューしてから考えればいいんだから、こんな予想に意味はないけど、中山金杯はモーリス産駒に合いそうな気がする。

ちなみにロベルト系の大物は、少頭数で道中のペースが緩む弥生賞より、皐月賞とかホープフルＳのように厳しい流れのレースのほうが合っている。牝馬だけれど、デアリングタクトが勝った桜花賞、オークスもタフなレースだったよね。エピファネイア産駒やモーリス産駒も、今後、弥生賞でコケた馬が、皐月賞で巻き返して一発という穴があるかも知れないね。

中山芝２２００ｍ

逃げ馬の勝率……１０・９％
複勝率……２１・８％

芝２２００ｍは、芝２０００ｍのスタート地点よりやや後方からスタートし、外回りコースを１周するレイアウト。２０００ｍ同様、最初のコーナーまでの距離が長く、さらに外回りコースのためカーブがきつくないこともあって距離のわりにペースが緩むところが少ない。厳しいペースになりがちなコースだよね。

それに仮に道中のペースが緩んだとしても、直線の短さを意識して早めに仕掛け、３コーナー過ぎからのロングスパート合戦になるから、いずれにせよ持続力が要求され、２２００ｍという字面以上にスタミナを要するコースだ。

　ランキングを見ると、この距離でついにステイゴールドがディープインパクトを逆転して1位になった。重賞も19年にスティッフェリオがオールカマーを勝っている。準オープン以下ではディープより上だ。

　ただし、重賞ではやはりディープインパクトが15年オールカマーのショウナンパンドラ、16年ＡＪＣＣのディサイファ、16年セントライト記念のディーマジェスティと3勝を挙げて、1位になっている。とはいえ、これも重賞成績の【3　8　1　24】を考えると、勝ち切れなさが目立つし、勝率も低い。ロングスパートになりやすい持続力が求められるコースだけに、決して瞬発力が売りのディープに向いているコースではないよね。

　代わって注目したいのが、16年オールカマー勝ちのゴールドアクター、18年セントライト記念勝ちのジェネラーレウーノを出したスクリーンヒーロー。そして18年ＡＪＣＣ勝ちの

中山芝2200m　注目種牡馬ランキング

順位	種牡馬	着別度数	勝率	連対率	複勝率	単回値	複回値
1	ステイゴールド	14- 9- 15- 91/ 129	10.9%	17.8%	29.5%	64	100
2	ディープインパクト	13- 18- 6- 64/ 101	12.9%	30.7%	36.6%	62	72
3	ルーラーシップ	7- 7- 2- 19/ 35	20.0%	40.0%	45.7%	109	102
4	ハービンジャー	6- 5- 7- 58/ 76	7.9%	14.5%	23.7%	41	48
5	ドリームジャーニー	5- 3- 1- 11/ 20	25.0%	40.0%	45.0%	167	96
6	ハーツクライ	4- 8- 12- 59/ 83	4.8%	14.5%	28.9%	18	86
7	キングカメハメハ	4- 3- 1- 43/ 51	7.8%	13.7%	15.7%	31	24
8	マンハッタンカフェ	4- 2- 1- 17/ 24	16.7%	25.0%	29.2%	247	75
9	オルフェーヴル	3- 2- 3- 16/ 24	12.5%	20.8%	33.3%	111	138
10	ダイワメジャー	3- 0- 3- 10/ 16	18.8%	18.8%	37.5%	89	77
特注	スクリーンヒーロー	2- 1- 1- 13/ 17	11.8%	17.6%	23.5%	54	83
注目	ゴールドシップ	0- 0- 0- 9/ 9	0.0%	0.0%	0.0%	0	0

ダンビュライト、19年セントライト記念勝ちリオンリオンを出したルーラーシップ。

どちらも切れ味を求められるコースでは勝ち切れなさが目立つけど、長く脚を使うという点では長けている血統だ。

特にルーラーシップは超得意なレースがあって、それは水仙賞。2月か3月の3歳戦の中山芝２２００ｍ。17年イブキが1着、18年ロサグラウカとウラヌスチャームがワンツー、20年クロスセルが1着など、産駒デビューの年から毎年4番人気以下の馬が馬券になり続けている。水仙賞のルーラーシップ産駒は必ず買ったほうがいい。

あとはステイゴールド系。自身の産駒は今後減っていくけど、後継種牡馬ということで言えばドリームジャーニーが5位にランクインしているし、オルフェーヴルも9位に食い込んで、回収値は単複ともに１００超えをマーク。適性が高いよね。

ドリームジャーニーは関係者の話だと種付けが好きじゃないみたいなんだけど、それでもヴェルトライゼンデという楽しみな馬が出てきた。セントライト記念やオールカマーも向くと思う。

今後期待のゴールドシップは、パンパンの高速馬場には不安があるから、9月のセントライト記念、オールカマーだと時計が速すぎて対応できるかどうか微妙かも知れない。それより条件戦の芝２２００ｍや、重賞なら1月のＡＪＣＣが面白いんじゃないか。

ちなみにそのセントライト記念とオールカマーは高速馬場で、先行有利。ジェネラーレウーノ、リオンリオンもそれぞれ2番手、3番手からの競馬だったし、19年のオールカマーもスティッフェリオの逃げ切り勝ち。一方のＡＪＣＣはそれより一枚後ろのポジションが好走しやすい。16年ディサイファが3コーナー6番手、17年タンタアレグリアも3コーナー6番手だったのが好例。そこから4コーナーに向かって押し上げていくイメージだ。

中山芝2500m・3600m

逃げ馬の勝率……7.5%
複勝率……17.9%

中山芝2500mは内回りコースを使用するが、スタート位置は外回りコースの3コーナー手前あたり。一方の芝3600mのスタート地点は正面スタンド前、4コーナーの出口から100mほど進んだところで、ここから内回りコースを2周する形となる。

どちらもスタミナが要求されるのは言うまでもないけれど、特に3600mはコーナーを全部で8回も回るから、そこがスムーズにいかないと距離ロスも大きくなって余計なスタミナを消費する。小回りをロスなく回ってこられる立ち回りのうまさが求められるコースだ。

18年のステイヤーズSの勝ち馬リッジマンは、17年の札幌日刊スポーツ杯と18年の丹頂Sを勝っていた。19年のステイヤーズS勝ち馬モンドインテロは、16、17年の札幌日経オープンを勝っていた。つまり、小回りローカルの芝2600m、特に札幌や函館に実績のある馬がステイヤーズSでしばしば好走するのは、「コーナーを何度も回る」という共通点があるからだ。

ステイヤーズSは血統で語るより、個々のスタミナ、能力で考えたほうがいいレースなので、ローカル2600m好走馬とか、リピーターを重点的にチェックすればいいんじゃないかな。ただ、東京のダイヤモンドSに比べると、スタミナ抜群のはずのハーツクライ産駒が勝ち切れないことは知っておきたい。ハーツクライは小回りで不器用な馬が多いから、中山の長距離だとあまり信用できない。有馬記念もリスグラシューが勝つまでは、不得手レースとして知られていたよね。

一方、芝２５００ｍはステイゴールドが断然いいね。ただし、最近は使う側も意識しているようで、中山芝２５００ｍにはやたらとステイゴールド産駒が出走してくる。そのせいもあって最近は率が下がってきてしまった。だから馬券的には絞り込みが必要なんだけど、これは簡単。内枠の馬を中心に買えばいい。内回り、かつコーナーが多いので、ステイゴールド産駒の立ち回りのうまさが内枠で活かされる。全体平均の1枠の勝率14・1%、複勝率31・０%に対して、ステイゴールド産駒の1枠は勝率28・６%、複勝率50・０%と大きく上回る。1枠から４枠までが良績で、５枠以降は成績が落ちる。

ランキング２位はディープインパクト。ポイントになるのは、中山芝２５００ｍで走るディープは、東京では走ら

中山芝2500m・3600m　注目種牡馬ランキング

順位	種牡馬	着別度数	勝率	連対率	複勝率	単回値	複回値
1	**ステイゴールド**	**10- 14- 11- 77/ 112**	**8.9%**	**21.4%**	**31.3%**	**34**	**58**
2	ディープインパクト	7- 4- 7- 58/ 76	9.2%	14.5%	23.7%	83	50
3	ハーツクライ	5- 8- 7- 51/ 71	7.0%	18.3%	28.2%	64	64
4	アドマイヤドン	4- 1- 1- 5/ 11	36.4%	45.5%	54.5%	101	121
5	**ルーラーシップ**	**3- 1- 2- 12/ 18**	**16.7%**	**22.2%**	**33.3%**	**88**	**116**
6	**ハービンジャー**	**3- 0- 3- 15/ 21**	**14.3%**	**14.3%**	**28.6%**	**100**	**65**
7	キングカメハメハ	2- 6- 6- 43/ 57	3.5%	14.0%	24.6%	16	56
8	マンハッタンカフェ	2- 3- 2- 14/ 21	9.5%	23.8%	33.3%	58	91
9	スクリーンヒーロー	2- 0- 1- 3/ 6	33.3%	33.3%	50.0%	338	121
10	カンパニー	2- 0- 0- 3/ 5	40.0%	40.0%	40.0%	876	124
特注	**ナカヤマフェスタ**	**1- 0- 0- 4/ 5**	**20.0%**	**20.0%**	**20.0%**	**108**	**48**
特注	**ドリームジャーニー**	**0- 2- 1- 2/ 5**	**0.0%**	**40.0%**	**60.0%**	**0**	**234**
注目	**エピファネイア**	**—**	**—**	**—**	**—**	**—**	**—**

ないディープだということ。つまり切れが足りないディープインパクト産駒のほうが合う。

ディープ産駒は母父を見るとタイプがわかりやすくて、3歳春、クラシックに間に合うような産駒は母父ストームキャット系、ダンチヒ系が多い。19年のダービーで1、2着したロジャーバローズ（母父ダンチヒ系）、ダノンキングリー（母父ストームキャット）がこれにあたる。20年の皐月賞、ダービーを勝ったコントレイルも母系にストームキャットを持っているよね。切れがあるタイプは母父にダンチヒ、ストームキャット系も含め、短距離血統を持っている馬が多い。

一方、クラシックに間に合うほど仕上がりは早くないけれど、スタミナに溢れ、長距離で力を発揮するタイプのディープ産駒は、母父ヨーロピアン血統やロベルト系が多い。代表的なのは19年菊花賞を勝ったワールドプレミア（母父はドイツの名種牡馬アカテナンゴ）や、18年菊花賞と19、20年の天皇賞（春）を勝ったフィエールマン（母父はニジンスキー系グリーンチューン）。この2頭は有馬記念でも3着と4着に来たよね。フィエールマンは凱旋門賞で大敗したあとだったのに少差の4着だったから、ちゃんと調整ができていれば今後、有馬記念を勝ってもおかしくない。

ほかにも、16年の日経賞で牝馬ながら3着に好走したマリアライトは母父エルコンドルパサーで、母系にサドラーズウェルズを持つヨーロピアン。19年潮来特別を勝ったノチェブランカも母父サドラーだ。

有馬記念は個人的に得意なレースで、19年のリスグラシューとサートゥルナーリアも本命対抗だったし、人気のないところでは15年のゴールドアクター（8番人気1着。父スクリーンヒーロー）も本命だった。18年1着のブラストワンピース（父ハービンジャー）がわかりやすいけど、有馬記念は東京芝２４００ｍではちょっと足りないタイプがいい。ジャパンＣと違って、緩急のある流れになるから、そういうペースの緩急に強い馬を探すこと。

ただ、ディープのところで〝切れ味がないタイプのほうが合う〟と言ったけど、さすがに有馬記念はＧＩだけあって切れは必要。それは当たり前だよね。

中山競馬場▶ダート

コース図

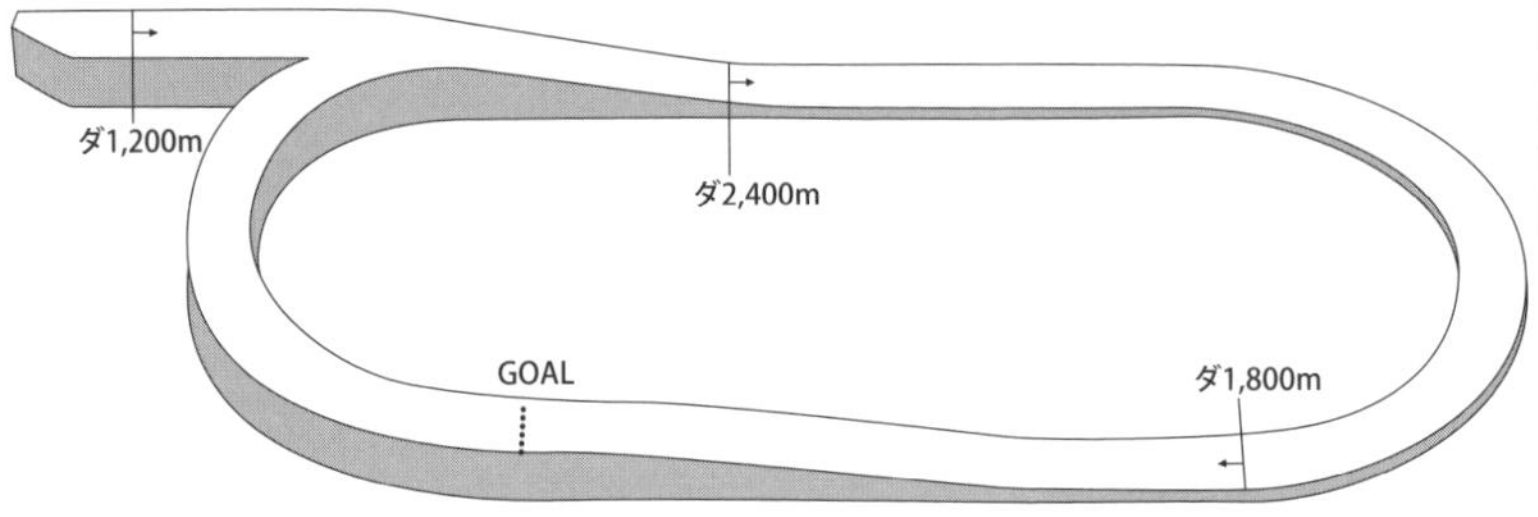

高低差断面図

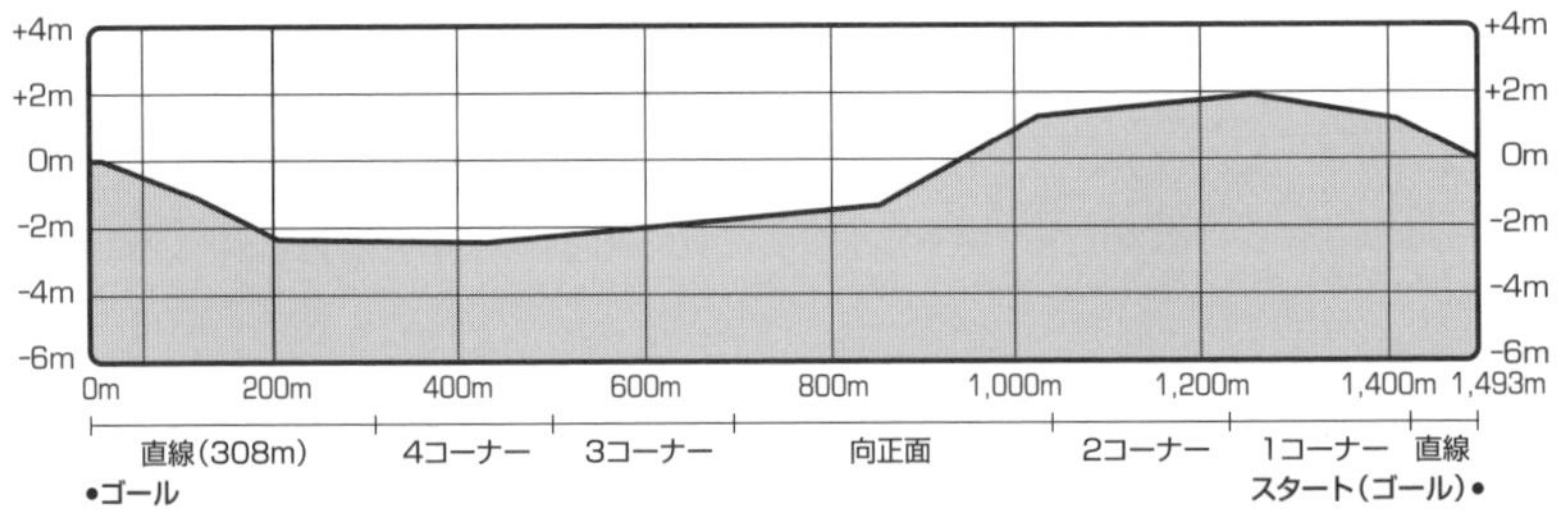

中山ダート下級条件(2勝クラス以下)種牡馬ベスト5

順位	種牡馬	着別度数	勝率	連対率	複勝率	単回値	複回値
1	**ゴールドアリュール**	61- 48- 49- 432/ 590	10.3%	18.5%	26.8%	78	83
2	**サウスヴィグラス**	52- 53- 54- 455/ 614	8.5%	17.1%	25.9%	65	85
3	**キングカメハメハ**	47- 42- 24- 256/ 369	12.7%	24.1%	30.6%	111	88
4	**クロフネ**	45- 37- 43- 406/ 531	8.5%	15.4%	23.5%	60	69
5	**ダイワメジャー**	43- 32- 39- 300/ 414	10.4%	18.1%	27.5%	92	85

中山ダート上級条件(3勝クラス以上)種牡馬ベスト5

順位	種牡馬	着別度数	勝率	連対率	複勝率	単回値	複回値
1	**キングカメハメハ**	11- 11- 9- 89/ 120	9.2%	18.3%	25.8%	48	76
2	**カネヒキリ**	8- 3- 1- 33/ 45	17.8%	24.4%	26.7%	138	105
3	**ゴールドアリュール**	7- 10- 8- 83/ 108	6.5%	15.7%	23.1%	183	71
4	**シニスターミニスター**	5- 2- 1- 24/ 32	15.6%	21.9%	25.0%	141	81
5	**ハーツクライ**	5- 1- 2- 30/ 38	13.2%	15.8%	21.1%	65	56

中山ダートは中山芝と同様に、右回り、小回り、直線の急坂と、東京とは大きく異なる特徴を持っており、施行距離も東京と被らない。似た距離カテゴリーに分けると、中山ダートの１２００ｍに対して東京は１３００ｍか１４００ｍ、中山のダート１８００ｍに対して東京は１６００ｍか２１００ｍとなり、距離だけ考えても求められる適性が異なる。東京での成績はほぼ当てにならない。

中山ダートの1周距離は１４９３ｍ、直線距離は３０８ｍと小さく、サイズ感で言えば福島（１周約１４４５ｍ、直線約２９６ｍ）や小倉（１周約１４４５ｍ、直線約２９１ｍ）に近い。ただし、道中の高低差はそれらローカルの比ではなく、最大で４・５ｍにも及び、これが中山ダート最大の特徴と言ってもいいだろう。

また、ＪＲＡの発表では全10場の砂は同じ砂（青森県六ケ所村産）を使用、砂の深さもほぼ９センチに統一されているが、路盤の違いか、砂の入れ替え・洗浄時期の違いによるものか、東京よりも中山ダートのほうが時計がかかる。

特に冬場の開催で、凍結防止剤を撒いたあとはパワーを要する馬場になる。こういうときは前残りのレースが多発するので、早い時間帯のレースを見つつ、その日の馬場傾向をしっかりと掴んでおきたい。

中山ダート１２００ｍ

逃げ馬の勝率……21・４％
複勝率……46・７％

中山ダート１２００ｍは、２コーナー奥の引き込みから発走する芝スタートのコース。スタート直後から向正面の半ば、だいたい残り８００ｍの地点までに４ｍ近くを下り、レース序盤からハイペースになりやすい。そのまま最後の直線に設けられた急坂までなだらかな下り、平坦と続く。

芝スタート、そしてスタート直後から下りというコース形態からもわかるように、レースは前半３ハロンのほうが後半３ハロンよりも速い「前傾ラップ」になることが多く、前半の３ハロンが芝並みの33秒台をマークすることがほとんど。32秒台も決して珍しくない。

おまけに最後の直線には急坂があるため、前半から飛ばしていかにゴールまで粘れるかという、ダート短距離戦らしい消耗戦となるんだ。こういう特徴あるレースが見られるだけに、個人的にはかなり好きなコースのひとつだ。

簡単なコツを挙げておくと、東京ダート１３００ｍや京都ダート１２００ｍのイーブンラップ（前半と後半の差がないラップ）で好走して、中山ダート１２００ｍで人気になっている馬を軽視すること。ラップの流れ方が全然違うから、なんの参考にもならない。

とにかく中山ダート１２００ｍで求められるのは、前傾ラップに対する適性。

だから種牡馬ランキングを見てもわかるように、スタートからトップスピードに乗れるサウスヴィグラスの勝ち数が他馬を圧倒しているよね。以下、２位キンシャサノキセキ、３位ゴールドアリュールと、スピードのある種牡馬がベスト3を占めている。

1位のサウスヴィグラスは、新馬も悪くないけど、新馬で負けたあとに未勝利を数戦使いつつ、上昇していくのが好走パターン。1勝クラスも同様の傾向で、昇級初戦はケン、数戦してクラス慣れをしたところで狙うというのがサウスヴィグラスの攻略法なんだ。使われながら競馬を覚え、徐々に力をつけていく。

言い換えれば無理に穴を狙う必要はないということ。近走で好成績を挙げている馬が堅実に走るから、上位人気馬を中心に買えばいい。

ちなみにサウスヴィグラスは20年デビューの２歳馬がラストクロップとなるので、新馬で負けて未勝利数戦で巻き返しというパターンを使えるのも残り1世代。じゃんじゃん活用していきたいところだ。

あとは内枠がいいというのもサウスヴィグラスの特徴。中山ダート１２００ｍは外枠にいくほど成績が上昇していく外枠有利の傾向があるんだけど、それでいながらサウスヴィグラス産駒は内枠のほうが成績がいい。スタートダッシュが効くし、基本的に器用なタイプで小回り向きという特性をフルに活かしているよね。馬

中山ダート1200m　注目種牡馬ランキング

順位	種牡馬	着別度数	勝率	連対率	複勝率	単回値	複回値
1	サウスヴィグラス	50- 51- 52- 445/ 598	8.4%	16.9%	25.6%	60	81
2	キンシャサノキセキ	33- 37- 34- 260/ 364	9.1%	19.2%	28.6%	57	81
3	ゴールドアリュール	29- 24- 21- 210/ 284	10.2%	18.7%	26.1%	69	76
4	**ヘニーヒューズ**	**22- 11- 14- 110/ 157**	**14.0%**	**21.0%**	**29.9%**	**190**	**97**
5	ダイワメジャー	21- 17- 25- 181/ 244	8.6%	15.6%	25.8%	72	83
6	**ヨハネスブルグ**	**20- 16- 12- 129/ 177**	**11.3%**	**20.3%**	**27.1%**	**66**	**87**
7	パイロ	19- 23- 18- 224/ 284	6.7%	14.8%	21.1%	56	73
8	スウェプトオーヴァーボード	17- 16- 12- 241/ 286	5.9%	11.5%	15.7%	126	54
9	**アイルハヴアナザー**	**15- 5- 2- 79/ 101**	**14.9%**	**19.8%**	**21.8%**	**133**	**70**
10	プリサイスエンド	14- 10- 12- 157/ 193	7.3%	12.4%	18.7%	64	80

群で我慢が利く。実際、１枠の単勝回収値は１００を超えている。

ただし、ひとつ注意点があって、それは馬場状態。フォーティナイナー系のなかではパワータイプのダート専門種牡馬なので、馬によっては脚抜きが良くなると勝ち切れなくなるところがあるんだ。フォーティナイナー系とは、ほかにパドトロワ、スウェプトオーヴァーボード、プリサイスエンド、トワイニングなど。アイルハヴアナザーもフォーティナイナー系だけど、これは中距離向き。脚抜きの良いタイムの速いダートがいいのか、時計のかかるダートがいいのかは種牡馬の傾向だけでなく、各馬の成績を個別にチェックするのも大事だ。

２位のキンシャサノキセキもそうだけど、上位の２種牡馬は下級条件の勝ち鞍がメイン。３勝クラス以上になると勝ち切れなくなって、データ集計期間中に挙げた勝ち鞍はサウスヴィグラスとキンシャサノキセキの産駒を合わせて３勝のみ。重賞ではコーリンベリーの16年カペラＳ３着、シュウジの19年カペラＳ３着と、それぞれ１頭ずつ馬券に絡んでいるだけだ。キンシャサノキセキは今後もっと一流馬が出てくるかも知れないけど、この傾向は頭に入れておきたい。

３位のゴールドアリュールは中距離のイメージが強いから、ちょっと意外に思う人もいるだろうけど、最近は短距離でも走る馬が増えているよね。大物はダート１６００〜２０００ｍで勝つ一方、２歳戦や、折り合いの難しい馬などは短い距離で持ち味を活かす。

特に新馬は勝率24・０％、連対率44・０％、複勝率64・０％、単勝回収値２３０、複勝回収値１６０と圧倒的。新馬ではパッとしなかったサウス、キンシャサとは対照的な成績……なんだけれども、ラストクロップとなる20年デビューの登録産駒はたったの４頭しかいない。もし中山ダート

1200mで新馬を使ってきたら、ラストクロップなんだという感慨も込めて単勝を買っておくとしよう。

中山ダート1200mでベスト3種牡馬のほかに特注血統を挙げるとしたら、ニーヒューズ、ヨハネスブルグ、アジアエクスプレスなどのストームキャット系。特にヘニーヒューズは勝つときは強い方をするから「単勝向き」の血統だ。

最近はパイロやシニスターミニスターなどのエーピーインディ系も悪くないけど、効率で言えば中山ダートはあまりいいほうではない。もちろん中山向きのパイロ産駒もいるから、そこは各馬の得意なラップを確認すること。

中山ダート1800m

逃げ馬の勝率……19・5%
複勝率……41・4%

中山ダート1800mは4コーナーの出口付近で、そこからダートコースを1周するレイアウトとなる。

スタート直後の急坂もあって序盤こそペースは落ち着きやすいものの、都合2回の急坂超えと、向正面下りからのペースアップ。そしてそのままゴールまでなだれ込むというレースになりがちで、タフな消耗戦になりがちなコースだ。直線での切れより、3コーナーに入ってからのロングスパートが求められるコース。

小回りでコーナーを4つ回るから、内枠のほうが有利かと思われがちだけど、このコースは1〜4枠より、5〜8枠のほうが成績がいい。ゴチャつく内より、勢いを殺さずに回ってこられる外のほうが、というイメージかな。

ランキングではキングカメハメハが1位。人気に推されやすい血統だけど、単複の回収値は90オーバーで、これは人気薄も走っている証。7番人気でも勝率16・7%、複勝率22・2%と高い数字を記録しているほか、18年のマーチSではセンチュリオンが2番人気1着、ロワジャルダンが10番人気3着と、人気馬、穴馬ともに走っている。オープンでも馬券になる例が多く、2月か3月の総武Sや、12月の師走Sは得意レースだ。

さらに成績を押し上げるのが、稍重・重でのレース。キンカメはもともと芝・ダートともに湿り気を帯びた馬場を得意としていて、それは中山ダート1800mでも変わらず、良馬場での勝率8・7%に対して、稍重18・1%、重23・3%、不良に至っては38・5%と数字を跳ね上げているんだ。実際、雨の多い3月、4月開催は12月、1月の倍近くの勝率を叩き出していて、とにかく馬場が渋った中山ダート1800mはキンカメ狙い。特に雨上がりで、徐々に乾き出す馬場で好走するイメージが強い。「雨上がりのキンカメ」だね。

キンカメも後継種牡馬が続々と出てきているけど、馬産地ではホッコータルマエの評判がかなりいいんだ。ホッコータルマエはこの中山ダート1800mにかなり合いそう。20年に2歳馬がデビューしてくるので、注目しておきたい。

あとはトゥザワールドも合うだろう。母トゥザヴィクトリー自身、01年フェブラリーSで3着、ドバイワールドCで2着と実績のある馬だし、ダートで大物を出してもおかしくない血統。まだこのコースへの出走が少ないけれど、ナリノクリスティーがここで初勝利を挙げて、芝のデイジー賞でも2着に来た。

ほかでぜひ注目してほしいのが、アイルハヴアナザー。アメリカの二冠を制した名馬で、今はもうアメリカへ帰ってしまったけど、今ごろになってダートで活躍を始めている（笑）。特に中山ダート１８００ｍで良績を挙げていて、ランキングも7位。回収値も単勝は１８６、複勝でも１１０。馬券的にもおいしいんだ。

だらだらと脚を使うタイプだから、スローペースでいまいちだった馬が、締まった流れで浮上したり、東京のタイムの速いダート１６００ｍでスピードに乗れなかった馬が、中山のコーナー4回の１８００ｍで着順アップしたり、あとは距離延長とか、以前このコースで好走したことがある馬が、たまにふた桁人気で大穴をあけている。こういう世界レベルのダート中距離馬というのは、日本で種牡馬になると中山ダート１８００ｍや、東京ダート

中山ダート1800m　注目種牡馬ランキング

順位	種牡馬	着別度数	勝率	連対率	複勝率	単回値	複回値
1	**キングカメハメハ**	**49- 44- 27- 225/ 345**	**14.2%**	**27.0%**	**34.8%**	**96**	**89**
2	**ゴールドアリュール**	38- 33- 34- 290/ 395	9.6%	18.0%	26.6%	112	85
3	**クロフネ**	38- 26- 34- 281/ 379	10.0%	16.9%	25.9%	78	68
4	**ハーツクライ**	26- 16- 21- 194/ 257	10.1%	16.3%	24.5%	87	74
5	**ダイワメジャー**	24- 18- 16- 137/ 195	12.3%	21.5%	29.7%	101	99
6	**ネオユニヴァース**	22- 21- 24- 187/ 254	8.7%	16.9%	26.4%	76	84
7	**アイルハヴアナザー**	**21- 25- 16- 162/ 224**	**9.4%**	**20.5%**	**27.7%**	**186**	**110**
8	**シンボリクリスエス**	19- 28- 19- 248/ 314	6.1%	15.0%	21.0%	42	104
9	**エンパイアメーカー**	18- 33- 19- 220/ 290	6.2%	17.6%	24.1%	37	74
10	**ブラックタイド**	18- 12- 19- 155/ 204	8.8%	14.7%	24.0%	86	83
特注	**シニスターミニスター**	**16- 10- 6- 104/ 136**	**11.8%**	**19.1%**	**23.5%**	**101**	**74**
特注	**ヘニーヒューズ**	**10- 12- 9- 62/ 93**	**10.8%**	**23.7%**	**33.3%**	**144**	**131**
特注	**トゥザワールド**	**1- 0- 0- 6/ 7**	**14.3%**	**14.3%**	**14.3%**	**44**	**21**
注目	**ホッコータルマエ**	**－**	**－**	**－**	**－**	**－**	**－**

２１００ｍの穴血統になることが多い。ロージズインメイもそうだね。

ちなみにこのコースで走っているアイルハヴアナザー産駒は、ほぼ牡馬・騸馬。牝馬は集計期間20勝のうちたったの2勝だ。牡馬・騸馬だけのランキングにすると、キングカメハメハとゴールドアリュールに次ぐ堂々3位となる。このコースに対する適性はかなり高いと言えるだろう。

あとは4位のハーツクライに注目。芝の一流スタミナ血統だけど、近年はダート馬も増えていて、中山ダート１８００ｍのマクリ比べのような消耗戦に強い。小回りのコーナーは得意じゃないから安定感はないんだけど、それがなおさら穴向きの理由でもある。真ん中から外寄りの枠で、包まれずにマクっていける展開のときに狙うのがコツだ。

ランキング外からは、12位のシニスターミニスターもこのコース向き。同じエーピーインディ系のパイロより中距離向きのタイプで、パイロ産駒は芝でも走れるのに対して、シニスターミニスター産駒はダート専門という違いもある。いかにもパワーを要する中山ダート１８００ｍに向いているタイプだ。20年の上総Sを勝ったアシャカトブはこのコースで3勝を挙げているし、今後もオープンで活躍しそうだ。

中山ダート2400m・2500m

逃げ馬の勝率……10・2%
複勝率……42・4%

中山ダート２４００ｍ、２５００ｍは1勝クラス、２勝クラスのレースがそれぞれ数鞍行われるマイナーなコース。２コーナーの出口付近に２５００ｍのスタート位置が、その１００ｍ先に２４００ｍのスタート位置が設定されている。

ランキングは、中山芝の長丁場が得意だったステイゴールドが1位。ダートが得意な血統ではないけど、器用さとスタミナを活かせるコースの条件戦なら走る馬もいるという程度の1位だろう。今後はゴールドシップがこの座を継ぐのかも知れない。

ダートでここまで距離が延びると、芝では足りなかったディープスカイがランクに入ってきたり、前走でローカルの芝２６００ｍを使っていたタイプが走ったりもする。無理に血統を切り口にしなくても、同コースが得意な馬とか、芝では長丁場でもスピードが足りないようなタイプを狙ったほうが効率的かも知れない。

それでも血統にこだわるなら、母父ブライアンズタイム。これを狙おう。

期間中に挙げた4勝がすべて違う馬によるもので、しかもそのうちの3勝はサノサマー、マイネルクラース、グランセブルスによる2勝クラスでのものだから価値がある。今後は父ルー

中山ダート2400・2500m　注目種牡馬ランキング

順位	種牡馬	着別度数	勝率	連対率	複勝率	単回値	複回値
1	ステイゴールド	4- 3- 1- 9/ 17	23.5%	41.2%	47.1%	85	84
2	マンハッタンカフェ	3- 3- 1- 7/ 14	21.4%	42.9%	50.0%	77	101
3	キングカメハメハ	3- 2- 2- 25/ 32	9.4%	15.6%	21.9%	244	105
4	ゼンノロブロイ	3- 1- 4- 20/ 28	10.7%	14.3%	28.6%	172	154
5	ワークフォース	3- 1- 1- 18/ 23	13.0%	17.4%	21.7%	96	40
6	ハーツクライ	3- 1- 1- 21/ 26	11.5%	15.4%	19.2%	99	60
7	ディープスカイ	3- 1- 0- 9/ 13	23.1%	30.8%	30.8%	73	47
8	サマーバード	2- 6- 1- 1/ 10	20.0%	80.0%	90.0%	72	194
9	キングヘイロー	2- 2- 1- 8/ 13	15.4%	30.8%	38.5%	92	220
10	ブライアンズタイム	2- 2- 0- 4/ 8	25.0%	50.0%	50.0%	113	75
特注	母父ブライアンズタイム	4- 4- 2- 22/ 32	12.5%	25.0%	31.3%	35	90

ラーシップ×母父ブライアンズタイムあたりの配合も走ってきそうと書くと、さすがにピンポイントに絞りすぎか。

阪神競馬場
Hanshin Racecourse

阪神競馬場▶芝

コース図

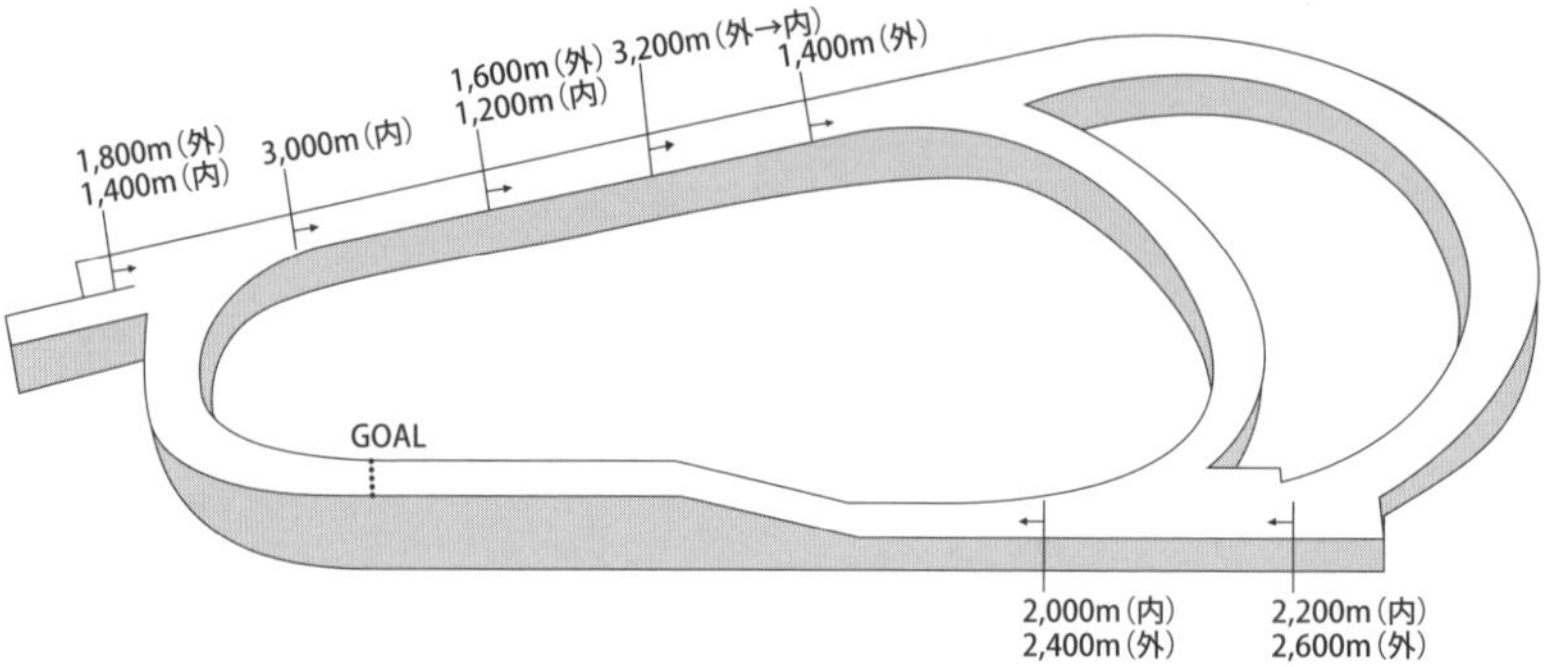

高低差断面図

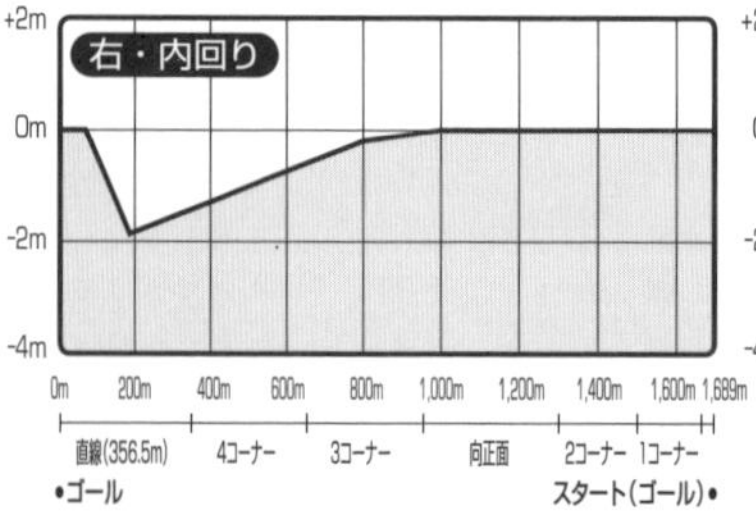

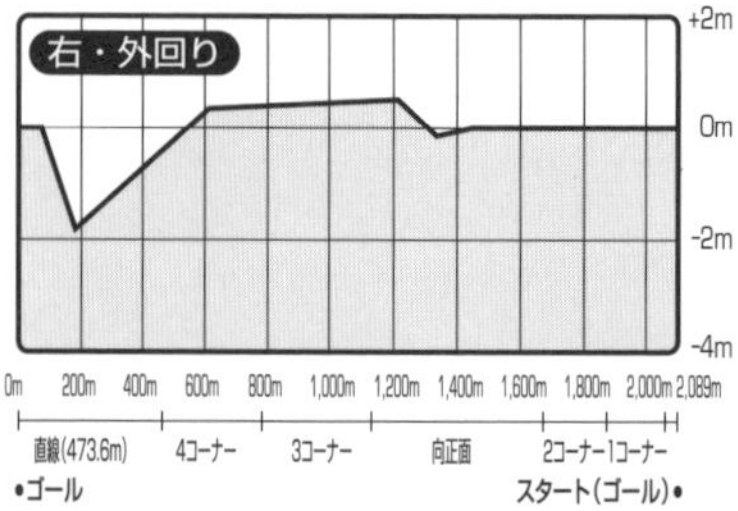

阪神芝下級条件（2勝クラス以下）種牡馬ベスト5

順位	種牡馬	着別度数	勝率	連対率	複勝率	単回値	複回値
1	ディープインパクト	158- 131- 109- 690/1088	14.5%	26.6%	36.6%	80	74
2	ハーツクライ	52- 54- 56- 423/ 585	8.9%	18.1%	27.7%	43	71
3	キングカメハメハ	49- 53- 49- 293/ 444	11.0%	23.0%	34.0%	82	84
4	ハービンジャー	48- 45- 52- 387/ 532	9.0%	17.5%	27.3%	81	78
5	ダイワメジャー	41- 50- 50- 336/ 477	8.6%	19.1%	29.6%	133	83

阪神芝上級条件（3勝クラス以上）種牡馬ベスト5

順位	種牡馬	着別度数	勝率	連対率	複勝率	単回値	複回値
1	ディープインパクト	52- 53- 53- 314/ 472	11.0%	22.2%	33.5%	61	88
2	キングカメハメハ	25- 14- 15- 183/ 237	10.5%	16.5%	22.8%	94	55
3	ステイゴールド	18- 12- 13- 117/ 160	11.3%	18.8%	26.9%	88	80
4	ハーツクライ	16- 18- 17- 152/ 203	7.9%	16.7%	25.1%	43	65
5	ダイワメジャー	14- 21- 23- 159/ 217	6.5%	16.1%	26.7%	64	90

阪神競馬場は牝馬クラシックの桜花賞をはじめ、宝塚記念、大阪杯、阪神JF、朝日杯FSと5つのGIが施行される。

芝コースは内回りと外回りが設定され、内回りは1周1689m、直線は約357m（Aコース使用時）。同じ関西主場の京都芝コースの内回りに比べると1周は100mほど短く、直線は30mほど長いことになる。

一方、外回りコースは1周が2089m、直線は約474m（Aコース使用時）。こちらは京都芝コースと比較すると1周が200mほど長く、直線も70mほど長くなる。ちなみにこの外回りの1周距離は東京よりも長く、国内最大のコース。直線も新潟外回り、東京に次ぐ3番目の長さとなっている。

また芝コースには最後の直線に高低差1・8mの急坂が設置されており、ゴール前200mの地点から100mで一気に駆け上がるため、坂のあるコースのなかでも勾配はかなり厳しいほうと言えるだろう。

内回りコースは直線が短く、急坂の存在など、中山との共通点が多く、似たような適性が求められる。実際、以前から宝塚記念（阪神芝2200m）と有馬記念（中山芝2500m）はリンクする結果が出ていたし、最近では皐月賞（中山芝2000m）好走馬が、新設された大阪杯（阪神芝2000m）で好走する姿をよく見かけるようになった。

外回りコースは、ホームストレッチだけではなくバックストレッチ（向こう正面）の直線も長く、3～4コーナーは角度が大きく緩やかなカーブ。距離によって多少変わってくるが、基本的にスローで流れやすいコースだ。

内回りと外回りに差があるコースだけに、求められる適性も変わってくる。詳細は各距離の項に任せるとして、ざっくりまとめると、内回りは小回り向きの先行力やスピードの持続力が求められ、鋭く切れる末脚の瞬発力は重要ではない。外回りはスローの流れから上がり33秒台や34秒台前半で走れるような瞬発力や、いい脚を長く使える加速力が必要になってくる。内回りのステイゴールド、外回りのディープインパクト。それぞれを象徴する種牡馬を挙げるなら、こうなるだろうか。

以前は京都＝高速馬場、阪神＝京都ほどは速くない馬場という認識が一般的だったけれど、最近では阪神も高速化が進んでいるよね。京都は20年秋から改修工事に入るけど、阪神の馬場の変化は今後も馬券を考えるうえで重要なカギとなりそうだ。

また、阪神芝は雨が降ると一気にパワーを要する馬場へとシフトする。梅雨時に行われる宝塚記念は時計のかかる馬場で行われることが多いのが、いい例だ。外回りでもパワータイプの馬が台頭してくるので、馬場状態の観察は怠らないでおきたい。

阪神芝1200m

逃げ馬の勝率……25・6％
複勝率……48・8％

阪神芝１２００ｍは内回りコースを使用。向正面からのスタートで、最初の４００ｍはほぼ平坦、その後は直線の急坂を迎えるまで緩やかな下り坂が続く。小回りと直線の急坂というレイアウトは中山芝1200mに似ているものの、前半が中山ほど速くならないこともあって、逃げ馬の勝率、複勝率ともに阪神のほうが断然いいね。

ランキング1位はアドマイヤムーン。スピードに恵まれた逃げ・先行馬が多く、高速馬場にも対応できる血統だ。代表産駒にファインニードル、ハクサンムーン、セイウンコウセイなど。2位のロードカナロアに5勝差は飛び抜けた勝利数で、勝率、複勝率も申し分なく、単勝回収値も100オーバー。産駒のファインニードルが17、18年とセントウルSを先行して連覇するなど、このコースで4勝している。

そう考えると、ファインニードルはアドマイヤムーン産駒の典型モデルかも知れない。アドマイヤムーンの仔は2歳から走れるんだけど、3歳で一旦は成績が落ち着く。それが4歳になると成長して復活し、以降は長く活躍できるという血統バイオリズムがある。3歳のクラシックやマイル路線で活躍した馬はいないよね。ファインニードルも2歳から走って、4歳になってからオープンまで出世。セントウルSで重賞初制覇を決めると、翌5歳で高松宮記念、スプリンターズSを制してGI馬の仲間入りを果たした。

阪神芝1200m　注目種牡馬ランキング

順位	種牡馬	着別度数	勝率	連対率	複勝率	単回値	複回値
1	**アドマイヤムーン**	**14- 9- 3- 47/ 73**	**19.2%**	**31.5%**	**35.6%**	**123**	**72**
2	ロードカナロア	9- 3- 2- 36/ 50	18.0%	24.0%	28.0%	101	60
3	ダイワメジャー	7- 9- 18- 65/ 99	7.1%	16.2%	34.3%	50	93
4	キンシャサノキセキ	6- 7- 8- 74/ 95	6.3%	13.7%	22.1%	26	62
5	サクラバクシンオー	6- 4- 4- 32/ 46	13.0%	21.7%	30.4%	48	58
6	**ダノンシャンティ**	**5- 1- 1- 12/ 19**	**26.3%**	**31.6%**	**36.8%**	**132**	**70**
7	キングカメハメハ	4- 2- 1- 22/ 29	13.8%	20.7%	24.1%	157	88
8	ディープインパクト	3- 11- 4- 40/ 58	5.2%	24.1%	31.0%	64	105
9	ヨハネスブルグ	3- 4- 5- 29/ 41	7.3%	17.1%	29.3%	31	184
10	アドマイヤマックス	3- 3- 2- 11/ 19	15.8%	31.6%	42.1%	135	102

さらに言うと、晴雨兼用で、勢いに乗っているときにポンポンと勝ち鞍を重ねるのもアドマイヤムーン産駒らしいところ。前走1着の馬がよく走る。

ファインニードルは種牡馬としても馬産地で評判が良くて、1年目から１００頭以上に種付けしている。20年に初年度産駒が誕生、競馬場で走るのは22年からになるけど、阪神芝１２００ｍでも走ってくると思う。日本でフォーティナイナー系の枝葉が広がっていくのは、楽しみだよね。

ランキング2位にはロードカナロアがランクイン。20年の5歳馬が初年度産駒と、まだデータが多くないのにこの成績は立派だ。父のキングカメハメハよりも短距離指向が強くて、高速の芝１２００ｍで成績を上げている。ロードカナロア産駒はアーモンドアイのように中距離でも強い馬を出して幅広い距離に対応しているけど、基本的には母系の距離適性を引き継ぐ馬が多い。実際、このコースで勝っているロードカナロア産駒は、アンフィトリテ（母トキオリアリティー）とか、エイシンデネブ（母スワン）とか、母自身が１２００ｍで勝っているケースが多い。イベリス（母セレブラール）もそう。母系の血統背景、戦績で、ある程度は適性がわかるので、そのあたりにも気を配りたい。

ロードカナロアは今後さらに出走が増えてくるだろうけど、このコースでは簡単なコツがあって、それは「前走1着か2着の馬」を中心に買っておけばＯＫということ。集計内の全9勝のうち4勝が前走1着。そのほかも2、4、5番人気で1勝ずつと、ほとんどが前走成績のいい馬が勝っている。早い話、上位人気だけカバーしておけばいいということだね。馬券的にはあまり面白くないけど、人気馬を連軸に買うべき血統なんだ。これは阪神に限らない傾向で、前走で掲示板を外しているカナロア産駒はあまり積極的に買わないほうがいい。もちろん明確な敗因があって、人気のない馬なら気にせず買ってもいいけど。

あとはディープインパクト産駒が勝ち切れず、2着がやたら多いことも知っておこう。スプリント血統ではないからね。堅実な人気馬がいたら、決め打ちして「ディープ産駒の2着付け」という作戦もいい。

阪神芝1400m

逃げ馬の勝率……17・3%
複勝率……35・2%

芝１４００ｍは2コーナーの出口付近のポケットからスタート。内回りコースを使用し、コースレイアウトは芝１２００ｍと変わらない。桜花賞トライアルのフィリーズレビューや、阪神Cなどの重賞が組まれているコースだ。

１４００ｍを考えるうえで大切なのは、特殊な距離だと認識しておくこと。この距離はスプリント戦並みのスピードと、それにプラスしてスピードの持続力が求められる。「１４００ｍは１４００ｍのスペシャリストを狙え！」という馬券格言もあるくらいだ。フィリーズレビューがほとんど桜花賞につながらないことは、よく知られているね。

それぞれの競馬場によって多少の適性の差はあるけど、阪神の場合は内回りということもあって、流れに緩急がつきづらく、スタートから速い流れのなかでいかにスピードを持続させるか、いかに飛ばして粘るかというレースになる。

ランキング以外では外国産の馬がよく走るコースでもあり、マル外のなかではデインヒル持ちに合っている。

阪急杯で15年2着、16年1着に好走したミッキーアイルの母父はデインヒル産駒のロックオブジブラルタルだったし、16年阪急杯の3着馬ブラヴィッシモも父がデインヒル系ファストネットロック。19年阪神Ｃ2着、20年阪急杯2着のフィアーノロマーノもファストネットロック産駒。ファストネットロックはオーストラリアのチャンピオン短距離種牡馬。日本で走る産駒数が限られるのでベストテンからはこぼれているけど、それでも12位にランクしている。母の父も含めてデインヒル系には要注意だ。

それと、こういうほかのコースとは違う独特の適性が必要なため、リピーターが生まれやすいのも頭に入れておくべき。ミッキーアイルやフィアーノロマーノもそうだし、イスラボニータ（阪神Ｃ16年2着、17年1着）、ダンスディレクター（阪神Ｃ15年2着、17年2着）、ダイアナヘイロー（阪急杯18年1着、阪神Ｃ18年1着）と、多くの馬が何度も同じレースや、同じ阪神芝１４００ｍで馬券になっている。フィアーノロマーノとダイアトニックは20年の阪神Ｃでもまた好走の可能性がある。

ランキングに目を向けると、1位はダイワメジャー。サンデー系のなかでは異色のタイプで、切れよりも持続力で勝負する産駒が多いから、これは納得だろう。重賞に限っても15年阪急杯1着のダイワマッジョーレ、16年フィリーズレビュー1着ソルヴェイグ、17年フィリーズレビュー2着レーヌミノル、18年阪神Ｃ3着スターオブペルシャ、19年阪神Ｃ3着メイショウショウブと、バンバン走っている。しかもソルヴェイグは8番人気、スターオブペルシャは12番人気、メイショウショウブ10番人気と、人気薄でもお構いなし。穴党にとっても心強い種牡馬と言えるだろう。

2位はディープインパクト。阪神芝１２００ｍの成績と比較すると勝ち切れるようにはなっているけど、まだ2、3着の多さが目立つね。

一方、芝１２００ｍではダントツだったアドマイヤムーンは、ランキングを一気に落として9位。この距離では勝ち切れなくなって3着が一気に増えている。軽快なスピードや先行力はあるけど、それを持続して使う能力はいまいちなところが、この結果につながっている。

3位以下はロードカナロア、ステイゴールド……と続くけど、ロードカナロアはこのコースが得意という感じではないね。新馬、未勝利で稼いでいて、重賞では20年のフィリーズレビューでようやく産駒のヤマカツマーメイドが2着に走った程度。短距離タイプには平坦向きの馬も少なくないから、そういう馬は阪神よりも京都、中

阪神芝1400m　注目種牡馬ランキング

順位	種牡馬	着別度数	勝率	連対率	複勝率	単回値	複回値
1	**ダイワメジャー**	**19- 21- 17- 149/ 206**	**9.2%**	**19.4%**	**27.7%**	**94**	**76**
2	ディープインパクト	17- 19- 12- 113/ 161	10.6%	22.4%	29.8%	70	61
3	ロードカナロア	13- 5- 14- 58/ 90	14.4%	20.0%	35.6%	83	87
4	ステイゴールド	8- 4- 6- 56/ 74	10.8%	16.2%	24.3%	52	85
5	ハービンジャー	7- 6- 2- 46/ 61	11.5%	21.3%	24.6%	94	85
6	キンシャサノキセキ	6- 8- 11- 61/ 86	7.0%	16.3%	29.1%	64	104
7	ハーツクライ	6- 6- 6- 46/ 64	9.4%	18.8%	28.1%	116	85
8	ブラックタイド	6- 3- 1- 41/ 51	11.8%	17.6%	19.6%	140	119
9	アドマイヤムーン	5- 7- 10- 59/ 81	6.2%	14.8%	27.2%	73	97
10	ゼンノロブロイ	5- 3- 2- 33/ 43	11.6%	18.6%	23.3%	101	57
特注	**ダノンシャンティ**	**3- 4- 3- 21/ 31**	**9.7%**	**22.6%**	**32.3%**	**159**	**130**
特注	**デインヒル持ち**	**–**	**–**	**–**	**–**	**–**	**–**
特注	**母父フジキセキ**	**8- 7- 6- 72/ 93**	**8.6%**	**16.1%**	**22.6%**	**47**	**94**
注目	**リアルインパクト**	**0- 0- 0- 2/ 2**	**0.0%**	**0.0%**	**0.0%**	**0**	**0**

山よりも東京の成績が良くなる。

そんななか、注目したいのはフジキセキ系の種牡馬たち。キンシャサノキセキも悪くないし、15位にはダノンシャンティもランクイン。そしてなにより母父部門ではフジキセキが1位に輝いている。フジキセキが母系に入ると、ハービンジャーとかエイシンフラッシュの産駒でも１４００mを走る馬が出る。影響力が強いんだ。

その影響力は枠順のデータにも表れている。フジキセキ産駒は総じて器用で、内枠の成績が良かったんだけれども、母父フジキセキもこのコースでは1～4枠の成績が素晴らしい。1枠に限ると勝率33・3％、複勝率44・4％と、2頭に1頭は馬券になっている。「内枠の母父フジキセキを狙え！」なんてマニアックでいいね。ちなみに5～8枠では勝ち星ゼロ。

ダノンシャンティに関しては、もっと中距離馬を出すかと思ったけど、結局、短距離路線に落ち着く馬が多い。代表産駒のスマートオーディンは若い時期に毎日杯や京都新聞杯という中長距離の重賞をいくつも勝ったのに、その後は不振に陥り、復活したのが阪神芝１４００mの阪急杯だった。道中のペースが緩んじゃうとダメなんだよね。フジキセキ産駒にもそんな傾向があって、イスラボニータが皐月賞を勝ちつつも、古馬になると１４００mで勝ったりとか。

今後、フジキセキのあとを継ぐのはキンシャサノキセキか、それとも21年に産駒がデビューするイスラボニータか。そうだ、リアルインパクトも挙げておこう。フジキセキ系ではないけど、同じサンデー系のマイラー型で、産駒を見ているとフジキセキに似ているところを感じる。フジキセキ産駒が得意だったコースは、リアルインパクト産駒が得意にするんじゃないかと見ているから、阪神芝１４００ｍは合うだろう。

阪神芝1600m

逃げ馬の勝率……12・3%
複勝率……31・2%

芝１６００ｍは向正面の半ば、やや2コーナーに寄った地点からスタート。そのまま外回りコースを回ってくるレイアウトとなっている。スタートから4コーナーまではほぼ平坦。４コーナー途中から最後の直線の残り２００ｍ地点まで下ると、１００ｍ強のあいだに約２ｍを上る急坂が待ち構える。

約４７４ｍという外回りの長い直線を意識するからか、スローペースからの直線勝負になることが多い。桜花賞も、改修前の内回り施行時は「魔の桜花賞ペース」と呼ばれる超ハイペースがしばしばだったのに、外回りコースを使用するようになってからは直線での瞬発力勝負がほとんど。そのぶん、同様の適性が求められるオークスと直結することが多くなって、馬券的にも堅く収まる傾向が強いよね。穴党にとっては残念なことだ。

こういう瞬発力が求められるコースということで、ランキングはディープインパクトが圧勝。２位のダイワメジャーにトリプルスコア以上の差をつけて、集計期間内の２７０レースのうち58勝がディープによるもの。勝率、複勝率ともに優秀で、ちょっとこれは逆らう気になれない。あとはディープ産駒を絞り込むことで、回収値を上げればいい。

まずは前走着順。ディープは好調な馬を買って、前走着順の良くない馬は評価を下げるのが基本戦略。このコースで具体的にアタマで買うと効率がいいのは前走4着まで。前走5着以下は勝ち切れないし、複勝率も下がってしまう。前走1着の馬は当然クラスが上がるわけだけど、昇級戦だからといって様子見の必要もない。昇級戦だろうが重賞初挑戦だろうが、前走が1～4着のディープ産駒は買いの候補に入れるべきなんだ。

もうひとつは枠順。3～6枠の馬が良績を残している。以前は差しやすい外枠のほうがいいというのがディープ産駒の特徴だったけど、近年は阪神芝の高速化が進んで、外からでは届かない局面が増えてきた。内で包まれず、さらに外すぎない5枠の成績が抜けていて、勝率は21・7％、複勝率は51・7％。おおまかに「真ん中へんのディープ産駒がいい」と思っておけばいい。

2位のダイワメジャーは内枠のほうがいいので、対照的だ。先行して持続力を活かしたいダイワメジャー産駒に対して、道中で脚を溜めて瞬発力を活かしたいディープインパクト産駒という構図で、非常にわかりやすい傾向が出ている。

ダイワメジャーはこのコースの重賞、それもＧＩに強い。近5年で4勝というのはディープインパクトと同じで、それぞれの出走数（ダイワメジャー延べ29頭、ディープインパクト延べ45頭）を考えると驚異的な数字だ。

特徴的なのは2歳ＧＩに強いこと。4勝の内訳は、17年の桜花賞レーヌミノルのほか、残りの3勝は15年阪神ＪＦのメジャーエンブレム、18年朝日杯ＦＳのアドマイヤマーズ、19年阪神ＪＦのレシステンシアと、2歳ＧＩでのもの。完成度の高さと勝ち上がりの早さをうまく活かして、2歳のチャンピオン決定戦を制している。

ＧⅠのダイワメジャー産駒は意外と人気にならないけど、それでも走ってくるので要注意。桜花賞2着のシゲルピンクダイヤは7番人気だったし、レーヌミノルも8番人気だった。ＧⅠ以外でも、19年の阪神牝馬Ｓを2着に好走したアマルフィコーストは12番人気だったよね。

ちなみにアマルフィコーストに関して、ぼくは早くから「マイル向きだ。１２００ｍの馬じゃない」と言い続けて、この阪神牝馬Ｓの馬券も獲った。それまでは１２００ｍと１４００ｍを中心に使われていたから、それが１６００ｍで人気がなかった要因なんだけれど、なぜそう判断したかというと、母系にサドラーズウェルズの血を持っているから。

ダイワメジャー×サドラーズウェルズはニックス（相性の良い配合）で、ほかのダイワメジャー産駒より距離がもつんだ。距離適性が長めになって、阪神芝１６００ｍみたいにちょっとスタミナがいるコースでは特に強い。アドマイヤマーズも祖母がサドラー系のシングスピール産駒で、朝日杯ＦＳを勝ったし、レシステンシアも祖母がサドラー

阪神芝1600m　注目種牡馬ランキング

順位	種牡馬	着別度数	勝率	連対率	複勝率	単回値	複回値
1	ディープインパクト	58- 51- 49- 309/ 467	12.4%	23.3%	33.8%	54	80
2	ダイワメジャー	16- 23- 23- 153/ 215	7.4%	18.1%	28.8%	66	82
3	ハーツクライ	14- 10- 16- 128/ 168	8.3%	14.3%	23.8%	39	58
4	ロードカナロア	14- 8- 9- 82/ 113	12.4%	19.5%	27.4%	306	78
5	キングカメハメハ	13- 12- 16- 111/ 152	8.6%	16.4%	27.0%	80	62
6	ステイゴールド	13- 7- 9- 92/ 121	10.7%	16.5%	24.0%	89	115
7	ハービンジャー	11- 12- 6- 91/ 120	9.2%	19.2%	24.2%	119	70
8	アドマイヤムーン	6- 5- 6- 56/ 73	8.2%	15.1%	23.3%	77	93
9	エピファネイア	6- 2- 1- 10/ 19	31.6%	42.1%	47.4%	1271	184
10	オルフェーヴル	5- 4- 6- 39/ 54	9.3%	16.7%	27.8%	22	120
特注	ディープブリランテ	4- 6- 5- 44/ 59	6.8%	16.9%	25.4%	117	84
特注	キズナ	3- 1- 0- 18/ 22	13.6%	18.2%	18.2%	179	66

系で、阪神ＪＦを４番人気だったけど圧勝した。このようにサドラー持ちのダイワジャー産駒は、１２００、１４００ｍより、１６００、１８００ｍで強い傾向がある。メジャーエンブレムも、シゲルピンクダイヤもこれだ。

それにしてもダイワメジャーは20年で19歳。高齢なのに、まだまだいい馬を出しているよね。頭が下がるよ。後継種牡馬にはカレンブラックヒルがいるし、今後さらに枝葉が広がっていくといいんだけれど。

ベテランの次には、新顔も紹介しておこう。ディープインパクトが断然のコースだけあって、その後継種牡馬であるキズナとディープブリランテ。これも阪神芝１６００ｍ向きだ。どちらも軽い切れ味で勝負するタイプというよりは、もうちょっと前から押し切る競馬に合うイメージ。だから阪神と中山のマイルは買い。

キズナはディープよりスピードを強化した配合で、さっそく産駒のマルターズディオサが20年チューリップ賞を勝った。キズナ産駒はスピードタイプからパワータイプまで幅広く出そうだけど、牝馬は阪神マイルに向くのは間違いないと見ていいだろう。

阪神芝1800m

逃げ馬の勝率……10・7%
複勝率……32・9%

阪神芝１８００ｍは１６００ｍのスタート地点から２００ｍ下がったポケットからスタート。外回りコースを使用する。逃げ馬の勝率は１６００ｍからさらに下がり10・5％。１６００ｍよりもさらに切れのある差し脚が要求され、逃げ馬にとってはかなり厳しいコースとなっている。

そういうコースだけに、ここもディープインパクトの圧勝。阪神芝１８００ｍで行われる実に30％近くのレースで、ディープ産駒が勝っている計算となる。20年の毎日杯では1着サトノインプレッサから3着までディープ産駒が独占。18年のローズSも1着カンタービレから3着まで独占。特に重賞ではディープを無視した馬券は買えない。集計期間内の重賞13レースのうち、ディープ産駒が6勝を含む10連対とぶっちぎりだ。

では、どうやって絞り込むか。ここも阪神芝１６００ｍと同じように、枠順と前走着順で取捨を決めていけば、効率よく馬券を仕留めることができる。

まず枠順別のディープ産駒成績は、明らかに外枠優勢。マイルでは7、8枠の成績が落ちていたが、１８００ｍでは逃げ馬が苦しくなるぶん、しっかりと差しが届いている。

前走着順なら、1着のアタマで買えるのは「前走4着まで」が目安。ディープは人気薄で巻き返しの多い種牡馬ではなく、素直

阪神芝1800m　注目種牡馬ランキング

順位	種牡馬	着別度数	勝率	連対率	複勝率	単回値	複回値
1	**ディープインパクト**	**68- 46- 51- 252/ 417**	**16.3%**	**27.3%**	**39.6%**	**70**	**77**
2	キングカメハメハ	19- 18- 18- 109/ 164	11.6%	22.6%	33.5%	58	90
3	ハービンジャー	16- 13- 19- 143/ 191	8.4%	15.2%	25.1%	51	71
4	ハーツクライ	14- 15- 19- 141/ 189	7.4%	15.3%	25.4%	24	61
5	ダイワメジャー	9- 12- 6- 79/ 106	8.5%	19.8%	25.5%	333	106
6	ブラックタイド	8- 2- 3- 55/ 68	11.8%	14.7%	19.1%	121	94
7	マンハッタンカフェ	7- 5- 9- 64/ 85	8.2%	14.1%	24.7%	61	63
8	ルーラーシップ	6- 9- 6- 67/ 88	6.8%	17.0%	23.9%	30	50
9	オルフェーヴル	6- 9- 4- 46/ 65	9.2%	23.1%	29.2%	24	62
10	ロードカナロア	6- 6- 1- 29/ 42	14.3%	28.6%	31.0%	44	58

に近走着順を信じていいタイプ。昇級戦も苦にしない。「初重賞」も狙い目だ。ただ、一度アタマ打ちになると低迷の続く馬が多いので、必要以上に深追いしないのは肝に銘じておくべき。

このコースはスローペースからの瞬発力勝負になるのが定番で、重賞の毎日杯、ローズS（２０２０年は中京芝２０００ｍ）はいずれも、速い上がりを使える馬をチョイスするのが馬券の基本となる。典型的なのがローズSで、近5年はディープ産駒が4勝。スローの最後方待機でもバンバン届くので、展開を気にしすぎるより「近走で速い上がりを使っている馬」を狙っていきたい。阪神芝１８００ｍはディープインパクト産駒がもっとも得意とするコースと言っていいだろう。

2位はキングカメハメハ。こちらも連対率や複勝率が高いので、素直に狙っていくべき血統だ。ディープとキンカメは19年に相次いで死亡のニュースが流れたけど、ディープは22年、キンカメは21年まで産駒はデビューし続けるし、これから一流馬も出るだろう。

ただ、キンカメはディープ産駒と違って、重賞での活躍が近年減っているのもたしか。後継のロードカナロアやルーラーシップに譲りつつある感じで、阪神芝１８００ｍのキンカメ産駒はもうちょっと下の3勝クラスや2勝クラスで狙いたい。

そのほかの注意点として、阪神芝コースは雨が降って馬場が渋ると、高速馬場からパワーを要する馬場へとシフトする。ディープ産駒の切れ味が削がれる馬場になるので、いろんな血統に出番が回ってくる。

良馬場では切れ味が足りなかったハービンジャー産駒や、道悪の鬼サドラーズウェルズ系のメイショウサムソンやケープブランコ。それから、ブラックタイド産駒、ディープブリランテ産駒のような、〝溜めてビュッ〟ではないサンデー系もいい。一応良馬場発表だったけど、雨の影響が残った19年の毎日杯はケープブランコ産駒のランスオブプラーナが逃げ切ったよね。

それから阪神の重馬場といえばキョウヘイで、その父リーチザクラウンも覚えておきたい。ちょっと時計がかかると、この辺の地味めなサンデー系がよく来るから、穴馬として迎え入れるのも面白い。

阪神芝2000m

逃げ馬の勝率……17・8%
複勝率……41・8%

阪神芝２０００ｍは正面スタンドからやや4コーナー方向に下がった地点からスタート。そのまま急坂を超えて内回りコースを1周するレイアウト。

内回りということもあって、各馬早めの仕掛けになりがちで、さらに都合2度の急坂超えもある。外回りほど速い上がりは記録されず、瞬発力というより長く脚を使える血統に向くコースとなっている。阪神芝１６００、１８００ｍとは分けて考えたほうがいい。

となると、1位とはいえディープインパクトの成績はやや低下するわけで、ディープ産駒の勝ち鞍が占める割合は約17%まで下がる。ただ、逆に単勝の回収値は１６００ｍや１８００ｍよりも高くなるんだけどね。これは人気薄のディープ産駒がよく勝つという意味で、ここが外回りコースとの違いだ。キレキレの瞬発力を使うディープじゃなくて、前でダラっと粘るタイプとか、立ち回りのうまいタイプに合う。

たとえば、このコースに新設されたGI大阪杯を見ても、1着に走ったのは19年の9番人気アルアイン。2着したのは17年の7番人気ステファノス。どちらも人気薄だった。一方、5番人気以内に推されたディープ産駒は、17年ワグネリアン（4番人気3着）、18年アルアイン（2番人気3着）、サトノダイヤモンド（3番人気7着）、17年マカヒキ（2番人気4着）、アンビシャス（5番人気5着）と、勝ち切れない。20年の大阪杯も、ダノンキングリー（1番人気3着）、ワグネリアン（5番人気5着）を含め、ディープ産駒が総ゴケしたよね。

京都や東京、阪神外回りとは異なる適性が求められるため、こんな現象が起こるんだ。内回りでは、ほかで勝ち切れないディープや、中山に実績のある人気薄のディープを拾うことに注力したいね。母父ボールドルーラー系や、母父ミスプロ系など、母系がダート向きのディープ産駒は、内回り向きになりやすいよ。

大阪杯はその年の馬場によって、マイラー寄りのタイプがくる年と、ステイヤー寄りのタイプも走る年に分かれる。前者の代表がアルアインやペルシアンナイトで、後者の代表がキタサンブラック。同じく阪神内回りで行われる宝塚記念との比較だ

阪神芝2000m　注目種牡馬ランキング

順位	種牡馬	着別度数	勝率	連対率	複勝率	単回値	複回値
1	ディープインパクト	35- 32- 26- 160/ 253	13.8%	26.5%	36.8%	107	70
2	ハーツクライ	20- 23- 14- 127/ 184	10.9%	23.4%	31.0%	50	80
3	キングカメハメハ	19- 16- 13- 96/ 144	13.2%	24.3%	33.3%	93	73
4	ハービンジャー	18- 16- 22- 100/ 156	11.5%	21.8%	35.9%	76	81
5	ステイゴールド	10- 7- 10- 79/ 106	9.4%	16.0%	25.5%	65	130
6	ルーラーシップ	6- 6- 9- 59/ 80	7.5%	15.0%	26.3%	47	44
7	オルフェーヴル	6- 6- 7- 41/ 60	10.0%	20.0%	31.7%	64	73
8	ヴィクトワールピサ	6- 4- 3- 47/ 60	10.0%	16.7%	21.7%	55	46
9	マンハッタンカフェ	5- 9- 13- 46/ 73	6.8%	19.2%	37.0%	63	113
10	エイシンフラッシュ	4- 3- 5- 20/ 32	12.5%	21.9%	37.5%	150	212
特注	ジャスタウェイ	4- 3- 1- 8/ 16	25.0%	43.8%	50.0%	78	89

と、大阪杯は皐月賞とリンクし、宝塚記念は有馬記念とリンクする。事実、大阪杯ではアルアイン、ペルシアンナイト、ダノンキングリーと皐月賞好走馬が馬券に絡んでいるよね。今後も押さえておくべきポイントだ。

さて、ランキングに話を戻すと、注目は2位のハーツクライと、4位のハービンジャー。ハーツクライ産駒は内回りがプラスとは言えず、1着より2着が多いという勝ち切れなさはあるけど、息の長い末脚とスタミナを活かしてランクイン。18年の大阪杯では、スワーヴリチャードが向こう正面から大マクリして勝利した。ＧＩであんな芸当ができるのもハーツクライ産駒ならではだろう。

ハービンジャーは内回りの２０００ｍならどこの競馬場も得意で、特に阪神、京都、中山、小倉に強い。ハービンジャー産駒の切れのなさをカバーできるのが内回り、小回りの２０００ｍなんだ。ただ、牡馬と牝馬でもタイプが違って、まあまあ器用な競馬ができる牝馬に対して、ハービンジャー牡馬は器用さがなく、外を回って差してくるという大味な競馬が目立つ。そのため、内枠は割り引きで、真ん中から外の枠で買い。ブラストワンピースが大阪杯で2年連続人気になって沈んだけど、あれがハービンジャーの無器用さと、モロさだ。

あとは内回りで器用な競馬できるキングカメハメハや、内回りの鬼ステイゴールド。そのほか、上がりのかかる競馬に強いブラックタイドや、ハーツクライ産駒ジャスタウェイ。これらがいい。

ステイゴールドの後継オルフェーヴルもさっそくランクインしているし、キンカメ×トニービンのルーラーシップもまだ出走数は多くないのに6位にいる。ルーラーシップ産駒は、キセキが大阪杯2着、メールドグラースは鳴尾記念1着と、重賞でも走っているよね。

ただし、条件戦レベルのルーラーシップ産駒は、坂のないコースで長く脚を使う京都・東京向きの馬と、ジリ脚で瞬発力がないから上がりの遅いコースに合う阪神・中山向きの馬がいるから、これは各馬の戦績を見て判断すること。

阪神芝2200m

逃げ馬の勝率……17・0％
複勝率…………37・7％

阪神芝２２００ｍも内回りコースを使用。スタート地点が２００ｍ下がるだけで、コース形態は芝２０００ｍと同じだ。このコースで行われる重賞は宝塚記念のみ。オープンも3歳限定のリステッドレース・すみれSだけだ。

宝塚記念は梅雨時の最終週に組まれているだけあって、集計期間内5回のうち3回が稍重で行われている。内回りのうえに阪神特有のパワーを要する馬場になりがちなこともあって、上がりのかかる競馬が定番。流れも厳しくなりやすい。中距離というより長距離寄りのカテゴリーだと思ったほうがいいレースだ。

そういったクセのあるレースだけに、宝塚記念がＧⅠ初制覇という馬も多い。メジロライアン（91年）とか、メイショウドトウ（01年）とか……古すぎるか（笑）。なかなか勝ち切れなかったマリアライトがキタサンブラックとドゥラメンテに勝ったり（16年）、ミッキーロケットが悲願のＧⅠ勝利したり（18年）。

ディープインパクト産駒とは相性いまいちのレースで、近5年で勝ったのは兄弟がダートで活躍するマリアライトだけ。マリアライトは母系がこてこてのスタミナ型なんだけど、こういうほかのコースでは切れ負けするようなディープ産駒のほうが走れる。15年に2着したデニムアンドルビーも他場では勝ち切れないタイプだった。

反対に宝塚記念と相性が良いのは、稍重が大好きなキングカメハメハ産駒。15年ラブリーデイ、18年ミッキーロケットで2勝を挙げ、16年のドゥラメンテも2着に好走している。

もうひとつ宝塚記念で特徴的なのは枠順。阪神芝2200m自体は内回りコースということもあって、基本的には内枠のほうが成績がいいんだけど、馬場が荒れやすい宝塚記念は外枠有利。近5年のうち4年で8枠の馬が勝っているんだ。迷ったら外枠というのを覚えておくといい。

ランキングに目を移すと、特徴的なのはロベルト系が走っていること。ランキング内にはまだ7位のシンボリクリスエス、9位のタニノギムレットがいるし、データは少ないけどアーネストリーも14位と健闘している。馬力型というべきか、

阪神芝2200m　注目種牡馬ランキング

順位	種牡馬	着別度数	勝率	連対率	複勝率	単回値	複回値
1	ディープインパクト	11- 6- 4- 51/ 72	15.3%	23.6%	29.2%	79	81
2	**キングカメハメハ**	**7- 5- 7- 38/ 57**	**12.3%**	**21.1%**	**33.3%**	**139**	**80**
3	ハーツクライ	4- 1- 6- 41/ 52	7.7%	9.6%	21.2%	52	42
4	マンハッタンカフェ	3- 5- 3- 16/ 27	11.1%	29.6%	40.7%	22	292
5	ルーラーシップ	2- 4- 4- 11/ 21	9.5%	28.6%	47.6%	47	121
6	ステイゴールド	2- 2- 2- 31/ 37	5.4%	10.8%	16.2%	13	30
7	シンボリクリスエス	2- 2- 0- 13/ 17	11.8%	23.5%	23.5%	95	55
8	ネオユニヴァース	2- 2- 0- 5/ 9	22.2%	44.4%	44.4%	84	78
9	タニノギムレット	2- 1- 0- 7/ 10	20.0%	30.0%	30.0%	83	41
10	ジャングルポケット	2- 0- 2- 10/ 14	14.3%	14.3%	28.6%	35	96
特注	**アーネストリー**	**1- 1- 0- 0/ 2**	**50.0%**	**100.0%**	**100.0%**	**120**	**650**
特注	**ゴールドシップ**	**0- 0- 1- 0/ 1**	**0.0%**	**0.0%**	**100.0%**	**0**	**250**

内回りで速い上がりを要求されないぶん、こういう急坂をパワーで駆け上がってくるタイプが好走できるんだ。

新しい種牡馬ではエピファネイアも合うはず。エピファネイア産駒は、牝馬は切れ味のあるマイラーもいるけど、牡馬はちょっとジリっぽい中長距離型が多くなりそうで、いかにも阪神の芝２０００ｍや２２００ｍには向きそうだ。ロベルト系の未来を担うのはエピファネイアだからね。

そういう意味ではゴールドシップも、このコースに合うんじゃないかな。ゴールドシップ産駒がＧＩで馬券に絡むとしたら、候補は宝塚記念か、ホープフルＳだろう。そこまで出世してくる馬が出ることを期待しよう。

阪神芝2400m・2600m

逃げ馬の勝率……13・0%
複勝率……32・4%

芝２４００ｍのスタート地点は芝２０００ｍと同じで、こちらは外回りコースを使用する。芝２６００ｍは数えるほどしか施行レースがないけど、２４００ｍのスタート地点から２００ｍ下がった4コーナー出口付近のポケットから発走。こちらも外回りコースを使用する。

直線の長い外回りということでディープインパクトが上昇して、複勝率は40%近い。重賞の神戸新聞杯でも、ワグネリアンやサトノダイヤモンドなど、ダービーで好走した馬がきっちりと人気に応えている。この距離でも、アタマで買えるディープ産駒は前走1、2着の馬で、前走3、4着はヒモに回したほうが無難だけど、前走６～９着の好走もちらほらある。これはほとんど距離延長馬だ。前走では距離が足りずに負けていた馬が、距離を延ばして好走してくるパターン。

２位以下はステイゴールド、ハーツクライ、キングカメハメハ、ルーラーシップ。ダービーと同じ距離で、直線も長いコースだけに、リーディング上位の血統が順当にランク上位にいる。

取り上げたいのはオルフェーヴル。オルフェ産駒は京都の長距離が一番得意なんだけど、阪神でも、急かさずゆったり走れるこのくらいの距離はさらにいい。都合２回の急坂を苦にしないパワーも兼ね備えているし、ゴールドシップみたいに好走条件が狭いタイプでもない。あの超小兵メロディーレーンもこのコースで２勝を挙げている。ランキングをこれから上げてくるだろう。

そのほか、珍しい名前もランクインしている。７位のノヴェリストと、９位のワークフォース。どちらもイギリスの芝２４００ｍで活躍したヨーロッパ血統だ。

ワークフォースはイギリスダービー馬だし、ノヴェリストも英アスコット２４００ｍでキングジョージ６世＆ＱＥＳを勝っ

阪神芝2400m・2600m　注目種牡馬ランキング

順位	種牡馬	着別度数	勝率	連対率	複勝率	単回値	複回値
1	ディープインパクト	17- 17- 14- 77/ 125	13.6%	27.2%	38.4%	105	98
2	ステイゴールド	9- 12- 6- 65/ 92	9.8%	22.8%	29.3%	81	62
3	ハーツクライ	8- 14- 12- 66/ 100	8.0%	22.0%	34.0%	28	102
4	キングカメハメハ	7- 8- 3- 38/ 56	12.5%	26.8%	32.1%	88	72
5	ルーラーシップ	7- 3- 1- 35/ 46	15.2%	21.7%	23.9%	122	52
6	ハービンジャー	5- 3- 7- 50/ 65	7.7%	12.3%	23.1%	132	71
7	ノヴェリスト	5- 0- 0- 2/ 7	71.4%	71.4%	71.4%	332	115
8	ネオユニヴァース	4- 2- 3- 13/ 22	18.2%	27.3%	40.9%	47	201
9	ワークフォース	4- 2- 2- 21/ 29	13.8%	20.7%	27.6%	103	207
10	スクリーンヒーロー	4- 0- 0- 3/ 7	57.1%	57.1%	57.1%	154	45
特注	オルフェーヴル	3- 1- 2- 19/ 25	12.0%	16.0%	24.0%	67	41

ている。阪神芝２４００ｍ、２６００ｍは、こういう血統が走ってくるタフなコースなんだ。ワークフォースはもうアイルランドへ出されて産駒が少ないけど、「キングマンボ系のスタミナタイプ」という括りにすれば参考になるだろう。さっきのオルフェーヴルだってヨーロッパのＧＩで好走していた馬だ。

ノヴェリストは1頭くらい大物産駒を出すんじゃないかと予想している。なにしろ阪神芝２４００ｍは7回出走して5勝という、すごい勝率。神戸新聞杯を勝つような産駒が出現してほしい。ただし、その神戸新聞杯はスローの上がり勝負になりがちなんだよね。タフな血統は身を潜め、ディープ産駒向きのレースになってしまう難しさもある。また、速い上がりが必要となるため、前走ダービー組が【４　３　２　14】と断然いい。前走がダービー以外の馬も、必ず前走でメンバー中３位以内の上がりをマークしていることが好走の条件になる。

阪神芝3000m

逃げ馬の勝率……０％
複勝率……16・７％

阪神芝３０００ｍは向正面、２コーナーの出口からスタート。内回りコースを2周弱、回る。このコースで行われるのは天皇賞（春）の前哨戦となる阪神大賞典のみ。

ステイゴールドが2勝、ハーツクライが4連対と好成績だが、サンプル数も少なく、血統より個々の長距離適性を見極めるのが得策だろう。

内回りの長距離戦ということで、スローで進みつつ、レース後半からペースアップするのがデフォルトの流れ。ラスト８００～１０００ｍからのロングスパートが要求され、そういう競馬になりやすい有馬記念やＡＪＣＣを好走してきた馬の成績がいいよね。有馬記念なら10着以内でＯＫ。18年にこのレースを勝ったレインボーラインは、有馬記念８着からの巻き返しだった。サトノクロニクル（18年２着）、シュヴァルグラン（17年２着）、デニムアンドルビー（15年２着）もそれぞれ有馬記念からの巻き返しだ。

阪神芝3000m　注目種牡馬ランキング

順位	種牡馬	着別度数	勝率	連対率	複勝率	単回値	複回値
1	ステイゴールド	2- 0- 0- 3/ 5	40.0%	40.0%	40.0%	144	50
2	ハーツクライ	1- 3- 0- 8/ 12	8.3%	33.3%	33.3%	25	62
3	ディープインパクト	1- 2- 2- 2/ 7	14.3%	42.9%	71.4%	15	177
4	キングカメハメハ	1- 0- 0- 5/ 6	16.7%	16.7%	16.7%	98	40
5	マンハッタンカフェ	1- 0- 0- 2/ 3	33.3%	33.3%	33.3%	73	46
6	ゼンノロブロイ	0- 1- 0- 0/ 1	0.0%	100.0%	100.0%	0	140
	前走レース名						
	有馬記念	2- 3- 1- 3/ 9	22.2%	55.6%	66.7%	74	97
	AJCC	2- 0- 0- 4/ 6	33.3%	33.3%	33.3%	63	41
	ＪＣ G1	1- 0- 1- 2/ 4	25.0%	25.0%	50.0%	147	107

阪神競馬場▶ダート

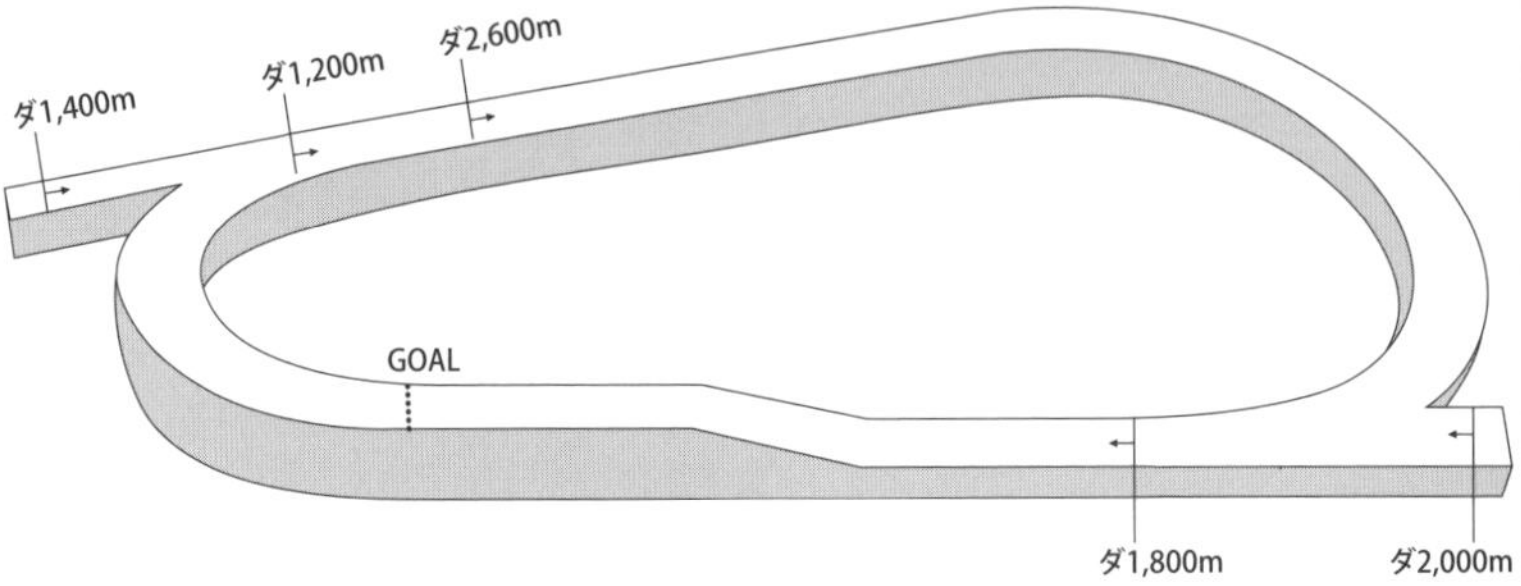

コース図

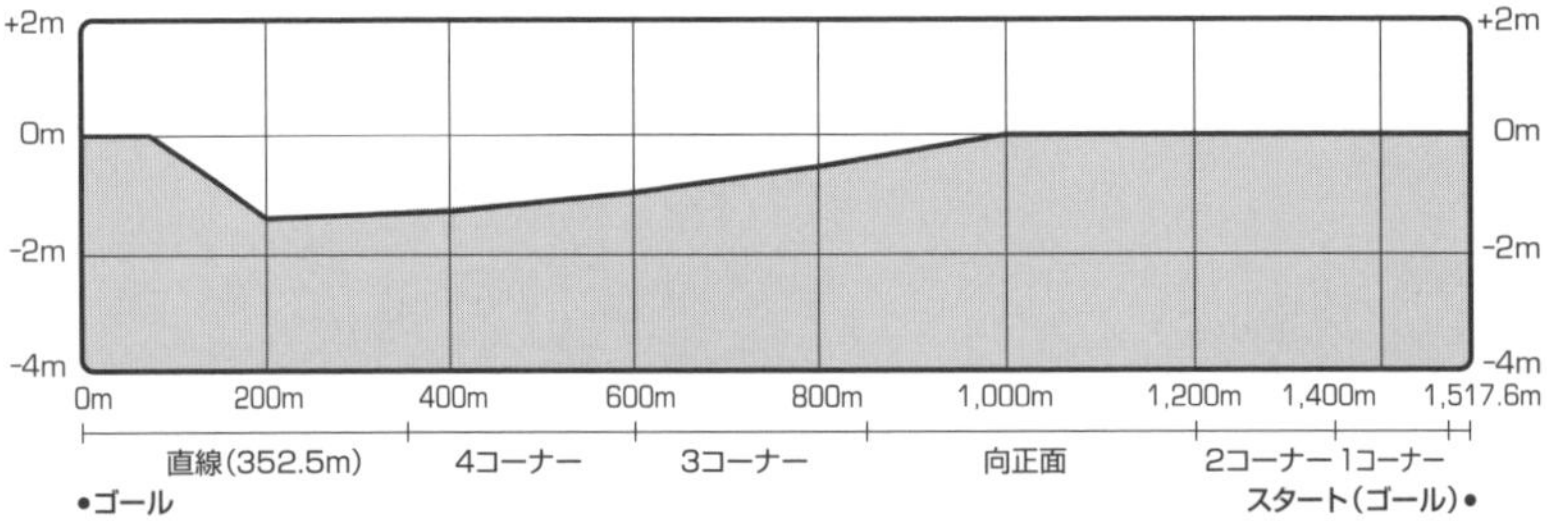

高低差断面図

阪神ダート下級条件（2勝クラス以下）種牡馬ベスト5

順位	種牡馬	着別度数	勝率	連対率	複勝率	単回値	複回値
1	**ゴールドアリュール**	65- 52- 48- 530/ 695	9.4%	16.8%	23.7%	67	56
2	**クロフネ**	60- 55- 52- 485/ 652	9.2%	17.6%	25.6%	74	76
3	**エンパイアメーカー**	57- 47- 43- 465/ 612	9.3%	17.0%	24.0%	159	94
4	**キングカメハメハ**	51- 51- 46- 417/ 565	9.0%	18.1%	26.2%	100	81
5	**サウスヴィグラス**	35- 25- 34- 265/ 359	9.7%	16.7%	26.2%	121	95

阪神ダート上級条件（3勝クラス以上）種牡馬ベスト5

順位	種牡馬	着別度数	勝率	連対率	複勝率	単回値	複回値
1	**キングカメハメハ**	11- 10- 9- 98/ 128	8.6%	16.4%	23.4%	157	77
2	**エンパイアメーカー**	9- 2- 2- 41/ 54	16.7%	20.4%	24.1%	107	59
3	**ゴールドアリュール**	8- 4- 9- 94/ 115	7.0%	10.4%	18.3%	98	61
4	**サウスヴィグラス**	7- 6- 7- 64/ 84	8.3%	15.5%	23.8%	45	70
5	**クロフネ**	6- 7- 6- 47/ 66	9.1%	19.7%	28.8%	45	65

阪神ダートコースは1周が約1518mで、東京、京都、中京に続き4番目の大きさとなる。また直線距離は約353mで、東京、中京、新潟に続き、こちらも4番目の長さ。JRAのダートコースとしては平均よりやや大きめのサイズだ。

1～2コーナーは平坦で、向正面半ばから最後の直線のラスト200mまでなだらかな下りが続く。そこから100m強の距離のあいだに高低差1・6mの坂を上ってゴールというレイアウト。

ダートコースで行われるのは1200m、1400m、1800m、2000mの4つの距離。このうち1400mと2000mは芝スタートとなる。

同じ関西圏の京都競馬場のダートとほぼ同じ距離カテゴリーでレースが行われ（京都ダートは2000mがなく、代わりに1900mがある）、京都にない急坂があるぶん、阪神ダートはパワーが必要とされる。最後の1ハロンが京都より時計がかかりやすい。

ただし、個別に見ていけば阪神巧者、京都巧者は存在するものの、東京と中山ほどの明確な差は見られない。

ダートコース全体の種牡馬ランキングを比較しても、阪神ダートは1位から順にゴールドアリュール、クロフネ、エンパイアメーカー、キングカメハメハ、サウスヴィグラス。京都ダートはキングカメハメハ、ゴールドアリュール、クロフネ、エンパイアメーカー、キンシャサノキセキで、トップ5の顔ぶれはほとんど同じ。

そんななか、最大の違いは、京都ダートはキングカメハメハが断然1位なのに対して、阪神ダートはキンカメの優位がなくなること。こういう芝寄りの血統がちょっと下がるイメージを大事にしたい。

あとは、阪神の5位のサウスヴィグラスに対して、京都の5位はキンシャサノキセキ。やはり、阪神は「パワーのある血統」、京都は「芝・ダート兼用馬を出しやすい血統」が上位に入ってきている。

阪神ダート1200m

逃げ馬の勝率……23・8%
複勝率……48・2%

阪神ダート1200mは2コーナーの出口からスタートし、200mほどの平坦部分を経て緩やかな下りを進む。最後の直線の残り200mの位置から1・6mほどの坂を上って100m弱でゴールというコース設定だ。

スタート後の下りに直線の坂と、中山ダート1200mと共通する点が多く、種牡馬ランキングも1~4位の顔ぶれはまったく同じ。キンシャサノキセキとゴールドアリュールの順位が入れ替わっているだけだ。中山ダート1200mは芝スタートのぶん、芝でも走れるキンシャサノキセキが上位にランクしたのかも知れない。

馬券検討の際には、同じ関西圏の京都ダートよりも、中山ダートの戦績を参考にするほうが役立つという見方もできる。阪神ダートの戦績がない場合にはね。

ランキングで目立つのは、ヘニーヒューズの好成績ぶり。勝率、複勝率とも高く、回収値も高い。このコースで期間内にマークした12勝は11頭によるものというのが、ヘニーヒューズ自体の適性の高さを物語っている。1頭が稼いだわけじゃなくて、たくさんの馬が勝っている。

ヘニーヒューズ産駒の特徴は、2歳から走る早熟性と、連勝や連続連対の多さ。2歳戦は全部の産駒を買っても儲かるくらいだ。筋肉質なマッチョの馬体で、枠順の違いも、前走からの間隔が詰まっていても、開いていても、データの差はない。前走の着順が4着以内なら高率で馬券に絡み、上位人気がしっかりと勝つ。特に1番人気での勝率30・0%、2番人気での勝率42・9%は驚異的と言っていいレベル。「好調なヘニーヒューズに乗れ！」だ。

知っておきたいのは、牝馬は【10　1　2　35】と勝ち切る傾向に対して、牡馬は【2　8　10　21】と2、3着が多い点。牝馬はアタマから、牡馬はヒモにと、狙い分けができるのも使い勝手の良い種牡馬だと思う。

20年にはヘニーヒューズ産駒のアジアエクスプレスが種牡馬デビュー、初年度産駒を送り出してくるから、こちらも注目だ。アジアエクスプレス自身の2歳、3歳の早いうちは芝でも走り、その後ダートに移っていくという戦績はヘニーヒューズ産駒の

阪神ダート1200m　注目種牡馬ランキング

順位	種牡馬	着別度数	勝率	連対率	複勝率	単回値	複回値
1	サウスヴィグラス	28- 23- 22- 157/ 230	12.2%	22.2%	31.7%	169	116
2	ゴールドアリュール	15- 18- 13- 151/ 197	7.6%	16.8%	23.4%	43	73
3	キンシャサノキセキ	14- 9- 12- 108/ 143	9.8%	16.1%	24.5%	94	106
4	**ヘニーヒューズ**	**12- 9- 12- 56/ 89**	**13.5%**	**23.6%**	**37.1%**	**84**	**77**
5	クロフネ	12- 8- 14- 98/ 132	9.1%	15.2%	25.8%	110	100
6	**パイロ**	**10- 12- 12- 94/ 128**	**7.8%**	**17.2%**	**26.6%**	**69**	**72**
7	ダイワメジャー	10- 8- 8- 115/ 141	7.1%	12.8%	18.4%	133	116
8	ネオユニヴァース	7- 1- 6- 66/ 80	8.8%	10.0%	17.5%	106	67
9	メイショウボーラー	6- 14- 7- 145/ 172	3.5%	11.6%	15.7%	19	49
10	エンパイアメーカー	6- 8- 5- 71/ 90	6.7%	15.6%	21.1%	83	84
注目	**アジアエクスプレス**	–	–	–	–	–	–

特徴そのものだし、アジアエクスプレスの産駒も阪神ダート１２００ｍで走ってくるだろうね。まあ、阪神に限らず、どこのダート１２００から１６００ｍでも走ると思うけど。

それと3年前の前作で「エーピーインディ系、特にパイロが走ってくるはず」という話をしたんだけど、やっぱり6位にランクインしてきた。阪神のダートコースは3〜4コーナーがゆったりしていて、スピードに乗りやすいコース向きのエーピーインディ系が走るんだ。同じ父系のシニスターミニスターはランクにいないけど、これは距離の問題。ダート１４００ｍではカジノドライヴとともにきっちり成績を上げてくる。

ダート１２００はパイロ、ダート１４００はパイロに加えてカジノドライヴ、シニスターミニスターと覚えておこう。全部エーピーインディ系だ。

阪神ダート１４００ｍ

逃げ馬の勝率……16・7%
複勝率……38・3%

阪神ダート１４００ｍは2コーナー奥にある引き込み線からの芝スタート。芝からスタートするコースで気になるのは枠順別の成績だけど、期待通りというか、想像通りというか、明らかに外枠有利の傾向が出ている。

1枠の勝率は4・0%で、対する8枠は9・6%。その差は歴然だ。オープンに至っては、1枠は0勝。内枠から外に向かうにつれて勝率が上がっていく。４００以上の母数があるだけに信用すべき数字。馬券戦略にも大きく影響するデータだよね。
「阪神ダート１４００ｍは外枠断然有利。内枠はダッシュ力がないと外からかぶされて、位置取りが悪くなる」と覚えておこう。
ランキングに目を向けると、個性豊かな種牡馬が並んでいる。芝がどうこう言ったわりには、生粋のダート血統もたくさん上位にランクされているけどね（笑）。エンパイアメーカーやカジノドライヴなど、アメリカ血統の強さが目立っていて、飛ばして粘るアメリカのダートのような適性が求められるんだろう。上位種牡馬の勝ち鞍占有率は高くなくて、いろんな種牡馬が幅広く走っている。

そんな大混戦のランキングのトップがエンパイアメーカー。日本に輸入されたあと、アメリカでＧＩを勝つ馬が続出。孫世代から三冠馬も出て、一大父系を築いている名種牡馬だ。もうアメリカへ帰ったけど、さっそく向こうで重賞勝ち馬を出している。

エンパイアメーカー産駒は阪神ダートを得意にしていて、距離が短い１２００ｍ以外では軒並み上位にランクイン。スピードというよりも、加速していく脚に長所があるタイプなので、３～４コーナーが緩やかな阪神ダートで、加速しながら直線に入れるの

阪神ダート1400m　注目種牡馬ランキング

順位	種牡馬	着別度数	勝率	連対率	複勝率	単回値	複回値
1	**エンパイアメーカー**	23- 19- 13- 144/ 199	11.6%	21.1%	27.6%	89	99
2	**クロフネ**	19- 23- 15- 174/ 231	8.2%	18.2%	24.7%	46	60
3	**ゴールドアリュール**	19- 14- 19- 195/ 247	7.7%	13.4%	21.1%	60	43
4	**メイショウボーラー**	18- 9- 10- 129/ 166	10.8%	16.3%	22.3%	91	65
5	**カジノドライヴ**	14- 2- 5- 66/ 87	16.1%	18.4%	24.1%	98	85
6	**キンシャサノキセキ**	12- 11- 16- 98/ 137	8.8%	16.8%	28.5%	71	72
7	**パイロ**	12- 8- 12- 101/ 133	9.0%	15.0%	24.1%	78	88
8	**シニスターミニスター**	12- 8- 7- 75/ 102	11.8%	19.6%	26.5%	81	65
9	**サウスヴィグラス**	12- 7- 16- 124/ 159	7.5%	11.9%	22.0%	45	62
10	**ロードカナロア**	9- 5- 5- 51/ 70	12.9%	20.0%	27.1%	71	59

が合っているんだろう。直線に坂があって、前が止まりやすいという理由もある。19年のコーラルS、ギャラクシーS、20年のポラリスSを勝ったスマートダンディがその典型だ。いずれのレースも速い上がりをマークしているように、終いの脚を武器にしている馬。だから直線の長い東京ダートでも19年のオアシスS３着とか、差し脚が活かせるコースで安定して走る。エンパイアメーカーも東京のダート１４００ｍ、１６００ｍでベスト10入りを果たしている。

ただ、エンパイアメーカー産駒はなかなか掴みどころが難しい。腰が甘くて直線に坂のないコースのほうが得意な馬もいるし、良のダートと重のダートでは成績がかなり違うという馬もいる。総合的に見れば阪神ダートが得意なのはたしかだけど、あとは個々の馬で走るポイントを見分けていかないといけないんだ。

穴をあけた馬に絞ってデータを見ると、まずローテーション。集計期間内の23勝のうち、前走から中１週のローテで７勝。中２週で５勝。間隔が詰まっているほうが好走率は高くなっている。休み明けより叩き２走目、３走目が狙いどころだ。

あとは外枠。このコース自体、外枠が有利という話をしたけれども、エンパイアメーカーも露骨に外枠のほうがいい。７枠の勝率は29・６％と頭抜けている。脚質的に包まれるリスクのある内枠より、外をスムーズに回ってきたほうがいいというのは想像に難くないね。産駒は20年の４歳世代が日本で種付けした最後の世代になるけど、まだまだ今後も有効に使っていきたいところだ。

あとは５位カジノドライヴ、７位パイロ、８位シニスターミニスターのエーピーインディ御三家。最近、勢力を拡大している父系で、こちらもアメリカで繁栄している。新種牡馬ではマジェスティックウォリアーもエーピーインディ系だ。

御三家のなかでもダート1400mにぴったりなのがカジノドライヴ。阪神に限らずダート1400mでは総じて成績のいい種牡馬だけど、特に阪神での勝率の高さが抜けている。全7勝のうち5勝をこのコースで挙げているヴェンジェンス、5勝中3勝を挙げているプレスティージオら、何度も繰り返し好走する産駒が多いからコース実績のチェックは必須。

面白いのが枠順で、エーピーインディ系、特にカジノドライヴとパイロは内枠でもお構いなしに走っている。スピードがあって先行できる産駒が多いから、内枠を苦にしないということだろう。御三家のなかであまり先行力がないシニスターミニスターは、やっぱり外枠向きだけれど。

メイショウボーラーも息の長い活躍をしているね。タイキシャトルの後継で、得意なコースもタイキシャトルと被る種牡馬だ。このコースでは3年前の3位から4位にちょっとだけ下がったとはいえ、相変わらず好走率は高い。ここ数年でエンパイアメーカーや、エーピーインディ系の大攻勢があったにもかかわらず、4位をキープしているというのは適性が高ければこそ。

阪神ダート1400mのメイショウボーラー産駒は勝率が高くて、単勝回収値も優秀。1〜3番人気なら半数以上が馬券に絡んでいて、安心の買い材料となるし、一方でいまだに大穴血統ぶりも健在。なんと7番人気でも半数の馬が馬券絡みを果たしている。オープン馬ニシケンモノノフが引退、ツーエムマイスターも地方に転厩したけれど、メイショウギガースら松本氏の所有馬は多いし、19歳（20年現在）の今も元気に種付けしている。逃げ馬なら、単騎逃げが打てそうなメンバーかどうかも重要だ。

阪神ダート1800m

逃げ馬の勝率……16・6%
複勝率……39・8%

阪神ダート１８００ｍはスタンド前の直線からスタートして、コーナーを４つ回ってコースを１週。スタート直後と、ゴール直前の都合2回の坂超えを経てゴールする。

スタート直後に坂があるため、出足はスロー。ただ坂を上ってからペースは上がり、1〜2コーナーで多少落ち着くものの、向正面は速めのペースで流れることが多い。逃げ・先行馬にとっては厳しい競馬が強いられるコースで、ＪＲＡでダート１８００ｍが施行されている中山・京都・新潟・中京のなかで、逃げ馬の勝利がもっとも低くなっている。

タフな競馬なのでパワーがあり、しぶとく脚を伸ばせるタイプに向き、コテコテのダート血統カネヒキリが5位にランクイン。さらにオルフェーヴルが早くも7位に入るという特徴的なランキングとなっている。

そんななか、ランク1位はキングカメハメハで、単勝回収値が１００と高い数値をマーク。1番人気の勝率は32・1%、複勝率は60・4%と、ぎりぎり及第点のレベルだけど、穴馬がよく走るのが阪神ダート中距離のキングカメハメハ産駒の特徴。7番人気までは普通に買っていいレベルだ。

あとは3勝クラスで7勝も挙げており、上級条件での狙い目が立つのも特徴。たとえば摩耶Ｓでは15年トップディーヴォ（キンカメ産駒の出走1頭）、16年カラクプア（同1頭）、17年ユラノト（同2頭）、18年オルナ（同1頭）と、近5年で4勝をマーク。しかも出走は全部で6頭という条件での4勝。いかに相性がいいかがわかるというものだ。摩耶S以外のレースでも準オープンでは軒並み良績をマークしており、〝キンカメを見つけたら買い〟の積極的姿勢でOKだ。

さらに絞り込むなら、馬場状態。

良馬場は勝率8・1%、複勝率27・0%、単勝回収値36、複勝回収値65。これが稍重になると勝率13・5%、複勝率31・3%、単勝回収値257、複勝回収値111と大きく成績を跳ね上げる。重馬場も勝率12・7%、複勝率27・0%。こちらも十分に買える数字だ。ちなみに先の摩耶Sも16年、18年はそれぞれ重、稍重だった。

1400mに引き続きエンパイアメーカーもいい。1800mまで距離が延びれば好位につけられる馬が増えてきて、差しにこだわる必要がなくなってくる。枠も内外関係なく、走る。

そのほかでは7位のオルフェーヴル。ダートでも走ることがだいぶ知られてきたけど、「芝で勝ち切れない馬が、ダートで決め手のなさをカバーして好走」というケースも多い。このコースの16勝のうち7勝が、前走芝コースを走っていた馬によるもの。なかでも前走で切れ味を要求される京都芝1800m組は【31

阪神ダート1800m　注目種牡馬ランキング

順位	種牡馬	着別度数	勝率	連対率	複勝率	単回値	複回値
1	**キングカメハメハ**	**39- 36- 31- 271/ 377**	**10.3%**	**19.9%**	**28.1%**	**100**	**75**
2	ゴールドアリュール	34- 20- 21- 231/ 306	11.1%	17.6%	24.5%	87	58
3	クロフネ	33- 30- 26- 230/ 319	10.3%	19.7%	27.9%	78	79
4	**エンパイアメーカー**	**30- 20- 26- 254/ 330**	**9.1%**	**15.2%**	**23.0%**	**214**	**90**
5	カネヒキリ	22- 13- 11- 104/ 150	14.7%	23.3%	30.7%	143	75
6	ハーツクライ	17- 14- 23- 176/ 230	7.4%	13.5%	23.5%	32	60
7	**オルフェーヴル**	**16- 15- 7- 66/ 104**	**15.4%**	**29.8%**	**36.5%**	**72**	**93**
8	ネオユニヴァース	16- 13- 13- 126/ 168	9.5%	17.3%	25.0%	43	55
9	シンボリクリスエス	15- 14- 14- 162/ 205	7.3%	14.1%	21.0%	59	60
10	ゼンノロブロイ	13- 17- 14- 149/ 193	6.7%	15.5%	22.8%	116	105

０１】と好成績で、馬券に絡んだ4頭は前走で6着以下の伏兵だった。

「京都芝の中距離で負けていた馬が、阪神ダートの中距離で穴をあける」という特殊なケースがこれだけあるのだから、これは穴パターンと呼んでもいいだろう。

オルフェーヴルの父ステイゴールドは、ダートが苦手な種牡馬だったから、オルフェーヴルがダートに強いのは母系の血ということになる。昔サッカーボーイ産駒の勝ち切れないタイプがダートで走ったように、サッカーボーイの血（ステイゴールドの母がサッカーボーイの全妹）がそうさせているのかも知れないし、もっとシンプルに母父メジロマックイーンの重厚さが出ているのかも知れない。そんなことに想いを巡らせると、オルフェーヴル産駒のダート馬にもロマンを感じるね（笑）。

阪神ダート2000m

逃げ馬の勝率……11・7%
複勝率……24・5%

阪神ダート２０００mは4コーナー奥の引き込み線から発走する、芝スタートのコース。芝スタートながら、最初のコーナーまでダート部分の距離が長いこともあって、枠による有利不利はあまり感じられない。

ただ、スタートしてから最初のコーナーまでの距離が長いということは、ポジション争いが激しくなるということでもあって、逃げ馬の勝率は１８００mからさらに落ちて11・7%。複勝率でさえ24・5%しかない。

非常にタフなコースのうえに、ダートでは長距離の部類に入る2000m。他コースよりスタミナの要素が要求されるのは言うまでもない。

ひと昔前だと、こういうスタミナが必要なコースで強いのがブライアンズタイムだったんだけど、残念ながら父系はしぼみつつある。それでもフリオーソが16位に健闘しているほか、タイムパラドックスが複勝率44・4％と優秀な数字を残し、必死の抵抗を見せている。また母系に入って存在感を見せつけ、母父部門ではブライアンズタイムが4位。同じロベルト系のシンボリクリスエス（3位）とともに、母系に入って阪神ダート中距離での良績を支えている。

ランキング内で目立つのは、少ない出走数で5勝しているルーラーシップ。勝率がかなり高い。ダートを走るようなルーラーシップは距離が長いほうがいいし、脚抜きの良い馬場になれば、なおのことプラス材料。

阪神ダート2000m　注目種牡馬ランキング

順位	種牡馬	着別度数					勝率	連対率	複勝率	単回値	複回値
1	キングカメハメハ	10-	8-	5-	62/	85	11.8%	21.2%	27.1%	174	89
2	エンパイアメーカー	7-	2-	1-	37/	47	14.9%	19.1%	21.3%	151	78
3	マンハッタンカフェ	7-	0-	8-	31/	46	15.2%	15.2%	32.6%	119	73
4	ゴールドアリュール	5-	4-	4-	47/	60	8.3%	15.0%	21.7%	138	54
5	**ルーラーシップ**	**5-**	**3-**	**0-**	**19/**	**27**	**18.5%**	**29.6%**	**29.6%**	**321**	**109**
6	ハーツクライ	4-	5-	3-	45/	57	7.0%	15.8%	21.1%	56	63
7	ロージズインメイ	3-	1-	3-	19/	26	11.5%	15.4%	26.9%	957	175
8	キンシャサノキセキ	2-	4-	4-	11/	21	9.5%	28.6%	47.6%	106	119
9	サマーバード	2-	3-	3-	9/	17	11.8%	29.4%	47.1%	108	171
10	カネヒキリ	2-	2-	2-	11/	17	11.8%	23.5%	35.3%	48	110
特注	**フリオーソ**	**2-**	**0-**	**0-**	**8/**	**10**	**20.0%**	**20.0%**	**20.0%**	**222**	**65**
特注	**タイムパラドックス**	**0-**	**1-**	**3-**	**5/**	**9**	**0.0%**	**11.1%**	**44.4%**	**0**	**145**
特注	**母父シンボリクリスエス**	**4-**	**0-**	**0-**	**8/**	**12**	**33.3%**	**33.3%**	**33.3%**	**907**	**137**
特注	**母父ブライアンズタイム**	**3-**	**3-**	**4-**	**35/**	**45**	**6.7%**	**13.3%**	**22.2%**	**110**	**70**

京都競馬場
Kyoto Racecourse

京都競馬場▶芝

コース図

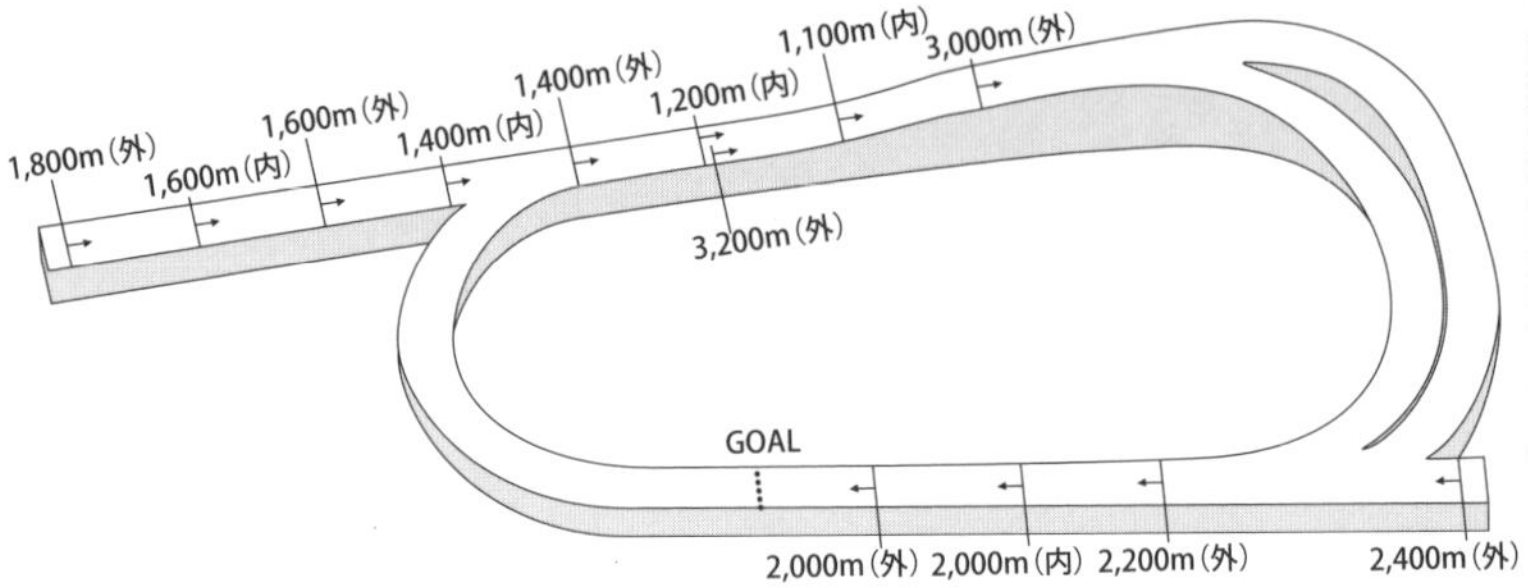

高低差断面図

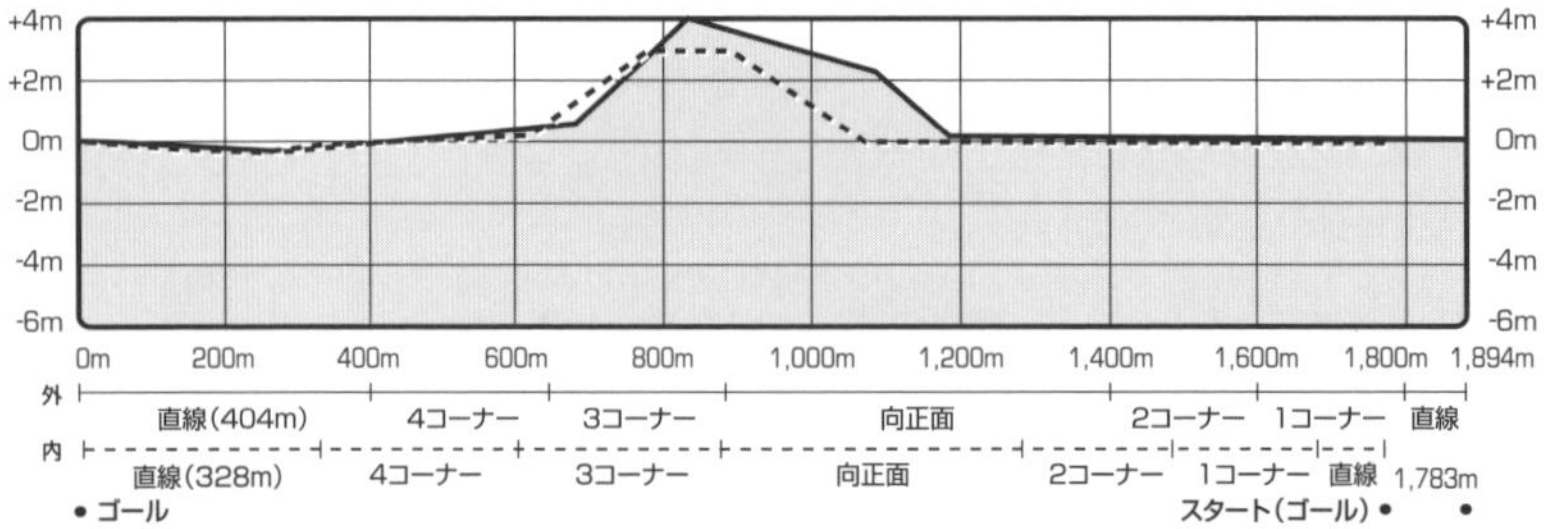

京都芝下級条件（2勝クラス以下）種牡馬ベスト5

順位	種牡馬	着別度数	勝率	連対率	複勝率	単回値	複回値
1	ディープインパクト	191- 165- 138- 727/1221	15.6%	29.2%	40.5%	78	78
2	キングカメハメハ	67- 57- 44- 370/ 538	12.5%	23.0%	31.2%	62	67
3	ハーツクライ	57- 56- 69- 489/ 671	8.5%	16.8%	27.1%	90	71
4	ダイワメジャー	52- 51- 50- 385/ 538	9.7%	19.1%	28.4%	87	76
5	ハービンジャー	51- 56- 62- 444/ 613	8.3%	17.5%	27.6%	64	72

京都芝上級条件（3勝クラス以上）種牡馬ベスト5

順位	種牡馬	着別度数	勝率	連対率	複勝率	単回値	複回値
1	ディープインパクト	55- 48- 60- 331/ 494	11.1%	20.9%	33.0%	64	72
2	キングカメハメハ	24- 27- 17- 188/ 256	9.4%	19.9%	26.6%	119	80
3	ステイゴールド	17- 20- 20- 138/ 195	8.7%	19.0%	29.2%	40	87
4	ダイワメジャー	16- 16- 19- 156/ 207	7.7%	15.5%	24.6%	60	95
5	ハーツクライ	14- 19- 13- 145/ 191	7.3%	17.3%	24.1%	53	64

京都芝には内回りと外回りの２種類のコースがあり、それぞれの周回距離は内回りが約１７８３ｍ、外回りが約１８９４ｍ（ともにＡコース使用時）。また、直線距離は内回りが約３２８ｍ、外回りが約４０４ｍ（同）。

芝コースは全周にわたってフラットではあるけど、３コーナーを頂点とした小山のような起伏が設けられていて、これが大きなアクセントとなっている。コース全体の高低差は内回りの３・１ｍに対して、外回りは４・３ｍ。このコース形態の違いによって、内回りと外回りで異なる適性が求められることとなる。

基本的な違いとして、内回りの芝２０００ｍと、外回りの芝１８００ｍを例にするとわかりやすいだろう。

内回りの芝２０００ｍはコーナーを４回まわるので、スピードに乗りにくいというか、コーナーの占める割合が大きくて、緩急のある流れになったり、あるいは先行有利を意識して締まった流れになったり。結果として、上がり３ハロンは速くならないレースが多め。小倉や函館などのローカル小回りに通じる器用さが求められ、一瞬でギュッと加速できる馬が走りやすいコースと言える。サンデー系じゃなくても走れる。

一方の外回り芝１８００ｍはコーナー２回で、直線部分の占める割合が高いコース。スピードに乗りやすく、加速がつきやすい。上がりも速くなるレースが多いため、サンデー系が圧倒的だ。

外回りコース全般の傾向として、３コーナー過ぎの下り坂からペースアップする流れをイメージすること。一気に４ｍを駆け下りるだけあって、エンジンの掛かりの遅い馬でも自然に加速でき、さらに坂を下ったあとはゴールまでほぼ平坦。3コーナー過ぎからゴールまで、4ハロン近いロングスパートが求められ、いかに長く脚を使えるかがレース攻略のポイントとなる。内回りは上がり2ハロン、外回りは上がり4ハロンの競馬になるイメージだ。

もちろん外回りでも直線だけの瞬発力勝負になることはあるし、その場合は鋭い切れ味が求められる。外回りはサンデー系が断然、内回りは非サンデー系もOKという考え方は、わかりやすいと思う。

芝コースは軽い馬場で、タイムは速い。ただし18年以降はパワーを要するようになった印象で、特に19年の秋は雨や台風の影響が大きく、以前の軽い京都とはまるで違う傾向が出ていた。その日の傾向を見極めたうえで、馬券を買う必要がありそうだ。

なお、京都競馬場は20年11月より大規模な改修工事に入る。コースレイアウト自体に変更はないものの、路盤工事を行うため、馬場の傾向は大きく変わってくるだろうね。14年に改修工事を終えた中山を参考にするなら、改修工事直後はクッションの効いた、差しが利く馬場。それが徐々に踏み固められていって、高速化していくという流れか。

枠に関しては、軽い馬場のときは内枠がかなり有利。パワーを要する馬場になって差しが利く開催は、外枠も悪くない。ひとつ知っておきたいのは、秋開催以来のAコース使用となる1月の重賞は、1枠、2枠の馬が圧倒的に有利なこと。該当する23レース中、1枠が6勝、2枠が4勝している。8枠は0勝だ。

京都芝１２００ｍ

逃げ馬の勝率……20・９％
複勝率……44・９％

京都芝１２００ｍは内回りコースを使用する。コーナーがタイトな内回りに加え、距離ロスが大きく響く短距離戦だけに内枠有利が目立つ。１枠の勝率が10・７％に対して、８枠は４・９％と半分以下。勝率７・５％の３枠までが有利と言える枠だ。

スタート位置は向正面半ばで、１００ｍほど走ると３コーナーを頂上とする上り坂に差し掛かる。その後、３コーナー過ぎから下り、４コーナーから直線にかけてはほぼ平坦となっている。

このレイアウトのせいで、短距離戦にしては序盤のスピードが上がらず、後半にかけて速くなるという京都特有の流れを生む。普通、芝１２００ｍというのは前半３ハロンのほうが明らかに速い「前傾ラップ」になるんだけど、京都の場合は前半と後半の３ハロンがあまり変わらない「イーブンラップ」になりやすいんだ。たまに後半のほうが速い「後傾ラップ」になることすらある。逃げ馬にとって楽なペースになりやすく、データ集計期間内の重賞に限れば、逃げ馬の勝率が20・９％もある。

他場の芝１２００ｍでは前傾ラップの消耗戦になることも多いから、この違いをうまく馬券に活かしたいところ。イーブンラップの京都芝１２００ｍで好走した馬が、中山など他場の芝１２００ｍで凡走するケースはままあること。もちろんその逆もまた然りで、その出し入れは常に意識しておきたい。

種牡馬ランキングに目を向けると、１位はダイワメジャー。ただ産駒数も多く、率的には平凡と言わざるを得ない。期間内の11勝中9勝が牝馬によるもので、また2着9回中8回、3着11回中9回が牡馬によるもの。きっちり勝ち切れる牝馬に対して、2、3着が多い牡馬という傾向がはっきり出ている。真ん中より内の枠で好走しているのもダイワメジャー産駒の特徴だ。

ランク2位に上がってきたのがロードカナロア。勝率や連対率だけでなく、単複ともに回収値が高い。全部買ってもいいレベルだ。こちらは性別も、枠順も関係なく走っているね。ロードカナロア産駒は、前走着順のいい馬を買うのが基本なんだけど、京都芝１２００ｍでは前走9着以内なら走っているし、よほど合うんだろう。

狙い目を絞るなら、坂のある阪神でいまいちな馬を見つけて、平坦の京都替わりで買う。18年、アンヴァルのオパールS勝ちも、前走セントウルSで10着惨敗からの巻き返しだった。

ランキングで注目しておきたいのが、5位のヨハネスブルグ。こちらも勝率、複勝率、回収値ともに文句なし。仕上がりが早く、2歳戦や坂のない平坦コースに強い血統だ。ローカル向きの印象もあるけど、坂がないからで、中央なら直線

京都芝1200m　注目種牡馬ランキング

順位	種牡馬	着別度数	勝率	連対率	複勝率	単回値	複回値
1	ダイワメジャー	11- 9- 11- 112/ 143	7.7%	14.0%	21.7%	44	47
2	**ロードカナロア**	**10- 10- 5- 45/ 70**	**14.3%**	**28.6%**	**35.7%**	**115**	**99**
3	アドマイヤムーン	9- 6- 9- 81/ 105	8.6%	14.3%	22.9%	58	86
4	サクラバクシンオー	9- 4- 2- 54/ 69	13.0%	18.8%	21.7%	116	64
5	**ヨハネスブルグ**	**8- 3- 4- 40/ 55**	**14.5%**	**20.0%**	**27.3%**	**147**	**108**
6	ディープインパクト	7- 5- 8- 51/ 71	9.9%	16.9%	28.2%	105	89
7	キンシャサノキセキ	6- 6- 5- 66/ 83	7.2%	14.5%	20.5%	63	69
8	マンハッタンカフェ	5- 3- 2- 31/ 41	12.2%	19.5%	24.4%	114	60
9	ショウナンカンプ	5- 1- 3- 27/ 36	13.9%	16.7%	25.0%	337	239
10	マツリダゴッホ	4- 4- 1- 26/ 35	11.4%	22.9%	25.7%	77	75
特注	**ベーカバド**	**4- 4- 0- 8/ 16**	**25.0%**	**50.0%**	**50.0%**	**94**	**86**
特注	**トーセンラー**	**2- 1- 0- 0/ 3**	**66.7%**	**100.0%**	**100.0%**	**193**	**183**

に坂のない京都芝１２００ｍでよく走る。

ヨハネス産駒を狙うなら、母父にも注目してほしい。母父サンデー系の馬に絞ると効率がアップするんだ。京都芝はもともとサンデーサイレンス系が得意とする競馬場で、京都芝１２００ｍもイーブン～後傾ラップになりやすいコース。つまり、短距離にしては終いの脚、瞬発力が必要とされるだけに、そのあたりが影響しているのだろう。

ヨハネスブルグ産駒は、一度低迷しても得意コースで復活するという特徴があって、近走の着順が悪くても、過去実績のあるコースや平坦コースに替わるときは注意しておきたい。京阪杯を２勝したネロも復活組。５歳時に２番人気で16年京阪杯を勝って、その後は他場を使われて低迷。そして６歳になって再び17年京阪杯を９番人気で制したよね。

ヨハネスは、本来はもっと一流産駒が出てもいい名種牡馬のはずなんだけどね。生産界でも「ヨハネスブルグから後継種牡馬を出せないのは日本の恥だ」みたいなことを言っている人がいて、まあ、たしかに海外では父系がつながっている。19年に種牡馬を引退しているだけに、残された産駒からなんとか大物が出てほしい。

京都芝1400m内・外

逃げ馬の勝率……13・５%
複勝率……36・５%

京都芝１４００ｍには内回りと外回りの設定があって、内回りは新馬、未勝利、２、３歳限定の

1勝クラスのみに使用。それ以外は外回りコースを使用する。

内回りのスタート地点は2コーナー付近の引き込み線。芝１２００ｍのスタート地点から２００ｍ下がっただけなので、レイアウト的にはほぼ同じ。一方、外回りのスタート地点は2コーナーの出口から向正面の直線に入ったあたり。発走から２００ｍほどで3コーナーを頂点とする上り坂に差し掛かる形となる。

内回りと外回りで求められる適性は同じではないけれど、内回りで行われるレースは2、3歳に限定されるため、仕上がりの早さ、能力の高さで決まる割合が高い。特に上位種牡馬の場合はその傾向が強いので、ランキングは内回りと外回りの合計を掲載した。

ランキング1位のディープは常連さんなのでおいておくとして、気になるのは2位のダイワメジャー。１２００ｍよりも成績は上昇しているものの、外回りの勝率8・6%に対し、内回りは12・1%と、やはりいいのは内回り。また、芝１４００ｍでは牡馬が勝てるようになっており、牡牝の性差はあまり考えなくていいだろう。

注目はなんといってもロードカナロア。１２００ｍから1ハロン延びて、成績を爆上げ。出走の3頭に1頭が馬券に絡んでいることになる。素晴らしいのが1着の多さで、ディープやダイワメジャーと2着数を比較すると、その差は歴然。ロードカナロア産駒にとってベストコースのひとつと言っていい。

カナロア産駒は、京都芝１２００ｍでは前走着順に関係なく買えたけれど、このコースでは前走4着までの成績がいい。それから、前走で同距離の１４００ｍを走っていた馬も優秀だ。キングカメハメハ系の長所に、学習能力の高さがある。キンカメ産駒も、ロードカナロア産駒も、同じ距離を使い続けるとその条件に慣れていき、ベストの距離になっていく。前走と同じ距離に使ってきた馬の成績が優秀というのは、その学習能力の表れでもあるんだろうね。

重賞でもダイアトニックが19年のスワンSを勝っている。そのうち、京都牝馬S、ファンタジーSでも勝ち馬が出るんじゃないか。

ただ、こと重賞に限れば、まだまだディープインパクトの牙城を崩すまでには至らない。というか、ディープインパクトが強すぎる。集計期間内の5年×3レース、計15重賞のうち、ディープインパクト産駒が5勝。ファンタジーSを15年のキャンディバローズ、18年ダノンファンタジーが、京都牝馬Sを20年のサウンドキアラが、そしてスワンSを16年サトノアラジン、17年サングレーザーが制していて、完全制覇。京都芝1400m外は他場の芝1400mより道中のペースが緩みやすいので、ディープ産駒の良さが出るんだ。

回収値で抜けているのがブラックタイド。ディープインパク

京都芝1400m　注目種牡馬ランキング

順位	種牡馬	着別度数	勝率	連対率	複勝率	単回値	複回値
1	**ディープインパクト**	**23- 21- 13- 127/ 184**	**12.5%**	**23.9%**	**31.0%**	**83**	**67**
2	ダイワメジャー	20- 23- 18- 145/ 206	9.7%	20.9%	29.6%	61	76
3	**ロードカナロア**	**16- 7- 11- 67/ 101**	**15.8%**	**22.8%**	**33.7%**	**82**	**68**
4	キングカメハメハ	12- 9- 5- 62/ 88	13.6%	23.9%	29.5%	82	66
5	マンハッタンカフェ	6- 7- 4- 40/ 57	10.5%	22.8%	29.8%	85	74
6	アドマイヤムーン	5- 4- 5- 79/ 93	5.4%	9.7%	15.1%	76	47
7	**ブラックタイド**	**5- 3- 2- 32/ 42**	**11.9%**	**19.0%**	**23.8%**	**261**	**77**
8	ハーツクライ	4- 7- 5- 59/ 75	5.3%	14.7%	21.3%	46	59
9	ヴィクトワールピサ	4- 5- 4- 23/ 36	11.1%	25.0%	36.1%	206	93
10	キンシャサノキセキ	4- 4- 7- 78/ 93	4.3%	8.6%	16.1%	32	43
特注	**キズナ**	**3- 1- 4- 15/ 23**	**13.0%**	**17.4%**	**34.8%**	**149**	**109**

トの全兄だ。12番人気で新馬を勝ったフェルトベルクのほか、ペスカネラが17年の久多特別を5番人気で勝ったり、マドモアゼルも17年りんどう賞を4番人気で勝利。穴傾向にあるのは間違いない。フェルトベルク、マドモアゼルもそうだけど、このコースで何度も馬券になっている。19年の橘Sを勝ったディープダイバーも3走して、すべて馬券圏内に走っているよね。パワーを要する馬場になった18年以降に好走が増えているので、パワーのあるブラックタイド産駒にマッチしてきたという面もあるのだろう。

ブラックタイドといえば代表産駒はキタサンブラックだけど、今後はまた大物を出してくるかも知れないよ。ディープインパクトが種付け制限されてから、オーナーの金子さんが自慢の繁殖牝馬にブラックタイドを付けまくったらしいんだ。競馬場に登場するのはまだ先だけど、楽しみだよね。

枠順にも触れておくと、内回り、外回りともに大きな偏りはない。ただ、ロードカナロア産駒は外枠で勝ちまくっている。1枠、2枠が1勝ずつなのに対して、8枠だけで6勝。さっきのダイアトニックのスワンS勝ちも8枠だったよね。これは覚えておきたい。

京都芝1600m

逃げ馬の勝率……13・9%
複勝率……34・7%

京都芝1600mも芝1400mと同様に内回りと外回りコースが設定され、内回りコースでは新馬、未勝利と、2、3歳の1勝クラスのみが行われている。それ以外のレースはすべて外回りコースを使用する。

スタート地点は内回り、外回りともに、２コーナー奥の引き込み線から。３コーナーの坂の頂上手前で内回りと外回りに分岐する。

外回りコースでは秋のマイル王決定戦マイルチャンピオンシップが行われるほか、京都金杯、シンザン記念、マイラーズC、デイリー杯２歳Sが行われており、京都芝のなかでも主要なコースとなる。

スタートから最初のコーナーまでの距離が長く、ポジション取りの自由度が高いため、枠によるデータ上の有利不利はそれほどない。外回りは若干、内のほうが有利かなという程度だ。

ただし、レベルの高い重賞となると、明らかに1～3枠が有利という傾向が出ている。直線に坂がないため、能力の高い先行馬を外から差すのが厳しいということ、そして内回りとの合流地点でどうしても内があくので、ラチ沿いにいる馬が詰まることなく馬群を抜けてこられるというのが大きな要因だろう。

ランキングを見ると、ディープインパクトが圧倒。全レースの20％以上をディープが勝っている計算になる。断然と言っていいだろう。父であるサンデーサイレンスの産駒も京都マイルと京都芝１８００ｍで勝ちまくっていたのを思い出すね。

ディープ産駒は新馬戦で出走馬の半分以上が馬券に絡んでいるし、準オープンの勝率19・2％、オープン特別の勝率33・3％。単複の回収値もともに１００超えと、高いレベルで安定している。

重賞では勝率が7・8％まで落ち込むけど、これは単純に出走数が多いからだろう。「ディープ産駒の敵はディープ産駒」というくらい、重賞の出走馬が多いから仕方がない。実際、３番人気にまで絞れば勝率は23・８％まで上がるしね。まずは素直にディープの人気馬を有力視するところから、検討を始めたい。

重賞に限らず、ディープ産駒はセオリー通りに「前走着順のいい馬」を買うのが効率的だ。もちろん各馬の成績チェックは必要だけど、あまり過去をさかのぼるよりも、前走着順を重視すること。昇級戦でもお構いなしで、勝率は21・４％。ちなみに同じサンデー系でランキング３位のダイワメジャーの昇級戦は勝率９・５％だから、いかにディープが昇級戦に強いかがわかるだろう。

これは京都芝１６００ｍに限った傾向ではなく、ディープ産駒全般に言えること。着順を大きく落とし始めるまでは、昇級だろうが、初重賞だろうが、気にせず勝っておいたほうがいいんだ。

京都芝１６００ｍの得意なディープ産駒というと、最近ではサウンドキアラがわかりやすい。５００万、１０００万、３勝クラス、重賞の京都金杯と、この勝ち鞍は全部、京都の芝１６００。直線に坂のあるコースでは2着から4着が多いのに、京都ではきっちり1着に来る。そして開花したら、京都の重賞を2連勝。おまけに20年春にはそれまで勝てなかった阪神の重賞まで勝ってしまった。クラスの壁を感じさせずにグングン出世していく。

ほかでは、2位キングカメハメハと、4位のロードカナロアの親仔。どちらも平場から重賞までコンスタントに馬券になっている。キンカメ産駒なら、17年京都金杯を勝ったエアスピネル、16年マイラーズCを勝ったクルーガーなど、ロードカナロア産駒なら18年マイルＣＳを勝ったステルヴィオ、シンザン記念を勝ったアーモンドアイ（18年）とヴァルディゼール（19年）など。

京都芝１６００ｍの重賞のロードカナロア産駒には面白いデータがあって、1枠から3枠だと【３ １ ０ １】、４枠から8枠だと【０ ０ ０ ７】。インで折り合って我慢して、ロスなく抜け出す競馬ができるから、内枠の利を活かすことができる。外枠なら消しというわけではないけれど、内がいいのは知っておきたいところだ。

ランク10位のスクリーンヒーローもいいよね。出走数はそれほど多くないけど、モーリスの15年マイルＣＳを筆頭に、複勝率は高いし、単複ともに回収値が１００を超えている。ロベルト系グラスワンダー産駒だから力のいる馬場が合うというイメージもあるけど、スクリーンヒーロー産駒には軽い馬場向きのマイラーもいて、グァンチャーレのような先行抜け出しのマイラーが京都を得意にする。

グァンチャーレは古馬になって阪神でも好走できるようになったけど、3歳時にシンザン記念を勝って、古馬になっても長岡京Ｓ、洛陽Ｓと、1着に来たのは京都芝１６００ｍ。こういう阪神で勝ち切れなくて、京都で勝ち切るというタイプを見つけたい。スクリーンヒーロー産駒は京都芝１６００

京都芝1600m　注目種牡馬ランキング

順位	種牡馬	着別度数	勝率	連対率	複勝率	単回値	複回値
1	ディープインパクト	67- 59- 57- 299/ 482	13.9%	26.1%	38.0%	75	78
2	キングカメハメハ	27- 19- 10- 125/ 181	14.9%	25.4%	30.9%	138	77
3	ダイワメジャー	20- 18- 23- 169/ 230	8.7%	16.5%	26.5%	71	87
4	ロードカナロア	14- 15- 11- 91/ 131	10.7%	22.1%	30.5%	55	60
5	ハーツクライ	11- 12- 22- 149/ 194	5.7%	11.9%	23.2%	122	75
6	アドマイヤムーン	11- 9- 5- 76/ 101	10.9%	19.8%	24.8%	40	77
7	ステイゴールド	11- 8- 12- 107/ 138	8.0%	13.8%	22.5%	52	65
8	ヴィクトワールピサ	10- 9- 10- 73/ 102	9.8%	18.6%	28.4%	81	98
9	ルーラーシップ	8- 10- 4- 88/ 110	7.3%	16.4%	20.0%	62	45
10	スクリーンヒーロー	7- 9- 3- 35/ 54	13.0%	29.6%	35.2%	109	105
特注	エピファネイア	4- 6- 7- 24/ 41	9.8%	24.4%	41.5%	40	115
特注	母父ダンチヒ系	–	–	–	–	–	–

ｍ外回りで勝率19・０%、阪神芝１６００ｍで勝率２・２%と、大きく違うんだ。

父だけでなく、母父にも注目。母父デインヒル系がいい。京都芝１６００ｍに限らず、マイル全般でダンチヒ系は強いんだけど、京都はそのなかでもデインヒルがいい。ミッキーアイル（父ディープインパクト×母父ロックオブジブラルタル）は16年のマイルＣＳを優勝。フィエロ（父ディープインパクト×母父デインヒル）は14年、15年のマイルＣＳで連続２着に好走。母父デインヒル系の馬は今後も増えてくると思うので、マイル戦では要注目だ。ただし、ハービンジャーは「デインヒル系」の仲間に入れないほうがいい。あれはちょっと異質な欧州血統だから、直線の長い京都外回りは３着が多くなる。

新顔ではキズナとエピファネイアが成績を上げてきそう。エピファネイア産駒はエルフィンＳを20年にデアリングタクトが制しているほか、新馬、未勝利の複勝率は及第点以上。産駒が増えてくればランキングの常連になりそうだ。

京都芝１８００ｍ

逃げ馬の勝率……12・６%
複勝率……30・８%

京都芝１８００ｍは２コーナー奥の引き込み線を目一杯使ってスタート。そのまま外回りコースを回ってゴールするというレイアウトだ。スタートから３コーナーまで約９００ｍもあり、京都芝のなかではもっとも直線の割合が高いコースとなっている。

典型的な瞬発力コースで、サンデーサイレンスがもっとも得意としていたのがこのコース。ということは、ディープインパクトが大活躍を見せて、勝ち鞍は2位キングカメハメハのほぼ4倍！　勝率16・4％、複勝率41・6％と、数字の面でも抜けた存在だ。

かといって、回収値が高いわけではないので、ちゃんと取捨をすること。京都芝1800mのディープインパクト産駒は人気馬が圧倒的に強くて、1番人気の勝率は48・4％。3番人気までの馬がディープの勝ち鞍の95％（期間内65勝中62勝）を占めるので、無理に穴を狙うコースじゃないし、狙うにはちゃんとした根拠を持つこと。速い上がりを使えるのに、近走は展開に泣いて着順の良くなかった馬などは、京都芝1800m替わりで狙いが立つ。

ランキングを見ると、京都のマイル以下で上位にいたロードカナロアが姿を消して、だいぶ中距離らしい布陣になってきた。ハーツクライとルーラーシップは、どちらも1着より2着、2着より3着が多いのは面白いね。この2頭の種牡馬はどちらもトニービンの影響を強く受けているから、「一瞬のキレは甘い

京都芝1800m　注目種牡馬ランキング

順位	種牡馬	着別度数	勝率	連対率	複勝率	単回値	複回値
1	**ディープインパクト**	**65- 56- 44- 232/ 397**	**16.4%**	**30.5%**	**41.6%**	**73**	**76**
2	**キングカメハメハ**	17- 20- 14- 97/ 148	11.5%	25.0%	34.5%	31	60
3	**ハーツクライ**	14- 18- 20- 116/ 168	8.3%	19.0%	31.0%	63	68
4	**ステイゴールド**	14- 9- 7- 89/ 119	11.8%	19.3%	25.2%	56	54
5	**マンハッタンカフェ**	13- 5- 6- 77/ 101	12.9%	17.8%	23.8%	77	54
6	**ハービンジャー**	12- 10- 14- 135/ 171	7.0%	12.9%	21.1%	35	63
7	**ルーラーシップ**	9- 11- 13- 68/ 101	8.9%	19.8%	32.7%	50	66
8	**ダイワメジャー**	9- 10- 10- 65/ 94	9.6%	20.2%	30.9%	68	118
9	**ヴィクトワールピサ**	8- 6- 8- 45/ 67	11.9%	20.9%	32.8%	109	84
10	**エンパイアメーカー**	7- 6- 3- 22/ 38	18.4%	34.2%	42.1%	108	123
特注	**ジャスタウェイ**	**5- 2- 4- 23/ 34**	**14.7%**	**20.6%**	**32.4%**	**57**	**59**

けど、いい脚を長く使える」という長所がある。それが3着以内の多さに表れている。ハーツクライ産駒とルーラーシップ産駒は単勝よりも、３連系の馬券に入れておきたい。

ベストテン圏外にも目を向けると、そのハーツクライ産駒のジャスタウェイがかなり優秀な数字を残している。

ジャスタウェイ産駒が出始めのころは「小回りの中山と阪神の内回りがいい」という傾向があったんだけど、産駒がデビューして1年以上経ってみると、ちゃんと京都や東京の長い直線でも成績が上がってきた。カリポールが19年にあずさ賞、清滝特別と、京都芝１８００ｍで２勝を挙げて菊花賞へ駒を進めた。２歳の早い時期から走るスピード馬は小回り向きだけど、あとから上昇してくる馬はやっぱりハーツクライらしいというか、長い直線を得意にするような傾向がある。

あと、ジャスタウェイ産駒は、1~3枠の成績がいいというデータもあって、ここはハーツクライ産駒との大きな違いだ。ハーツは内枠が良くないからね。ジャスタウェイは器用に内を回ってこられるんだよね。お父さんのハーツクライより、素直で優等生な産駒が多い。前走4着以内の馬は堅実に走ってくるから、そういう意味ではハーツより扱いやすい種牡馬だ。

京都芝２０００ｍ

逃げ馬の勝率……19・8％
複勝率……42・9％

京都芝２０００ｍは正面スタンド前から発走し、そのまま内回りコースを1周するコース設定。

牝馬三冠レースを締めくくる秋華賞が行われる。

内回りコースは外回りよりも直線が短いというだけじゃなくて、３コーナーを頂点とした京都特有の上り下りの勾配が小さいんだ。競輪のバンクの傾斜を思い浮かべればいい。外側のほうが傾斜が急だよね。概ね平坦でもあるから、イメージ的にはローカルに近い。

ランキングを見ると、内回りに替わったことで1位ディープインパクトのダントツ度が下がり、ハービンジャーが２位に急上昇してくる。

ハービンジャーは「小回りの２０００ｍの鬼」だということは中山や小倉のところでも、繰り返し触れている。実際、データ集計期間内の秋華賞を例に取ると、17年に２頭の産駒を送り込み、1着ディアドラ、３着モズカッチャンとパーフェクトに馬券に絡んでいる。

ハービンジャーは特に京都、中山、阪神、小倉の芝２０００ｍのような、あまり切れ味を必要としない中距離が得意だ。秋華賞も鋭い切れより、タフな流れでも伸びる重厚な末脚が必要なので、ハービンジャー産駒とか、19年秋華賞

京都芝2000m　注目種牡馬ランキング

順位	種牡馬	着別度数	勝率	連対率	複勝率	単回値	複回値
1	ディープインパクト	44- 45- 35- 168/ 292	15.1%	30.5%	42.5%	56	69
2	**ハービンジャー**	**28- 16- 27- 123/ 194**	**14.4%**	**22.7%**	**36.6%**	**154**	**91**
3	ハーツクライ	22- 14- 15- 132/ 183	12.0%	19.7%	27.9%	106	65
4	キングカメハメハ	17- 17- 16- 112/ 162	10.5%	21.0%	30.9%	62	74
5	ステイゴールド	12- 12- 10- 95/ 129	9.3%	18.6%	26.4%	62	77
6	ルーラーシップ	10- 10- 10- 75/ 105	9.5%	19.0%	28.6%	76	72
7	マンハッタンカフェ	6- 10- 10- 72/ 98	6.1%	16.3%	26.5%	181	74
8	**キズナ**	**6- 2- 4- 21/ 33**	**18.2%**	**24.2%**	**36.4%**	**93**	**203**
9	メイショウサムソン	6- 2- 2- 40/ 50	12.0%	16.0%	20.0%	132	52
10	オルフェーヴル	5- 8- 8- 61/ 82	6.1%	15.9%	25.6%	35	116
特注	**ニューアプローチ**	**3- 0- 1- 1/ 5**	**60.0%**	**60.0%**	**80.0%**	**546**	**218**
特注	**母父欧州系**	**–**	**–**	**–**	**–**	**–**	**–**

を制したバゴ産駒のクロノジェネシスのような、非サンデー系のヨーロッパ系の血でも勝てる。特注の種牡馬に入っているニューアプローチ（サドラー系ガリレオの産駒）もこれだ。

一方、同じ京都で行われる牝馬限定ＧⅠのエリザベス女王杯は適性がちょっと違って、こちらは切れ味がないと通用しない。

秋華賞は上がり36秒でも勝てる展開になることがあるけど、エリザベス女王杯はその上がりじゃ勝負にならない。それは秋華賞トライアルを見ても顕著で、瞬発力コースの阪神芝１８００ｍで行われるローズＳ組は秋華賞で【１　２　４　26】、上がりのかかる中山芝２０００ｍで行われる紫苑Ｓ組は【２　２　０　15】。複勝率はほぼ同じだけど、ローズＳ組がいまひとつ勝ち切れない。

以前はローズＳ組が断然だったけど、紫苑Ｓが重賞に格上げされたことで出走馬のレベルが上がってきた。そうなると、同じ内回りコースで、求められる適性の近い紫苑Ｓがつながるようになるのは自然なこと。むしろローズＳはエリザベス女王杯につながると考えたほうがいい。

19年の秋華賞で2着に好走したカレンブーケドールも紫苑Ｓからのローテだったけど、この馬は秋華賞のあと、エリザベス女王杯へ行かずにジャパンＣに向かったよね。国枝調教師はすごいなと恐れ入った。カレンブーケドールは速めのペースを先行して、早め押し切りに持ち込む競馬で強さを発揮する馬。オークスしかり、秋華賞しかり。だから瞬発力が求められるエリザベス女王杯より、ハイペースの持続力で押し切れるジャパンＣのほうが向いている。国枝調教師はその適性をちゃんと掴んでいるから、牝馬なのにエリザベス女王杯をスキップしてジャパンＣへ向かい、ちゃんと2着に好走した。同じディープインパクト産駒でも、キレ勝負に向かない馬はいるし、あれは英断だったと思う。

３位のハーツクライにも注目。内回りより外回り向きのイメージもあるけど、一瞬の鋭さより、持続する脚に長所がある血統だからね。中山のようなきついコーナーと違うから京都の芝２０００は走れる馬が多い。ハーツクライ産駒が得意なのは、京都2歳Ｓ。19年マイラプソディ、17年グレイルとタイムフライヤーのワンツー、集計外でも14年ベルラップとシュヴァルグランのワンスリーなど、来まくっている。

新種牡馬だと、キズナは京都芝２０００ｍに向くだろう。まだ1世代しか走っていない（20年春時点）にもかかわらずランキング入りしてきた。期間内6勝中5勝が新馬、未勝利でのものだけど、リステッドレースの若駒Ｓをケヴィンが勝っている。

キズナ産駒はお父さんのディープインパクト産駒より前向きというか、母系がストームキャットだけあって、スピード豊かで素軽く先行できる馬が多いので、そのあたりがこのコースに合っている。

京都芝2200m・2400m

逃げ馬の勝率……10・６％
複勝率……28・７％

芝２２００ｍ、芝２４００ｍともに外回りを使用する中長距離戦。スタート地点は２２００ｍが内回りの直線入り口付近、２４００ｍが4コーナー奥の引き込み線となる。

どちらも同じようなレイアウトだけに血統の傾向は大きく変わらないけれど、距離適性という点で２２００ｍはハービンジャーの成績が、２４００ｍではハーツクライの成績がそれぞれ合算したランキングより上昇するのは覚えておいてほしい。

芝２２００ｍではＧⅠのエリザベス女王杯、ＧⅡの京都記念と京都新聞杯、芝２４００ｍではＧⅡの日経新春杯と京都大賞典が行われる。

種牡馬ランキングを見ると、外回りのクラシックディスタンスということもあって、ディープインパクト、ハーツクライ、キングカメハメハと、いわゆる王道血統が上位を占める。そんなメンツのなかにオルフェーヴルが入ってきたのが、ステイゴールド好きとしては嬉しいね。

オルフェーヴルは中長距離を中心に、マイル、ダートとバラエティ豊かな産駒を出しているけど、基本的には先行力のあるパワー寄り（ダート寄り）のタイプと、鋭い切れ味を武器にする芝の瞬発力タイプに分けられる。母父ミスプロ系と相性が良くて、エポカドーロ、ラッキーライラックなどがそうだ。振り幅の大きさが長所でも短所でもある血統だけに、ミスプロの軽いスピードが入ると安定感が増す。

牡馬の代表産駒は、18年皐月賞を勝ったエポカドーロとか、20年弥生賞3着のオーソリティなど。中山の急坂も苦にせず、先行力で押し切る競馬が得意だ。20年ダイヤモンドSを3着に好走したオセアグレイトもこのタイプ。

牝馬の代表産駒は、19年のエリザベス女王杯を勝ったラッキーライラックとか、19年のターコイズＳ２着のエスポワールなど。おおまかに牡馬はパワー寄りの先行押し切りの得意なタイプ、牝馬は鋭い切れ味を持つ瞬発力タイプという分け方でもいいけれど、母の父に注目しながら各馬の戦績をしっかり確認することが大事。「上がりが速い競馬でも走れるのか、走れないのか」に注目するといい。京都の芝２４００mを速い上がりで勝てるオルフェーヴル産駒が出てくれば、菊花賞や、春の天皇賞でも有力候補に入ってくる。

オルフェーヴルの父ステイゴールドも4位にいる。ステイゴールドはサッカーボーイの近親として知られているけど、サッカーボーイの産駒もヒシミラクルとかアイポッパーとか、京都の長距離が得意で、どちらも天皇賞（春）で好走したよね。

そのほか、注意してほしいのは開催時期。1月、2月の京都は雨や雪の影響を受けやすいこともあって、力のいる馬場になりがち。だからスタミナが必要で、2月の京都記念は２２００mという距離のわりにはステイヤーが好走する。18年の京都記念で17年菊花賞2着のクリンチャーが勝ったり。これに対して秋開催は時計が速くなりやすく、同じ距離でも冬開催とはだいぶ違う。

1、2月の重賞と、5、10、11月の重賞を比較すると、1、2月は稍重、重馬場得意のキンカメが【３ １ １ 12】で1位、切れ味が身上のディープインパクトは【１ ５ ５ 16】と勝ち切れ

京都芝2200m・2400m　注目種牡馬ランキング

順位	種牡馬	着別度数	勝率	連対率	複勝率	単回値	複回値
1	**ディープインパクト**	**35- 24- 38- 155/ 252**	**13.9%**	**23.4%**	**38.5%**	**80**	**81**
2	ハーツクライ	18- 17- 14- 136/ 185	9.7%	18.9%	26.5%	64	65
3	キングカメハメハ	18- 13- 12- 106/ 149	12.1%	20.8%	28.9%	114	71
4	ステイゴールド	16- 18- 15- 90/ 139	11.5%	24.5%	35.3%	120	111
5	ハービンジャー	14- 20- 9- 93/ 136	10.3%	25.0%	31.6%	140	87
6	ルーラーシップ	8- 9- 4- 39/ 60	13.3%	28.3%	35.0%	62	89
7	マンハッタンカフェ	6- 7- 3- 74/ 90	6.7%	14.4%	17.8%	79	61
8	**オルフェーヴル**	**6- 3- 3- 19/ 31**	**19.4%**	**29.0%**	**38.7%**	**68**	**123**
9	ダイワメジャー	4- 1- 1- 15/ 21	19.0%	23.8%	28.6%	754	145
10	ゼンノロブロイ	3- 4- 3- 32/ 42	7.1%	16.7%	23.8%	49	41
特注	**ディープブリランテ**	**3- 1- 2- 2/ 8**	**37.5%**	**50.0%**	**75.0%**	**130**	**156**

ない。一方、馬場がいいそのほかの時期の重賞は、ディープが【４ ２ ９ 30】と安定の1位。ちなみに着外30回のうちの20回は5番人気以下なので、ディープ人気馬の無双ぶりがよくわかる。芝２２００ｍ、芝２４００ｍは開催時期にも気をつけて、血統の適性を見ること。

京都芝3000m・3200m

逃げ馬の勝率……15・8％
複勝率……21・1％

施行レースが少なく、種牡馬ランキングは個々の馬に左右される。個々の馬の適性を見極めたい距離だ。母父に目を向けても、キタサンブラックのおかげでサクラバクシンオーが1位になる始末(笑)。

ちょっと前までは菊花賞にしても天皇賞（春）にしても、コテコテのスタミナを問われるレースで、血統表のなかからリアルシャダイを探せなんて時期もあった。ただ、今はレース中盤が緩んで、ラスト１０００ｍのロングスパート合戦という趣になっている。

それでも、もちろん今でもスタミナは必要だし、血統的特徴は当然ある。たとえばディープインパクト。東京芝２４００ｍのところにも書いたけど、皐月賞から距離が延びるダービーで「買いたくなるけど来ないタイプ」の父ディープ×母ヨーロピアンのスタミナ血統の配合が、３０００ｍの菊花賞になって通用する。

19年の菊花賞はその典型だった。1着ワールドプレミアは父ディープインパクト×母父アカテナンゴ。この母父はドイツのクラシックに強い名種牡馬で、スタミナ抜群。2着サトノルークスも父ディープインパクト×母父サドラーズウェルズ。言わずと知れたヨーロッパの大種牡馬を母系に持つ。

春のクラシックでは足りなかったこういう血統が、ちゃんと菊花賞では浮上してくる。20年の皐月賞、ダービーを完勝したコントレイルを「三冠確実だ！」なんて言っている人がいるけど、あの馬は母系がアメリカのスピード型だから、菊花賞を勝てるタイプではないと思う。母系にサドラーか、ドイツの血を持つ馬を探したほうがいい。

京都の長距離で取り扱いが難しいのはハーツクライだ。菊花賞に関して言えば、ハーツクライ産駒はめったに馬券に絡まない。天皇賞(春)ではシュヴァルグラン、カレンミロティックとか人気薄も含めて期間内に6度(2着4回、3着2回)も馬券になっているんだけど、菊花賞は近年まったく走らない。「たまたまだろう」と、菊花賞でハーツクライ産駒を何度も買ったのに、やっぱり走らない(苦笑)。ダンスインザダークにもこういうところがあったよね。ダンスは菊花賞は走る

京都芝3000m・3200m　注目種牡馬ランキング

順位	種牡馬	着別度数	勝率	連対率	複勝率	単回値	複回値
1	**ディープインパクト**	5- 3- 3- 26/ 37	13.5%	21.6%	29.7%	75	91
2	**ブラックタイド**	3- 0- 0- 3/ 6	50.0%	50.0%	50.0%	335	108
3	**ステイゴールド**	2- 3- 1- 17/ 23	8.7%	21.7%	26.1%	46	111
4	**ルーラーシップ**	1- 1- 0- 7/ 9	11.1%	22.2%	22.2%	50	54
5	**ゼンノロブロイ**	1- 0- 2- 4/ 7	14.3%	14.3%	42.9%	101	84
6	**マンハッタンカフェ**	1- 0- 0- 7/ 8	12.5%	12.5%	12.5%	212	50
7	**オルフェーヴル**	1- 0- 0- 4/ 5	20.0%	20.0%	20.0%	62	32
8	**フジキセキ**	1- 0- 0- 3/ 4	25.0%	25.0%	25.0%	127	45
9	**タイキシャトル**	1- 0- 0- 3/ 4	25.0%	25.0%	25.0%	425	95
10	**ナカヤマフェスタ**	1- 0- 0- 2/ 3	33.3%	33.3%	33.3%	776	106
特注	**ハーツクライ古馬**	**0- 4- 4- 17/ 25**	**0.0%**	**16.0%**	**32.0%**	**0**	**148**
特注	**ディープ×欧州血統**	–	–	–	–	–	–

けど、天皇賞（春）では全然走らなかった。

ハーツクライは腰の甘い産駒が多くて、それが解消するのが古馬になってから。それが菊花賞での成績の悪さにつながっている気がする。「京都の下り坂で置いていかれる」という声もよく聞くよね。

買いたくなるけど来ない血統といえばハービンジャーもそう。個人的には、15年の菊花賞でベルーフを買ってハズれ、「ああ、菊花賞でハービンジャー産駒は買わないほうがいいな」と懲りたんだけど、そのあともブラストワンピースとかニシノデイジーが人気でことごとくコケているのを見ると、まだ気付いていない人も多そうだ。

京都競馬場▶ダート

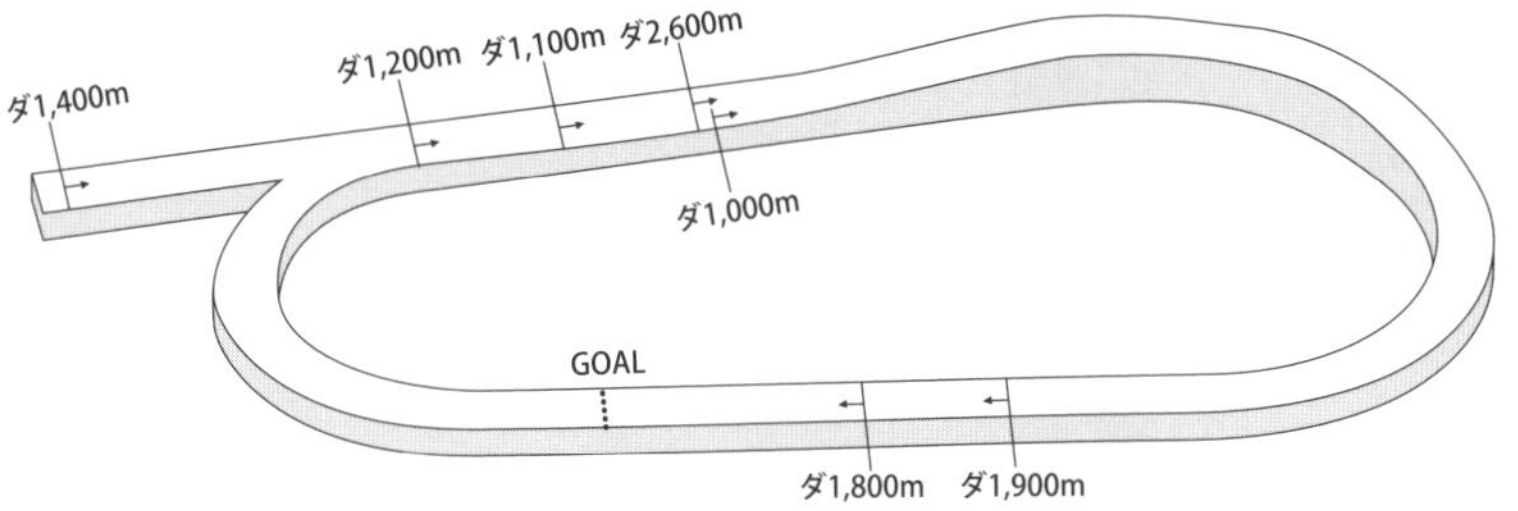

コース図

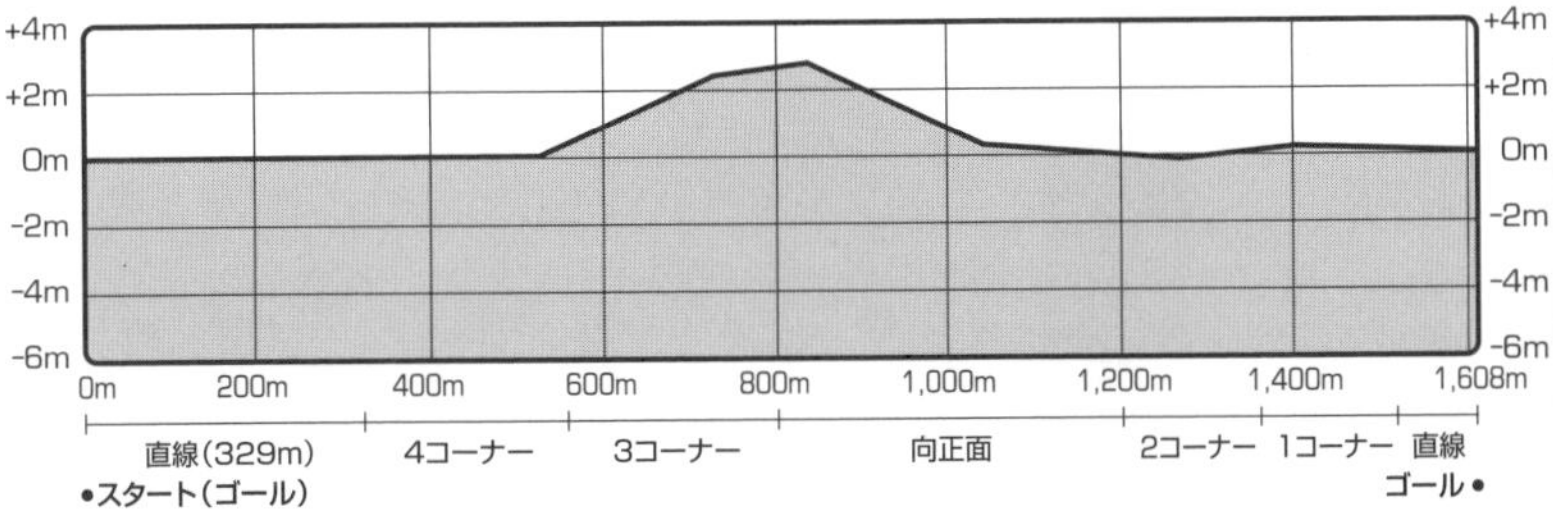

高低差断面図

京都ダート下級条件(2勝クラス以下)種牡馬ベスト5

順位	種牡馬	着別度数	勝率	連対率	複勝率	単回値	複回値
1	**キングカメハメハ**	74- 48- 51- 426/ 599	12.4%	20.4%	28.9%	64	77
2	**ゴールドアリュール**	63- 69- 57- 590/ 779	8.1%	16.9%	24.3%	91	89
3	**クロフネ**	56- 65- 59- 503/ 683	8.2%	17.7%	26.4%	77	65
4	**エンパイアメーカー**	56- 62- 49- 449/ 616	9.1%	19.2%	27.1%	106	108
5	**サウスヴィグラス**	40- 33- 24- 334/ 431	9.3%	16.9%	22.5%	113	85

京都ダート上級条件(3勝クラス以上)種牡馬ベスト5

順位	種牡馬	着別度数	勝率	連対率	複勝率	単回値	複回値
1	**キングカメハメハ**	12- 11- 16- 120/ 159	7.5%	14.5%	24.5%	56	63
2	**ゴールドアリュール**	11- 11- 11- 108/ 141	7.8%	15.6%	23.4%	47	66
3	**シニスターミニスター**	11- 9- 3- 37/ 60	18.3%	33.3%	38.3%	147	106
4	**クロフネ**	7- 10- 2- 85/ 104	6.7%	16.3%	18.3%	67	46
5	**キンシャサノキセキ**	7- 6- 10- 44/ 67	10.4%	19.4%	34.3%	80	101

京都ダートコースの１周距離は約１６０８ｍで、直線は約３２９ｍ。周回距離は東京に次ぐ２番目だけれど、直線は東京、中京、新潟、阪神に次いで４番目。阪神よりも短い直線、そして直線に坂がないというのが、阪神に比べて前が残りやすい理由となっている。

ただし、向正面の終わり、３コーナーの入り口あたりを頂点とした高低差２ｍほどの坂があるので、まったく平坦というわけではない。

同じ関西圏の阪神ダートとの比較で言うと、設定距離も似ているので東京と中山ほど大きな違いはないけれど、それでも違いがないわけじゃない。特にダート１４００ｍは京都と阪神の出し入れが馬券に効くので、そのあたりを意識して馬券に活かすのは大切なことだと思う。

大規模改修後は砂の入れ替えもあるから、リニューアル後しばらくは時計がかかるだろうというのが、現時点の予想。まあ、見てみないとなんとも言えないけれど。

京都ダート１２００ｍ

逃げ馬の勝率……３１・３％
複勝率……５３・０％

京都ダート１２００ｍは２コーナーの出口付近からスタートするレイアウト。向正面半ばから３コーナーの入り口まで緩やかに上ると、そこから３、４コーナーの中間までは下り。あとはゴールまで平坦というコースだね。

芝１２００ｍもそうだったけど、スタートしてすぐに上りに入るのでペースが落ち着きやすい。

スタートしてから緩やかな下りに入る阪神ダートとは、この点が大きな違い。逃げ馬の勝率を比較すると、阪神が23・８％だったに対して京都は31・３％。京都は前半のペースが緩むぶん先行馬有利のコースと言える。

阪神で先行して最後に差された馬が、京都ではゴールまで押し切れる。反対に阪神だと京都で先行して好走してきた馬が人気を裏切ったり。下級条件ではこの出し入れだけでも穴が獲れたりするので覚えておくといい。

種牡馬ランキングにもこの特徴が表れている。阪神ダート１２００ｍと比較して成績を上げてくるのが、パイロとシニスターミニスター。お馴染みエーピーインディ系だ。

阪神ダート１２００ｍでは6位だったパイロが、京都ダート１２００ｍのランキング３位に浮上してきた。阪神で2、３着に惜敗した馬が京都では勝ち切るなど、前走6着以下の巻き返しも多い。この「阪神で負け→京都で勝ち切る」というパターンは牝馬に多くて、坂を苦にした非力なパイロ牝馬が平坦な京都で巻き返すという構図がありありと目に浮かんでくる。種牡馬として軽快なスピードを伝えるので、産駒に先行馬が多い。

京都ダート1200m　注目種牡馬ランキング

順位	種牡馬	着別度数	勝率	連対率	複勝率	単回値	複回値
1	サウスヴィグラス	29- 32- 22- 267/ 350	8.3%	17.4%	23.7%	103	82
2	キンシャサノキセキ	20- 9- 23- 141/ 193	10.4%	15.0%	26.9%	71	70
3	**パイロ**	**19- 11- 9- 97/ 136**	**14.0%**	**22.1%**	**28.7%**	**88**	**61**
4	ゴールドアリュール	16- 27- 17- 171/ 231	6.9%	18.6%	26.0%	45	82
5	クロフネ	15- 18- 12- 143/ 188	8.0%	17.6%	23.9%	38	67
6	**ヘニーヒューズ**	**12- 13- 11- 87/ 123**	**9.8%**	**20.3%**	**29.3%**	**46**	**70**
7	**シニスターミニスター**	**12- 8- 4- 72/ 96**	**12.5%**	**20.8%**	**25.0%**	**246**	**110**
8	**ヨハネスブルグ**	**11- 8- 7- 82/ 108**	**10.2%**	**17.6%**	**24.1%**	**88**	**151**
9	メイショウボーラー	10- 14- 12- 152/ 188	5.3%	12.8%	19.1%	26	79
10	ダイワメジャー	10- 8- 10- 125/ 153	6.5%	11.8%	18.3%	81	66
特注	**タピット**	**1- 1- 1- 3/ 6**	**16.7%**	**33.3%**	**50.0%**	**45**	**73**

軽いダートのほうがいいんだ。

タテヤマという馬がまさに典型で、18年の秋に阪神ダート１２００ｍの夙川特別を3着に負けて、次走で京都ダート１２００ｍの円山特別を勝利。その後も、さらに前傾ラップになりやすい中山ダート１２００ｍの千葉Ｓを4着に負けて、次走で京都ダート１２００ｍの天王山Ｓで勝利。スタートから速くなる阪神、中山では前に行けなかったのが、京都に戻ると楽に先行できている。こういう前傾ラップコースとの出し入れが大切だ。

7位にランクインしたシニスターミニスターは、阪神ダート１２００ｍではベスト10圏外だった。京都ダート１２００ｍで走るのはほとんど牝馬の産駒。「京都ダートのシニスターミニスター産駒は、牡馬は１４００ｍ以上、牝馬は１２００ｍ」が基本だ。単調なスピードタイプは、阪神だと坂で止まってしまうんだけど、京都だと前半のラップが遅いぶん、なんとかなるようなところがある。

まだ出走数が少なくてランキングには入ってこないけれど、パイロ、シニスターミニスターと同じエーピーインディ系のマジェスティックウォリアーも今後は入ってくるだろう。

1位のサウスヴィグラスにも触れておこうか。率はあまり目立たないけど、これだけ出走数が多いと絞り方がポイント。絞るのはわりと簡単で、平場戦で集中して買うこと。データ集計期間内に挙げた29勝のうちの実に28勝が平場戦でのもの。言い換えると特別戦で買うのは危ないということなんだけど。

平場戦なら勝率が10%を超えるし、さらに5番人気以内に絞れば21・5%まで上昇する。それに加えて勝ち切るのは牡馬の産駒だ。牝馬は2、3着が多いということを知っておくと、出走数は多くてもかなり絞れるだろう。

京都ダート１４００ｍ

逃げ馬の勝率……22・６％
複勝率……44・９％

京都ダート１４００ｍは１２００ｍのスタート地点から２００ｍ後ろに下がった引き込み線から発走する、芝スタートのコース。芝スタートということで枠の有利不利が気になるところだけど、内・外による大きな偏りはない。

ダート１２００ｍと比べて逃げ馬の勝率がガクンと落ちていて、これは逃げ馬に厳しいというより、速い上がりを使える先行馬が台頭してくるから。スタートからあまりペースが上がらないうえに3コーナーの坂の部分でペースが緩んで、ダート短距離にしては脚が溜まりやすい。瞬発力が活きるコースなんだ。上がり1位の馬の勝率を比べると明らかで、ダート１２００ｍでは24・０％だったのが、ダート１４００ｍでは31・６％まで上昇する。コンスタントに最速上がりをマークしている馬、先行して速い上がりを使える馬はチェックしておいたほうがいい。

ランキングに目を移すと、1位はダイワメジャー。

阪神ダートではランキング外だったけど、直線が平坦の京都に替わって一気にランキングを上げてきた。阪神と京都のこのランクの差はちょっと驚き。同じ芝スタート、同距離ということを考えると、やはり前半のペースと直線の坂が鍵を握っているということだよね。ダイワメジャー産駒は先行馬が多いから、その脚質も影響しているだろう。

　このコースのダイワメジャーの狙い方としては、前走の着順がいい馬を素直に狙うこと。堅実に能力を出す産駒が多いから、前走から大きく巻き返してくる一変よりも、前走２～５着の馬の勝率がかなり高い。単勝回収値もすべて１００超えなので、安心して買える。ただし、前走1着でクラスが上がった馬は振るわなくて、昇級初戦は見送りが得策。クラス慣れして着順を上げてきたところで買うというのがいい。

　３位にはヘニーヒューズがランクイン。ストームキャット系の現在のエース種牡馬だ。ヘニーヒューズ産駒全体のデータを見ても、勝利数トップ３コースは、京都ダート１４００ｍ、中山ダート１２００ｍ、東京ダート１６００ｍ。つまり、このコースが1位、もっとも得意にしている。阪神ダートが苦手なわけではないけど、京都と阪神を比べると京都ダートのほうがかなりいい。

　ヘニーヒューズ産駒は筋肉モリモリのたくましい馬が多いわりに、坂を苦にするタイプも多い。坂でブレーキが掛かると再加速ができないというか、スピードに乗りにくくなる。

京都ダート1400m　注目種牡馬ランキング

順位	種牡馬	着別度数	勝率	連対率	複勝率	単回値	複回値
1	ダイワメジャー	23- 15- 22- 145/ 205	11.2%	18.5%	29.3%	104	99
2	ゴールドアリュール	22- 24- 20- 200/ 266	8.3%	17.3%	24.8%	51	109
3	ヘニーヒューズ	22- 14- 13- 102/ 151	14.6%	23.8%	32.5%	105	71
4	クロフネ	17- 22- 11- 169/ 219	7.8%	17.8%	22.8%	132	64
5	エンパイアメーカー	17- 17- 12- 131/ 177	9.6%	19.2%	26.0%	63	104
6	キンシャサノキセキ	16- 17- 10- 124/ 167	9.6%	19.8%	25.7%	64	79
7	メイショウボーラー	14- 18- 11- 170/ 213	6.6%	15.0%	20.2%	57	71
8	サウスヴィグラス	14- 11- 10- 123/ 158	8.9%	15.8%	22.2%	79	97
9	パイロ	13- 10- 17- 101/ 141	9.2%	16.3%	28.4%	62	85
10	キングカメハメハ	11- 13- 16- 126/ 166	6.6%	14.5%	24.1%	34	81
特注	カジノドライヴ	10- 4- 9- 56/ 79	12.7%	17.7%	29.1%	108	103
特注	プルピット	2- 3- 0- 7/ 12	16.7%	41.7%	41.7%	31	96

関東でも東京の良績と比べて中山では成績が落ちていたよね。東京ダートの坂は３００ｍの区間に高低差２ｍを上るダラダラ坂。中山や阪神ダートの急坂に比べると、勾配は京都に近い。ヘニーヒューズ産駒はこういう緩い坂、京都のような平坦のほうが合っているんだ、スピードを活かして押し切ることができるから。

チュウワフライヤーという馬がその好例で、19年の春に阪神ダート１４００ｍを4着に負けた次走で京都ダート１４００ｍ勝ち。続く昇級初戦の東京ダート１４００ｍの青梅特別でも2着に好走したのに、阪神ダート１４００ｍに戻って6着に凡走するという。

このように、ヘニーヒューズも阪神負け↓京都（と東京）で巻き返しパターンが狙える。前走、阪神ダート１４００ｍでひと桁着順に負けているくらいだったら、全然巻き返してこられるよ。

7位のメイショウボーラーはその逆パターンだ。阪神ダート１４００ｍのほうがちゃんと勝ち切れていた。メイショウボーラー産駒は芝でも道悪を得意にするタイプでパワー優先だから、坂のあるコースのほうが馬力を活かせる。その一方で、京都だと切れ負けして2着が増えてしまうところがあるんだ。前走で阪神ダート１４００ｍを5着以内に好走していた馬が、京都ダート１４００ｍではなかなか勝てない。

とはいえ、ランク7位だから、3連系の馬券なら十分に狙える種牡馬ではあるけれど。ニシケンモノノフなどは京都ダート１４００ｍで脚抜きのいい馬場になったときに強い勝ち方をしていたね。

京都ダート1800m・1900m

逃げ馬の勝率……21・6%
複勝率……43・2%

京都ダート１８００ｍ、１９００ｍはどちらもスタンド前の直線からスタート。ダート１８００ｍのスタート地点はゴール板の手前２００ｍほどの位置で、そこから１００ｍ下がったところが１９００ｍのスタート地点。

スタートしてから向正面半ばまでは平坦。３コーナーの小山を超えて1周回ってくるというレイアウトだ。

１８００ｍではみやこＳ、１９００ｍでは平安Ｓが行われている。

データ集計期間にどちらの重賞も制しているのはキングカメハメハのみ（平安Ｓ：17年グレイトパール、19年チュウワウィザード。みやこＳ：15年ロワジャルダン）。京都ダートを得意としているのがよくわかる。実際、ランキングを見ても勝率、複勝率ともに高いダントツの1位だ。

キンカメ産駒は自在なタイプが多いからスタートでスッと好位につけることができるし、仕掛けたいところでスッと動ける。速力を活かせる京都がダートではベストコースと言える。

キンカメの大きな特徴は、ダートの人気馬の安定感が高く、人気を裏切らないということ。期間中の70勝のうち54勝が1〜3番人気のもので、これを5番人気にまで広げると65勝。勝っているのはほぼ上位人気馬だ。平安Ｓを勝った2頭も1番人気だった。だから的を絞りやすくて、前走で6着以下に負けていた馬はあまり気にする必要がない。前走着順のいい馬のなかから、コース適性を調べて、ちょっとずつ上げ下げして狙う。

新馬、未勝利から重賞までまんべんなく走っているし、特に2勝クラスで21勝、勝率18・4％というのは特筆もの。1勝クラスを勝ったキンカメなら、2勝クラスもクリアできるという数字だから、これはすごい。普通はダートの2勝クラスを勝ち上がるのはけっこう骨なんだけれど。

加えてダート道悪がうまいのもキンカメの特徴で、重・不良だと勝率は20％を超えている。脚抜きのいいスピード馬場で3番人気以内なら、馬券の確率は高くなる。

反対に2位のエンパイアメーカーは、巻き返しが効く種牡馬だ。前走が6着から9着でも一変があるから、ひと桁着順なら、検討に値する。シャンパンクーペは未勝利勝ち、1勝クラス勝ちともに前走は阪神ダート２０００ｍで6着に負けていた馬で、そういう巻き返しが期待できる。

オープンでもナムラアラシがアルデバランS（京都ダート１９００ｍ）で2年連続、穴をあけた。この馬は地方競馬の交流戦を転戦して、いまいちの成績が続いたあと、京都に戻って激走というパターンが多い。

京都ダート1800m・1900m　注目種牡馬ランキング

順位	種牡馬	着別度数	勝率	連対率	複勝率	単回値	複回値
1	キングカメハメハ	70- 43- 46- 352/ 511	13.7%	22.1%	31.1%	76	75
2	エンパイアメーカー	42- 41- 33- 286/ 402	10.4%	20.6%	28.9%	116	86
3	ゴールドアリュール	36- 29- 31- 327/ 423	8.5%	15.4%	22.7%	127	72
4	クロフネ	31- 35- 38- 276/ 380	8.2%	17.4%	27.4%	62	59
5	ハーツクライ	27- 30- 18- 212/ 287	9.4%	19.9%	26.1%	59	69
6	カネヒキリ	22- 17- 16- 136/ 191	11.5%	20.4%	28.8%	116	88
7	ブラックタイド	21- 14- 14- 123/ 172	12.2%	20.3%	28.5%	207	134
8	シンボリクリスエス	20- 21- 18- 225/ 284	7.0%	14.4%	20.8%	67	74
9	ゼンノロブロイ	16- 12- 18- 174/ 220	7.3%	12.7%	20.9%	63	65
10	カジノドライヴ	15- 16- 13- 96/ 140	10.7%	22.1%	31.4%	92	112
特注	フリオーソ	10- 6- 3- 44/ 63	15.9%	25.4%	30.2%	76	86
特注	エスポワールシチー	5- 2- 3- 25/ 35	14.3%	20.0%	28.6%	141	72
特注	マジェスティックウォリアー	5- 2- 1- 18/ 26	19.2%	26.9%	30.8%	108	78

ただ、エンパイアメーカー産駒の人気馬を信用できるかとなると、それは別の話。悪くはないけど、2着が多いし、特に1番人気の【7　12　8　12】という勝ち味の遅さには注意が必要だ。人気馬は信用しすぎず、人気薄は積極的に取り入れるというスタンスで臨みたい。

あとは全体的に芝で活躍している種牡馬の名前が目につく。ハーツクライ、ブラックタイド、ゼンノロブロイ。ランク外ではルーラーシップの成績もいい。この4頭の種牡馬に共通するのが、スパッと切れるタイプではないこと。芝では切れの足りない馬がダートに活路を見出していて、どれも基本的には未勝利クラス、1勝クラス止まり。ゼンノロブロイ産駒は母系がダート血統ということもあって上級条件でも好走を見せているけど。

最後にマジェスティックウォリアーにも注目しておこう。中距離タイプのエーピーインディ系の新顔だ。日本産は19年に産駒デビューを迎えたばかりだけど、ひと世代ですでに5勝。ライトウォーリア、サンライズホープという1勝クラスをクリアした馬も出てきた。京都ダートでは１２００、１４００でもパイロ、シニスターミニスターが頑張っていたように、やはりエーピーインディ系は平坦の京都は合うね。

中京競馬場
Chukyo Racecourse

中京競馬場▶芝

コース図

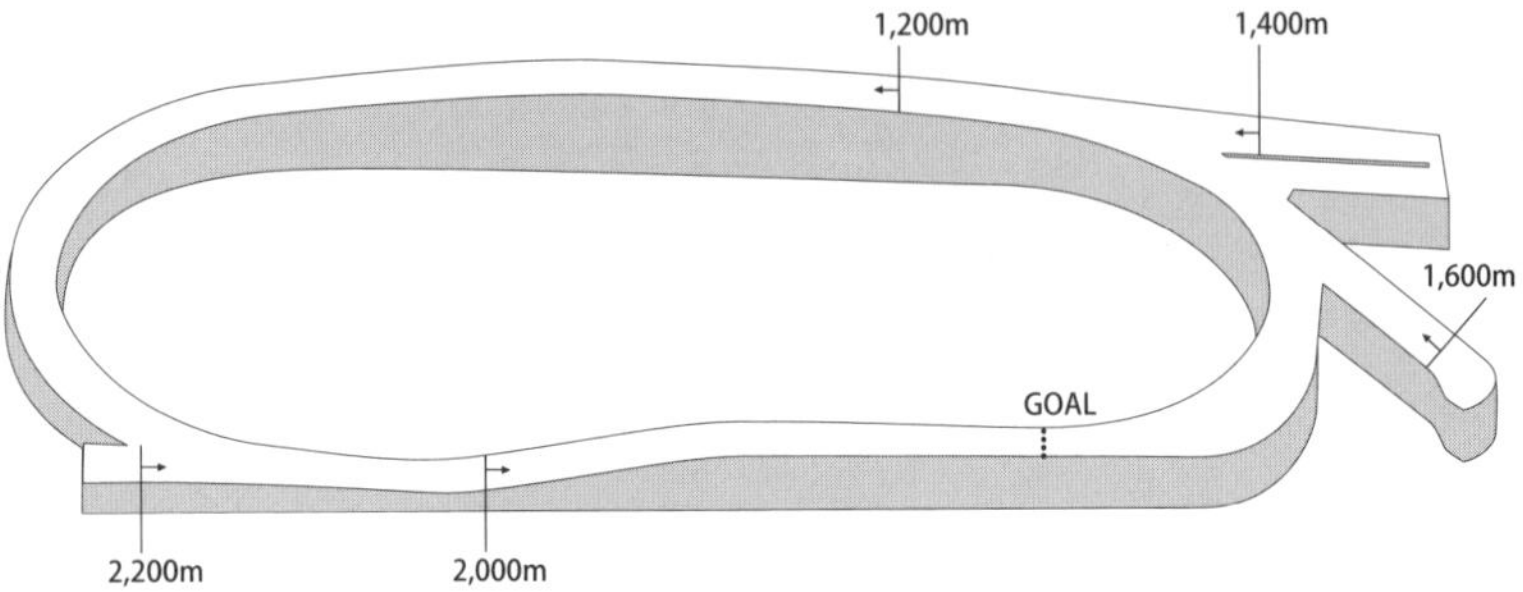

高低差断面図

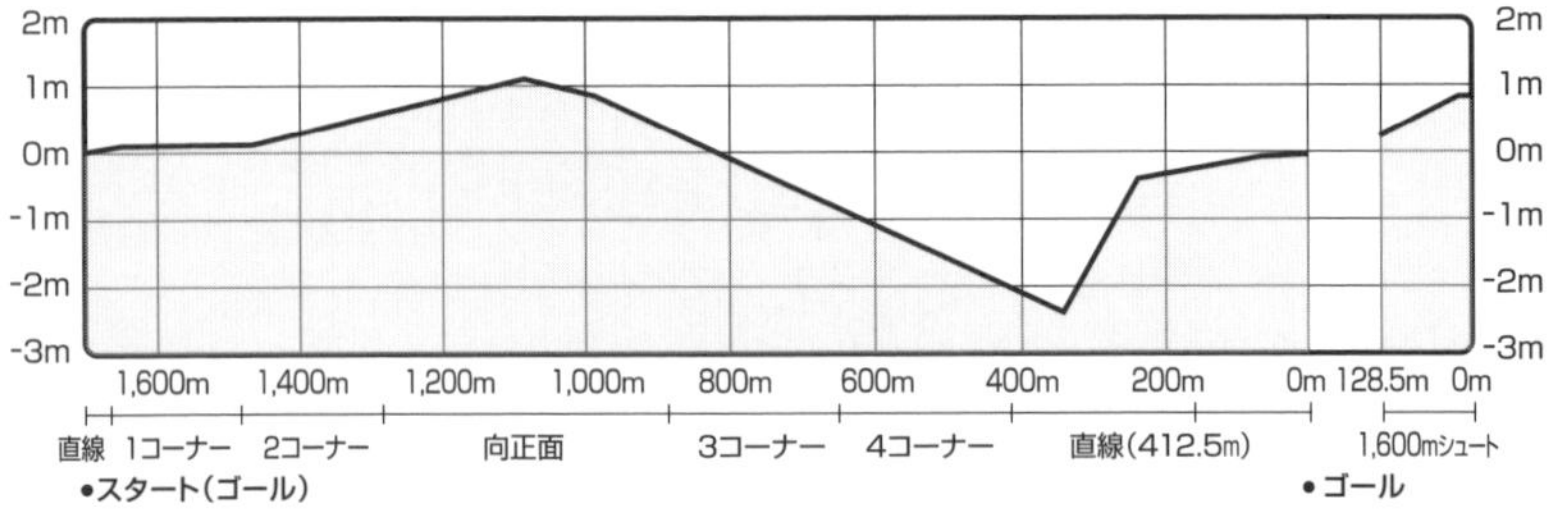

中京芝下級条件(2勝クラス以下)種牡馬ベスト5

順位	種牡馬	着別度数	勝率	連対率	複勝率	単回値	複回値
1	ディープインパクト	74- 96- 77- 475/ 722	10.2%	23.5%	34.2%	51	69
2	ハーツクライ	46- 46- 43- 317/ 452	10.2%	20.4%	29.9%	88	77
3	ダイワメジャー	35- 37- 52- 267/ 391	9.0%	18.4%	31.7%	71	101
4	ステイゴールド	31- 22- 33- 308/ 394	7.9%	13.5%	21.8%	73	74
5	ハービンジャー	26- 24- 32- 278/ 360	7.2%	13.9%	22.8%	86	80

中京芝上級条件(3勝クラス以上)種牡馬ベスト5

順位	種牡馬	着別度数	勝率	連対率	複勝率	単回値	複回値
1	ディープインパクト	16- 8- 9- 56/ 89	18.0%	27.0%	37.1%	115	90
2	ステイゴールド	4- 3- 3- 29/ 39	10.3%	17.9%	25.6%	139	114
3	ロードカナロア	4- 1- 1- 11/ 17	23.5%	29.4%	35.3%	200	81
4	キングカメハメハ	3- 7- 7- 37/ 54	5.6%	18.5%	31.5%	34	107
5	ダイワメジャー	3- 4- 5- 44/ 56	5.4%	12.5%	21.4%	13	66

中京芝コースは1周距離が約１７０６ｍ、直線距離が約４１３ｍ（Ａコース使用時）。直線の長さは新潟外回り、東京、阪神外回りに次ぐ4番目となっており、かなり大きい競馬場と言っていいだろう。

また芝コース全体の起伏が３・５ｍ、直線にも１００ｍほどで約２ｍを上る坂が設置され、この坂は阪神よりもキツい。トータル的に非常にタフな競馬場と言うことができる。

そのタフさの一因となっているのが、直線の急坂を上ってなおゴールまで１ハロン以上走らなければならないという点。たとえば中山なら坂を上り切ればゴールという形態だけれど、中京では直線が長いうえに坂を上ってからさらにエンジンをかけ直さなければならない。坂で脚をなくした馬は失速していく。ここが中京芝コースの最大のポイントだ。

詳しくは距離ごとの項に譲るけど、１６００ｍや２０００ｍでは他場では切れ負けするようなタイプ、大勢が決してからようやく伸びてくるようなタイプが、中京で着順を上げてくる。他場との出し入れは中京攻略のヒントであり、キモだ。

12年のリニューアルから数年は時計のかかる決着が続き、外からの差しもよく届いていたが、最近はほかの競馬場と遜色のない速い時計がマークされ、馬場が固まってきた印象だ。ただし、雨で渋るとかなりパワーを要する馬場になり、距離適性も長めの馬が来るので要注意。

中京芝１２００ｍ

逃げ馬の勝率……27・4%
複勝率……46・2%

芝１２００ｍは向正面の中間やや手前からスタートし、１００ｍほどで直線の急坂まで続く下り坂に入る。

スタート直後から下り坂の中山芝１２００ｍとコース形態が似ていると認識されがちだけれど、中山は外回りコースのゆったりとしたカーブが続くのに対し、中京は4コーナーで減速しなければ外に膨れてロスが生じるために、ラップが落ちる。この4コーナーでの減速が結果にも大きな影響を与えていて、逃げ馬の勝率、複勝率が中山より格段に高い理由となっている（中山芝１２００ｍにおける逃げ馬の勝率……16・2%、複勝率……37・6%）。テンのラップは速くても、コーナーで緩みやすいため、逃げ先行馬が余力を残して直線に入っていける場合が少なくない。

だから、GⅠ高松宮記念も15～20年の近6年の勝ち馬は15年エアロヴェロシティ（3角2番手）、16年ビッグアーサー（3角4番手）、17年セイウンコウセイ（3角4番手）、18年ファインニードル（3角6番手）、19年ミスターメロディ（3角4番手）、20年モズスーパーフレア（3角1番手）と、ファインニードル以外はすべて逃げ・先行馬だ。基本的には先行有利のコースと思っておけばいいだろう。スプリンターズSを先行して好走した馬は、高松宮記念でも好走する可能性は高い。20年の勝ち馬モズスーパーフレアも、19年のスプリンターズSで逃げて2着に好走していた馬だった。

ただ、2、3着には差し・追い込み馬の台頭も多い。直線の急坂を上ってから１ハロンあるというのがポイントで、急坂を上って先行馬の脚色が鈍ったところで一気に追いつき、差してくる。19年の17番人気3着ショウナンアンセムもそうだし、20年もグランアレグリアが直線だけで差して2着に走った。先行有利だけれど、急坂後の1ハロンで一気に加速できる瞬発力のある差し馬に注意というのが高松宮記念のコツだ。

もう1点押さえておきたいのが、中京芝１２００ｍは内枠有利ということ。1枠の勝率10・2%、2枠の勝率8・9%に対して、7枠は2・1%、8枠4・6%で、その差は歴然。ただ、雨が降ると途端に外差しが決まりだすことがある。高松宮記念の時期は雨の影響を受けやすいので、直前のレースをチェックしてどこが伸びるのかを確認しよう。

ちなみにこのコースで行われるもうひとつの重賞ＣＢＣ賞は、出走メンバーのレベルがＧⅠより低いこと、そして梅雨時期に行われることもあって、一転して差し・追い込み決着になりやすい。

高松宮記念の近6年の勝ち馬にディープインパクト産駒はいないけれど、ＣＢＣ賞のほうは15~19年で15年ウリウリ、

中京芝1200m　注目種牡馬ランキング

順位	種牡馬	着別度数	勝率	連対率	複勝率	単回値	複回値
1	ディープインパクト	10- 16- 3- 55/ 84	11.9%	31.0%	34.5%	70	78
2	ダイワメジャー	6- 7- 12- 78/ 103	5.8%	12.6%	24.3%	29	87
3	**ロードカナロア**	**6- 1- 5- 16/ 28**	**21.4%**	**25.0%**	**42.9%**	**96**	**86**
4	アドマイヤムーン	4- 4- 4- 51/ 63	6.3%	12.7%	19.0%	61	82
5	サクラバクシンオー	4- 1- 2- 35/ 42	9.5%	11.9%	16.7%	49	48
6	キンシャサノキセキ	3- 7- 7- 38/ 55	5.5%	18.2%	30.9%	144	166
7	ブラックタイド	3- 2- 1- 20/ 26	11.5%	19.2%	23.1%	264	83
8	タイキシャトル	3- 1- 2- 38/ 44	6.8%	9.1%	13.6%	91	49
9	マンハッタンカフェ	3- 1- 1- 27/ 32	9.4%	12.5%	15.6%	40	29
10	ヨハネスブルグ	3- 1- 1- 26/ 31	9.7%	12.9%	16.1%	133	60
特注	**シャマーダル**	**1- 3- 0- 0/ 4**	**25.0%**	**100.0%**	**100.0%**	**52**	**242**
特注	**ストームキャット系**	**–**	**–**	**–**	**–**	**–**	**–**

17年シャイニングレイ、18年アレスバローズと3勝をマークしていて、いずれも差し・追い込み馬だった。ディープが走れるのか（差し有利）、走れないのか（先行有利）を意識すると理解しやすいかも知れない。

ランキングに目を向けると、1位はそのディープインパクト。ただ、2着の多さが目立つのは、本質的にスプリンター血統ではないからだね。高松宮記念、ＣＢＣ賞のように、開催時期によって差せる馬場とそうではない馬場があるので、ディープは差せる馬場のときに狙うのが定石だ。

まだ日程は発表されていないけど、21年からは京都の改修工事で中京開催が続くことになると思う。内が荒れてきたときは、長いタフな直線でディープインパクトが外から飛んでくるケースが増えるんじゃないかな。

4位のアドマイヤムーンは高松宮記念でも何度も上位に来ている血統だ。15年2着のハクサンムーン、17年1着、19年2着のセイウンコウセイ、18年1着のファインニードル。15～20年でこれだけ走っている。

スピードを活かした先行馬が多いから、馬場がいい時期の中京芝１２００ｍは走りやすいし、高松宮記念の良績につながっている。逆に、馬場が悪化して差し決着になりやすいＣＢＣ賞では不振。セイウンコウセイが3着に好走したことがあるだけだ。こんなふうに、時計の速い開催と、時計のかかる開催で、活躍する血統もガラリと変わってくるのが中京芝１２００ｍの面白さだよね。

今後の注目はやはりロードカナロアだろう。まだデータ上の出走数は少ないけれど、すでにランキングは3位で、勝率、複勝率ともに高い数値をマークしている。複勝率42・９％はちょっとすごすぎる。近いうちにトップに立つはずだ。

あとはストームキャット系も合う。ランキングにするとそれぞれの種牡馬の出走数が少ないので上がってこないけど、それでもヨハネスブルグが10位にランクイン。そのほか22位のシャマーダルは複勝率１００パーセント。19年の高松宮記念を勝ったミスターメロディ（父スキャットダディ）もストームキャット系だ。

中京は左回りだからアメリカ血統が強いというのも理由のひとつ。そういえば20年の高松宮記念を逃げ切ったモズスーパーフレアの父スパイツタウンも、母父がストームキャット系の種牡馬だ。

中京芝１４００ｍ

逃げ馬の勝率……12・5％
複勝率……35・0％

中京芝１４００ｍは2コーナーのポケットからスタート。芝１２００ｍから２００ｍ下がるので上り坂からのスタートになるんだけれど、最初のコーナーまでの距離が長いこともあって、それを感じさせない、序盤からハイペースとなるレースが多い。

距離は２００ｍしか違わないのに、中京芝１２００ｍのランク内にいたサクラバクシンオー、タイキシャトル、ヨハネスブルグといった短距離の常連種牡馬が一気に圏外へダウン。代わってハーツクライ、オルフェーヴル、ヴィクトワールピサなどの中長距離向きの種牡馬が入っている。これが中京芝１４００ｍのタフさを物語っている。

なかでもランク6位のオルフェーヴルは特注。勝率46・7％、複勝率60・０％は、出走数が少ないとはいえ驚異的な高さ。20年のファルコンＳを勝ったのもオルフェーヴル産駒のシャインガーネットだったし、ダート短距離の重賞をその後に勝つジャスティンも、３歳のときに中京芝１４００ｍのなずな賞で勝ち星を挙げている。

オルフェーヴルはＪＲＡ全10場の芝コースのなかでも中京の成績は上位で、特に中京芝１４００ｍはＪＲＡ全コースのなかで群を抜いている。古馬になると京都や阪神の外回りコースで末脚の長さを活かす馬が増えるんだけど、それまでは中京でスピードや持久力を活かしている。

産駒が１４００ｍに合うというのは現役時代の成績からすると意外に思うかも知れないけど、折り合いに苦労する馬が多いからね。そんな気性の難しいタイプは、スタートからゴールまで一定のラップが続きやすい１４００ｍでポテンシャルの高さを発揮する。必ずしも「オルフェーヴル産駒は１４００ｍが得意」というわけではなく、本当はもっと長い距離に合うはずだけど、若いうちは特に１４００ｍや１６００ｍのほうが安定して走れるということなんだ。

１４００ｍというのはスペシャリストが生まれやすい距離で、１４００巧者はどこの競馬場の１４００ｍでもよく走るんだけど、中京はなかでも中京芝１４００ｍだけのスペシャリストが出やすい。オルフェーヴル産駒のアプルーヴァルは5戦して3勝、2着1回、3着1回。ドリームジャーニー産駒のエスティタートもこのコースで3勝を挙げている。

一度このコースで好走した実績のある馬は、どの血統でも無視しちゃいけないし、妙味があるのが「阪神や京都の芝１４００ｍで4、5着に負けていた馬」の巻き返し。惨敗からというより、ちょっと足りなかった馬を狙うといい。さっきのアプルーヴァルの2勝も、東京芝1400m4着、京都芝1400m6着からの巻き返しだった。

話をランキングに戻すと、ロードカナロアはこのコースでも順調に順位を上げている。ただ、中京芝1200mに比べると全体の複勝率は高くないから、ぴったりという感じでもない。基本的に軽いスピードを活かせるコースが得意だから、中京芝1400mのように流れがキツくて坂もあるタフな条件では甘くなる馬も多い。重賞のファルコンSも18年ダノンスマッシュが1番人気7着に沈んでいるように、過信は禁物だ。特に牡馬は【1 2 1 22】と馬券圏内がかなり少ない。

重賞のファルコンSはネオユニヴァース系がよく好走するのも特徴だ。16年にはアンライバルド産駒のトウショウドラフタが1着。同じくネオユニ系トーセンファントム産駒のトーセンスマッシュが2着。17年にはヴィクトワールピサ産駒コウソクストレートが1着。15～20年のあいだにファルコンSに出走したすべてのネオユニ系が馬券に絡んでいるんだ。

あとは中京芝1200mでも注目したストームキャット系。

中京芝1400m　注目種牡馬ランキング

順位	種牡馬	着別度数	勝率	連対率	複勝率	単回値	複回値
1	ダイワメジャー	16- 13- 11- 122/ 162	9.9%	17.9%	24.7%	69	59
2	ディープインパクト	15- 20- 20- 92/ 147	10.2%	23.8%	37.4%	72	78
3	アドマイヤムーン	8- 1- 2- 51/ 62	12.9%	14.5%	17.7%	203	57
4	ロードカナロア	7- 6- 2- 51/ 66	10.6%	19.7%	22.7%	39	45
5	マンハッタンカフェ	7- 5- 2- 36/ 50	14.0%	24.0%	28.0%	105	91
6	**オルフェーヴル**	**7- 1- 1- 6/ 15**	**46.7%**	**53.3%**	**60.0%**	**516**	**157**
7	ハーツクライ	6- 4- 8- 51/ 69	8.7%	14.5%	26.1%	81	84
8	キンシャサノキセキ	5- 6- 10- 72/ 93	5.4%	11.8%	22.6%	40	63
9	**ヴィクトワールピサ**	**5- 3- 2- 29/ 39**	**12.8%**	**20.5%**	**25.6%**	**56**	**54**
10	ステイゴールド	5- 2- 5- 50/ 62	8.1%	11.3%	19.4%	78	129
特注	**ストームキャット系**	**－**	**－**	**－**	**－**	**－**	**－**

18年に勝ったミスターメロディ（父スキャットダディ）、2着アサクサゲンキ（父ストーミーアトランティック）、15年2着アクティブミノル（父スタチューオブリバティ）と、産駒数のわりにたくさん馬券に絡んでいる。ファルコンSは、ネオユニ系と、ストームキャット系に要注意だ。

中京芝1600m

逃げ馬の勝率……12・4%
複勝率……31・2%

芝1600mは2コーナーに続く引き込み線からスタートするため、向正面の半ばまでは緩やかながら上り坂が続く。上り坂の頂点を過ぎるとそこから最後の直線を迎えるまで700mほどの下り。さらに急坂、ゴールまでの平坦とアップダウンに富んだコースで、1600mという字面以上にスタミナを要するコースと考えていい。

だから特徴的なのが母父で、1位は安定のサンデーサイレンスだけれど、2位にはサドラー系のシングスピールがランクイン。しかも期間内の6勝のうちブレイニーランが2勝のほかは、別馬が挙げたものだ。そのほか、トニービン、ダンシンブブレーヴ、モンジューといった凱旋門賞血統が母父として活躍している。これは1600mとしてはかなり異例で、それだけ中京芝1600mが厳しいコースということだろう。

種牡馬ランキングに目を移すと、1600mになって急に中京感がなくなった。これじゃ、どの競馬場の1600mでしょうかってクイズを出されてもわからないよね（笑）。

2位のダイワメジャーをピックアップしておこう。2歳のオープン、中京2歳Sを18年アドマイヤマーズ、17年アマルフィコーストが勝っている。どちらもその後、マイルの重賞戦線へ飛躍した馬だ。

ただしこれは完成度の高さが問われる2歳戦の話であって、ダイワメジャーの注目ポイントは、3着の多さと、複勝回収値だけ優秀なところにある。若駒以外は、1着ではなく、ヒモにつける狙い方がいい。長めの直線で切れ味を問われる展開になると勝ち切れず、でも、3着にはぎりぎり粘り込む、といったイメージだ。他場では切れ負けするようなタイプの馬でも、中京なら流れ込みが利く。

重賞は中京記念が組まれている。出走馬が被りやすい夏のマイル重賞で言うなら、関屋記念はキレキレ。一方の中京記念はズブめの馬に向く。

新潟芝1600mの項に詳しく書いたけど、中京記念で好走した馬は、めったに関屋記念の上位に来ない。むしろ中京記念を4~8着くらいに負けている馬のほうが、関屋記念で好走している。求められる適性が違うのは明らかだから、中

中京芝1600m　注目種牡馬ランキング

順位	種牡馬	着別度数	勝率	連対率	複勝率	単回値	複回値
1	ディープインパクト	29- 26- 27- 136/ 218	13.3%	25.2%	37.6%	51	69
2	ダイワメジャー	13- 13- 23- 67/ 116	11.2%	22.4%	42.2%	38	118
3	**ロードカナロア**	**10- 9- 3- 31/ 53**	**18.9%**	**35.8%**	**41.5%**	**128**	**79**
4	キングカメハメハ	9- 6- 8- 53/ 76	11.8%	19.7%	30.3%	42	61
5	ハーツクライ	8- 11- 10- 79/ 108	7.4%	17.6%	26.9%	36	48
6	ステイゴールド	8- 4- 6- 57/ 75	10.7%	16.0%	24.0%	110	79
7	ハービンジャー	7- 4- 7- 65/ 83	8.4%	13.3%	21.7%	118	85
8	**アドマイヤムーン**	**6- 3- 2- 29/ 40**	**15.0%**	**22.5%**	**27.5%**	**227**	**79**
9	マンハッタンカフェ	5- 5- 1- 38/ 49	10.2%	20.4%	22.4%	61	83
10	オルフェーヴル	4- 3- 4- 28/ 39	10.3%	17.9%	28.2%	85	149
特注	**エピファネイア**	**3- 3- 1- 6/ 13**	**23.1%**	**46.2%**	**53.8%**	**770**	**336**
特注	**母父ヨーロピアン**	**–**	**–**	**–**	**–**	**–**	**–**

京記念を検討するときも、逆算して関屋記念とどっちに向くかを考えながら取捨を決めるといい。

中京記念というのは15〜19年の近5年だけでも、スクリーンヒーロー産駒（18年グァンチャーレ2着）や、グラスワンダー産駒（15年スマートオリオン1着）が馬券に絡んでいるレース。どちらもロベルト系だ。こういう鋭くは切れないけど、先行してバテないタイプが走るレースなんだ。

同じロベルト系という点では、今後はエピファネイア産駒も走ってくるだろう。そういえば母父シンボリクリスエスも中京芝１６００ｍは得意だ。エピファネイアの父がシンボリクリスエス。これも意識してみるといいだろう。

まとめると中京芝１６００ｍは、他場で追い込みつつも掲示板前後に負けていた馬、直線で粘っていたけど切れ負けして掲示板前後に負けていた馬。このタイプの巻き返しに要警戒というコースになる。

中京芝2000m

逃げ馬の勝率……12・7%
複勝率……36・6%

芝２０００ｍは直線の坂の途中からスタート。そのまま1周回ってくるコースで、スタートから向正面の半ばまで上りが続くこともあってスローペースになりやすい。

ただ、後半は下りが続き、残り１２００ｍあたりから直線の坂を迎えるまで徐々に加速していくという流れになりやすい。結果、レース後半の息の入らぬ流れと、急坂で減速するため先行勢の好走率は低く、残り1ハロンで前と後ろがガラッと入れ替わるというレースも少なくない。基本的には差し馬に向いたコースと考えていいだろう。

後半が厳しい流れになるコースだけあって、ハーツクライが1位のディープに肉薄している。スタミナと息の長い末脚が自慢の種牡馬が、ディープインパクトの勝率を上回っている。このコースの重賞・金鯱賞でも18年スワーヴリチャードが1着、19年リスグラシューが2着。穴は多くないけど、上位人気馬が順当に走っている。

ハーツクライ産駒のＪＲＡ全10場の芝コース成績で、芝では4番目に勝ち鞍を稼いでいるのがこの中京芝２０００ｍ（集計期間内22勝）。ちなみに芝のベスト3は東京芝１８００ｍ（25勝）、中山芝２０００ｍ（24勝）、東京芝１６００ｍ（24勝）。中京芝２０００ｍは勝率も11・5％と高く、ハーツクライが得意としているのがよくわかる。

絞り込みのヒントは枠順。1～4枠の6勝に対し、5～8枠は16勝と、外めの枠が優勢。1枠、3枠で勝っていないこと、大外の8枠で6勝を挙げていることを考えても、やはり内枠は

中京芝2000m　注目種牡馬ランキング

順位	種牡馬	着別度数	勝率	連対率	複勝率	単回値	複回値
1	ディープインパクト	23- 29- 27- 168/ 247	9.3%	21.1%	32.0%	45	64
2	**ハーツクライ**	**22- 20- 18- 131/ 191**	**11.5%**	**22.0%**	**31.4%**	**83**	**74**
3	キングカメハメハ	15- 14- 9- 93/ 131	11.5%	22.1%	29.0%	120	85
4	**ステイゴールド**	**15- 7- 11- 141/ 174**	**8.6%**	**12.6%**	**19.0%**	**58**	**57**
5	ハービンジャー	12- 13- 13- 130/ 168	7.1%	14.9%	22.6%	55	62
6	ヴィクトワールピサ	7- 3- 2- 44/ 56	12.5%	17.9%	21.4%	75	42
7	ゼンノロブロイ	7- 2- 1- 56/ 66	10.6%	13.6%	15.2%	82	50
8	マンハッタンカフェ	6- 7- 9- 69/ 91	6.6%	14.3%	24.2%	34	79
9	**タニノギムレット**	**5- 4- 2- 27/ 38**	**13.2%**	**23.7%**	**28.9%**	**163**	**91**
10	ルーラーシップ	5- 2- 5- 62/ 74	6.8%	9.5%	16.2%	43	45
特注	**ディープ×母父ヨーロピアン**	−	−	−	−	−	−

よほど向いていないんだろう。条件戦レベルなら、中1週や中2週のローテーションでもよく来ている。

また、夏の開催で中京芝2000mを好走して新潟芝2000mに向かう馬には注意。ハーツクライ産駒の新潟2000mでの勝率は3・8%、外回りに絞ると2・9%と、1着が少ない鬼門のコース。着順を落とすことが多いので、中京の成績を信用して買わないこと。

中京芝2000mは、ローカルとしては珍しく3つも重賞が行われている。それぞれの特徴をひと言で言うなら、愛知杯は大荒れ、金鯱賞は王道、中日新聞杯はディープの天下。

まず愛知杯。牝馬限定重賞はスローからの瞬発力勝負というのが定番だけど、愛知杯に関しては一瞬の切れ味では足りないんだ。むしろ他場で切れ負けするようなタイプ、1着よりも2、3着が多いタイプが狙い目。19年の愛知杯を勝ったワンブレスアウェイ（父ステイゴールド）も、2、3着が多い馬だった。普通の牝馬限定重賞と傾向が違うから、よく荒れる。ハービンジャー産駒の人気薄の差し馬が届いたりもする。最初から大穴を当てるくらいの思い切りで大振りしてもいいレースだ。

金鯱賞は大阪杯の前哨戦ということもあって、レベルが高くなる年が多い。20年のサートゥルナーリア、19年ダノンプレミアム、18年スワーヴリチャードと上位人気に推されたGI好走馬がちゃんと勝つレースだ。血統的にもディープ、キンカメ、ハーツクライが上位を占めている。

中日新聞杯は15〜19年の5年のうち4年でディープ産駒が勝利。それもズブめのディープインパクト産駒がいい。15年の勝ち馬ディサイファ（5番人気）はいかにも勝ち切れないタイプだったし、

16年サトノノブレスは菊花賞2着というステイヤー。18年ギベオン、19年サトノガーネットもそう。サトノノブレス（母父トニービン）、サトノガーネット（母父フェアリーキング系ヴィクトリーノート）のように、ディープインパクト×母父ヨーロッパ血統の配合馬には、軽いコースだと勝ち切れない馬が多くて、こういうタイプが狙い目なんだ。中日新聞杯に限らず、中京芝２０００ｍは総じてそんなヨーロッパの血が入った配合を狙っていきたい。

中京芝２２００ｍ

逃げ馬の勝率……10・1%
複勝率……29・2%

芝２２００ｍのスタート地点は4コーナーの出口付近にあるポケット。急坂を2回超えることもあって、中京らしいタフなコースとなっている。

ランキング的には２０００ｍよりさらにスタミナを要するというイメージ通りの種牡馬が並ぶ。キングカメハメハがランク外に消えて、代わりにスタミナ系キンカメのルーラーシップが5位に上昇。シンボリクリスエスがまだベストテンにいるし、ディープブリランテも6位に入っている。

個人的には、ステイゴールド、ハーツクライ、ロベルト系（母父含む）。これが中京芝２２００ｍと芝２０００ｍの三大特注血統だ。

ディープブリランテは１８００ｍとか２２００ｍとか、４００で割り切れない距離、いわゆる非根幹距離で成績を上げてくる特徴がある。

非根幹距離のほうがいいというタイプはけっこういて、マンハッタンカフェもそう。王道のＧＩレース路線ではちょっと足りないような血統が、非根幹距離を得意とする場合が多い。

普段から必要以上に「根幹・非根幹」を意識する必要はないと思うけど、ディープブリランテ、マンハッタンカフェは非根幹距離のほうが得意くらいは覚えておくと便利。

中京芝２２００ｍの注目レースは、３歳春に行われる大寒桜賞。1勝クラスの特別戦ながら一流馬を輩出してきた出世レースだ。15年の勝ち馬タンタアレグリアは青葉賞2着、阪神大賞典2着、ＡＪＣＣ1着。16年1着のレッドエルディストは青葉賞2着、神戸新聞杯3着。19年1着のリオンリオンは青葉賞、セントライト記念を勝った。一目でわかるように、青葉賞とつながりが深い。

20年の1着メイショウボサツ（7番人気）は、この先のエピファネイア産駒の活躍を予感させる走りだった。エピファネイア産駒は牝馬にデアリングタクトという超大物が出たけど、牡馬の産駒はジリっぽくて、いまひとつ鋭く切れる脚がない。だからメイショウボサツも人気薄だったのに、中京芝２２００ｍ

中京芝2200m　注目種牡馬ランキング

順位	種牡馬	着別度数	勝率	連対率	複勝率	単回値	複回値
1	ディープインパクト	13- 13- 9- 80/ 115	11.3%	22.6%	30.4%	74	76
2	ハーツクライ	11- 11- 11- 63/ 96	11.5%	22.9%	34.4%	153	118
3	ステイゴールド	7- 10- 13- 77/ 107	6.5%	15.9%	28.0%	102	83
4	ハービンジャー	6- 5- 7- 50/ 68	8.8%	16.2%	26.5%	173	129
5	ルーラーシップ	4- 3- 4- 30/ 41	9.8%	17.1%	26.8%	54	75
6	ディープブリランテ	4- 3- 1- 5/ 13	30.8%	53.8%	61.5%	228	117
7	シンボリクリスエス	3- 5- 1- 26/ 35	8.6%	22.9%	25.7%	69	76
8	マンハッタンカフェ	3- 2- 1- 35/ 41	7.3%	12.2%	14.6%	106	72
9	ゼンノロブロイ	3- 1- 3- 27/ 34	8.8%	11.8%	20.6%	48	125
10	ブラックタイド	2- 4- 2- 17/ 25	8.0%	24.0%	32.0%	55	94
特注	ロベルト系(母父含む)	ー	ー	ー	ー	ー	ー

にはぴったりだった。

実は父シンボリクリスエスの牡馬や、母父シンボリクリスエスの牡馬も中京芝２２００ｍが得意で、1勝クラスや2勝クラスの特別戦でたくさん馬券に絡んでいる。ちょっともっさりした「シンボリクリスエス持ちの牡馬」を狙うといいだろう。

中京競馬場▶ダート

コース図

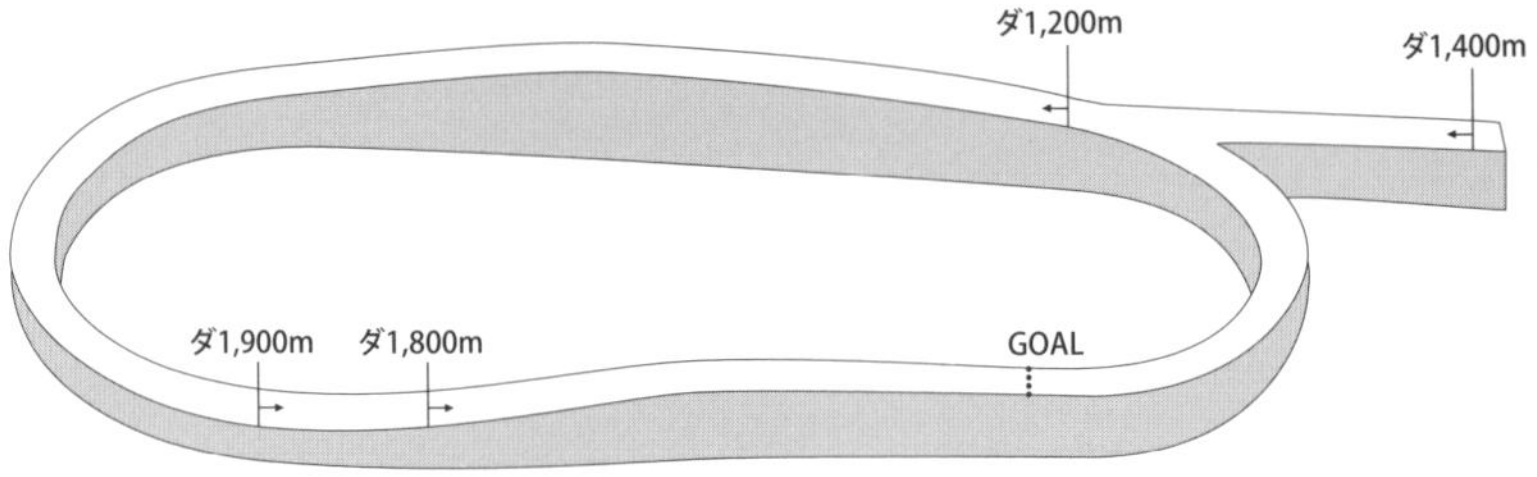

高低差断面図

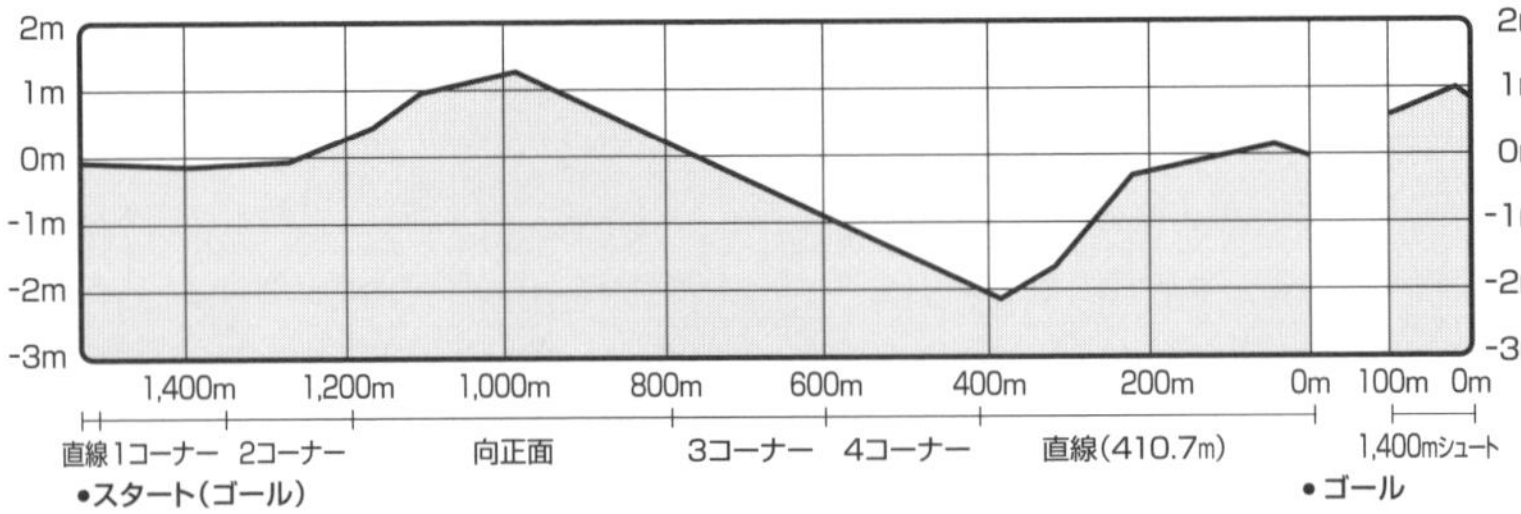

中京ダート下級条件（2勝クラス以下）種牡馬ベスト5

順位	種牡馬	着別度数	勝率	連対率	複勝率	単回値	複回値
1	ゴールドアリュール	37- 53- 33- 309/ 432	8.6%	20.8%	28.5%	61	88
2	クロフネ	30- 30- 40- 252/ 352	8.5%	17.0%	28.4%	81	80
3	キングカメハメハ	26- 25- 18- 248/ 317	8.2%	16.1%	21.8%	49	53
4	ダイワメジャー	21- 15- 20- 210/ 266	7.9%	13.5%	21.1%	53	70
5	ハーツクライ	21- 11- 16- 173/ 221	9.5%	14.5%	21.7%	61	56

中京ダート上級条件（3勝クラス以上）種牡馬ベスト5

順位	種牡馬	着別度数	勝率	連対率	複勝率	単回値	複回値
1	シニスターミニスター	5- 1- 2- 17/ 25	20.0%	24.0%	32.0%	346	94
2	ゴールドアリュール	3- 3- 4- 41/ 51	5.9%	11.8%	19.6%	39	69
3	ネオユニヴァース	3- 2- 2- 17/ 24	12.5%	20.8%	29.2%	40	94
4	アグネスデジタル	3- 2- 2- 19/ 26	11.5%	19.2%	26.9%	167	88
5	フレンチデピュティ	3- 0- 1- 5/ 9	33.3%	33.3%	44.4%	332	120

中京ダートコースは1周１５３０ｍ、直線の長さは約４１１ｍ、そして高低差は３・４ｍ。重賞は、ＧＩのチャンピオンズCをはじめ、プロキオンSと東海Sが組まれている。

設定距離は１２００ｍ、１４００ｍ、１８００ｍ、１９００ｍ、２５００ｍとバリエーション豊富だけど、15～19年に２５００ｍのレースは行われず、１９００ｍも19年に1鞍組まれていたのみ。よって本書では１２００ｍ、１４００ｍ、１８００ｍの主要3コースを取り上げて解説する。

中京ダートでもっとも重要なポイントとなるのは3～4コーナーの下り坂。スパイラルカーブが採用されているものの、この部分のカーブを下り坂の勢いに任せて加速してしまうと直線への進入が膨れてしまい、距離ロスが生じる。この距離ロスをなくすために、スピードを殺しながら回ってくることで先行馬は息を入れやすくなり、また後続馬は前に追いつきたいところで減速せざるを得ない。

結果、長い直線と急坂をもってしても、先行馬をとらえるのが難しくなっている。中京ダートが距離にかかわらず、基本的に先行有利なのはこれが理由だ。

中京ダート１２００ｍ

逃げ馬の勝率……21・5％
複勝率……53・1％

ダート１２００ｍは向正面、２コーナーの出口付近からスタート。スタート直後から２００メートルほどは緩やかな上りで、向正面半ばから直線入り口まで約６００ｍで高低差３・４ｍの坂を下るかたちとなる。

枠順は1~3枠が比較的有利で、4~6枠はやや低調。そして外に向けて徐々に率を上げていく傾向にある。

ランキングは1位サウスヴィグラス、2位ゴールドアリュール、3位キンシャサノキセキ。いかにもダート短距離という、おなじみの名前が並ぶトップ3だ。

1位のサウスヴィグラスはほかのコースと同様、内枠のほうが成績が良くて、18年、19年、そして20年3月までの開催では、5~8枠からは勝ち馬が出ていない。狙い目は、たとえ前走着順が悪くても、前走で積極的に前につけていた馬が先行有利の中京で巻き返すパターン。前走3コーナー3番手以内なら【6 4 5 32】と安定感がある。ちなみにこの6勝のうち5勝が1~4枠でのものだ。内枠、前走3番手以内、このふたつを重視しよう。

一方、2位のゴールドアリュールは1番人気から3番人気までの効率がいい。勝率は25・0%もあり、複勝率は65・6%。回収値も単複ともに１００超えだから、人気馬といっても十分回収できるレベルだ。ゴールドアリュール産駒のダート短距離型というのは、差し馬も多いから、そんなタイプは中京に合わない。ある程度先行できる馬を、下級条件で狙うくらいの呼吸がいい。

特注種牡馬には、メイショウボーラーとタイキシャトルの親仔を挙げておこう。地味な種牡馬だけど影響力は強く、パワフルなスピードを与えるから、こういう先行有利なダートに強い。穴も多いし、単騎で行けると少々のハイペースでも残れるポテンシャルがある。母父タイキシャトルも含めて注意してほしい。2、3カ月の短期休養明けがいちばんよく走る。

それとベスト10からは漏れてしまったけど、パイロ、カジノドライヴ、シニスターミニスターの「エーピーインディ御三家」がいずれも複勝回収値１００超えを記録していて、侮れない。

パイロは13位につけ、ランクが上がらない理由は【3 11 4 44】という2着の多さ。カジノドライブ、シニスターミニスターも含めて、ダート１２００ｍでは単勝より3連系で買いたい。微妙に距離が短いためだ。

カジノドライヴの単勝回収値５５６、複勝回収値２４１が物語るように、エーピーインディ系は気性がムラなので穴が多い。人気馬はあまりアテにせず、穴で狙ってこそ。気性的に揉まれやすい内枠より、外枠のほうが成績がいいというのも特徴的。

エーピーインディ系は脚質的に逃げ馬とか、追い込みとか極端な馬も多いよね。追い込み一手のヒロブレイブとか、揉まれずに逃げられればしぶといレッドアネラとか（ともに父カジノドライヴ）、個性豊か。そのぶん安定して走るタイプではなくて、好走・凡走の要因がコー

中京ダート1200m　注目種牡馬ランキング

順位	種牡馬	着別度数	勝率	連対率	複勝率	単回値	複回値
1	サウスヴィグラス	11- 11- 11- 94/ 127	8.7%	17.3%	26.0%	61	102
2	ゴールドアリュール	9- 14- 10- 78/ 111	8.1%	20.7%	29.7%	43	97
3	キンシャサノキセキ	8- 7- 5- 53/ 73	11.0%	20.5%	27.4%	73	56
4	ロードカナロア	7- 3- 2- 24/ 36	19.4%	27.8%	33.3%	173	70
5	メイショウボーラー	6- 3- 4- 78/ 91	6.6%	9.9%	14.3%	138	102
6	クロフネ	5- 8- 10- 44/ 67	7.5%	19.4%	34.3%	162	134
7	ネオユニヴァース	5- 5- 3- 43/ 56	8.9%	17.9%	23.2%	50	85
8	ダイワメジャー	4- 7- 6- 65/ 82	4.9%	13.4%	20.7%	56	78
9	スマートファルコン	4- 3- 1- 18/ 26	15.4%	26.9%	30.8%	86	55
10	ファスリエフ	4- 1- 6- 35/ 46	8.7%	10.9%	23.9%	71	119
特注	パイロ	3- 11- 4- 44/ 62	4.8%	22.6%	29.0%	30	104
特注	タイキシャトル	3- 5- 1- 24/ 33	9.1%	24.2%	27.3%	164	86
特注	カジノドライヴ	3- 5- 0- 15/ 23	13.0%	34.8%	34.8%	556	241
特注	シニスターミニスター	2- 4- 3- 30/ 39	5.1%	15.4%	23.1%	39	107

スにあるのか、枠順なのか、脚抜きの良い馬場・重い馬場なのか……1頭ずつ丁寧に成績を見て判断する必要がある。馬券を当てるには、これくらいの手間ヒマを惜しんではダメだろう。

中京ダート１４００ｍ

逃げ馬の勝率……20・3%
複勝率……44・7%

ダート１４００ｍは2コーナーの引き込み線から発走。芝スタートでダッシュが利くうえに、スピードに乗ったところで上り、そして直線までの下り。芝スタートの短距離らしいハイペースに加えて、アップダウンが激しいレイアウトで、１４００ｍという字面以上にスタミナを要するレースが多い。ランキングで特徴的なのはエーピーインディ御三家のベスト10入り。またそれかと言われそうだけど、今の競馬でダートの条件戦を攻略するにはエーピーインディを避けて通れない。

中京ダート１２００ｍの項では、単勝より3連系向きと書いたけど、これが中京ダート１４００ｍになると、どの種牡馬も1着が多くなり、単勝や1着固定で狙っていける。これが１２００ｍとの大きな違いだ。

スタートから飛ばして、そのスピードでゴールまでなだれ込むというアメリカンな要素満載のコースだから、エーピーインディ系にとっては強みを発揮できるコースになる。

重賞のプロキオンSでも、15年1着ベストウォリアー（父マジェスティクウォリアー）、16年3着、17年1着のキングズガード（父シニスターミニスター）、18年2着インカンテーション（父シニスターミニスター）、19年3着ヴェンジェンス（父カジノドライヴ）と、毎年エーピーインディ系が馬券に絡んでいる。

ダート馬の出世レースになっている3歳オープンの昇竜Sでも、18年にメイショウヒサカタ（父シニスターミニスター）が10番人気1着と穴をあけている。シニスターミニスターはメンバーの質が上がる特別戦でもしっかり走り、特別戦限定なら中京ダート１４００ｍの堂々のランキング1位だ。

ほかにプロキオンSで上位馬を送り出している種牡馬がアドマイヤオーラ（父アグネスタキオン）。15～19年の5年で16年ノボバカラ、19年アルクトスと2頭の勝ち馬を出しているのはすごいね。

ちなみにアドマイヤオーラ産駒が中京ダート１４００ｍに出走したのは前記2戦を含めたったの3回で、残る納屋橋Sもノボバカラが勝っているから勝率１００％。

アドマイヤオーラは残念ながら早世してしまい、現役産駒は20年に5歳となったアルクトスら残りわずかだけれど、そこで思考を止めてはいけない。「同じアグネスタキオンの血を持つ馬にも適性があるはずだ」というふうに思考を広げればいい。

中京ダート1400m　注目種牡馬ランキング

順位	種牡馬	着別度数	勝率	連対率	複勝率	単回値	複回値
1	ゴールドアリュール	11- 16- 15- 123/ 165	6.7%	16.4%	25.5%	55	72
2	**パイロ**	**10- 8- 2- 53/ 73**	**13.7%**	**24.7%**	**27.4%**	**117**	**70**
3	**シニスターミニスター**	**10- 5- 6- 52/ 73**	**13.7%**	**20.5%**	**28.8%**	**149**	**76**
4	ダイワメジャー	9- 5- 7- 87/ 108	8.3%	13.0%	19.4%	76	58
5	キンシャサノキセキ	9- 5- 4- 70/ 88	10.2%	15.9%	20.5%	309	87
6	ヘニーヒューズ	9- 3- 5- 56/ 73	12.3%	16.4%	23.3%	68	52
7	エンパイアメーカー	8- 8- 9- 79/ 104	7.7%	15.4%	24.0%	51	80
8	サウスヴィグラス	7- 14- 4- 60/ 85	8.2%	24.7%	29.4%	176	90
9	クロフネ	7- 11- 11- 83/ 112	6.3%	16.1%	25.9%	71	75
10	**カジノドライヴ**	**7- 2- 4- 34/ 47**	**14.9%**	**19.1%**	**27.7%**	**112**	**57**
特注	**アグネスタキオン持ち**	**－**	**－**	**－**	**－**	**－**	**－**

実際に16年の昇竜Sを勝ったダノンフェイス（父キングカメハメハ）は、母父アグネスタキオン。19年の鳴海特別を楽勝してオープン入りしたエルモンストロ（父ルーラーシップ）も母父アグネスタキオン。タキオン直系の種牡馬ではまだディープスカイが健在だし、タキオン持ちに注意しよう。

中京ダート1800m

逃げ馬の勝率……21・1%
複勝率……45・4%

ダート1800mはスタンド前の坂の途中からスタート。ダートで坂の途中からスタートするというのは意外と珍しくて、はっきりと坂の途中スタートと言えるのは実はこのコースだけ。緩やかな上りの途中スタートなら、函館ダート1000mなんかがあるけれど。

ただでさえスタートダッシュが利きづらいダートで坂道スタートだから、序盤からペースが上がることは少ない。しかもスピードに乗ってから1コーナーまでの距離も短いので、すぐにペースも落ち着いて、2コーナー向正面半ばまで緩やかな上り。どう転んでもハイペースになりづらいコース形態だね。

また、先行有利ということは、1コーナーへの入りが大切という意味でもあって、つまりは内枠有利の傾向となる。チャンピオンズCの勝ち馬を見ても、18年ルヴァンスレーヴは2枠、19年クリソベリルは3枠など、過去5年はすべて5枠までに集中。6枠より外は【0 3 0 25】と、ひどい成績だ。

ただし、チャンピオンズＣ特有の傾向もあって、それは差しがよく決まること。基本的に中京ダート１８００ｍは、逃げ・先行馬が有利だけど、さすがはＧＩといったところか、チャンピオンズＣだけは道中から厳しいペースになること、そして出走してくる差し・追い込み馬の能力が高いこともあって、差しが届く。

もうひとつの重賞である東海Ｓと比べてみよう。この２重賞の違いは大切なポイントだ。

３コーナーの通過順位が２番手以内だった馬の好走を比較すると、東海Ｓは15年１着コパノリッキー、16年１着アスカノロマン、２着ロワジャルダン、18年１着テイエムジンソク、19年１着インティ、３着スマハマ。

一方のチャンピオンズＣは17年２着テイエムジンソク、３着コパノリッキー、19年３着インティ。馬券に絡んだ数にこれだけ差が出ている。

ランキングに目を移すと、１位ゴールドアリュール、２位クロフネの２強態勢。さすがに１２００ｍ、１４００ｍとはガラッと種牡馬が入れ替わり、４位マンハッタンカフェと、

中京ダート1800m　注目種牡馬ランキング

順位	種牡馬	着別度数	勝率	連対率	複勝率	単回値	複回値
1	ゴールドアリュール	16- 15- 11- 122/ 164	9.8%	18.9%	25.6%	65	81
2	クロフネ	16- 12- 13- 121/ 162	9.9%	17.3%	25.3%	47	51
3	ディープインパクト	11- 6- 7- 69/ 93	11.8%	18.3%	25.8%	66	66
4	**マンハッタンカフェ**	**10- 8- 6- 71/ 95**	**10.5%**	**18.9%**	**25.3%**	**156**	**67**
5	**ゼンノロブロイ**	**10- 1- 8- 81/ 100**	**10.0%**	**11.0%**	**19.0%**	**641**	**238**
6	キングカメハメハ	9- 16- 9- 128/ 162	5.6%	15.4%	21.0%	41	53
7	ハーツクライ	9- 8- 9- 96/ 122	7.4%	13.9%	21.3%	52	50
8	ネオユニヴァース	9- 4- 10- 71/ 94	9.6%	13.8%	24.5%	46	110
9	エンパイアメーカー	8- 11- 13- 91/ 123	6.5%	15.4%	26.0%	58	79
10	シンボリクリスエス	8- 5- 11- 85/ 109	7.3%	11.9%	22.0%	34	59
特注	**カネヒキリ**	**8- 4- 4- 76/ 92**	**8.7%**	**13.0%**	**17.4%**	**113**	**91**
特注	**母父フレンチデピュティ**	**12- 10- 13- 94/ 129**	**9.3%**	**17.1%**	**27.1%**	**47**	**93**

5位ゼンノロブロイも回収値が高い。

ゼンノロブロイは東京ダート1600m、新潟ダート1800mでも上位にランクしていて、勝率も10%を超えてくる。これがなにを意味するかというと、東京、中京、新潟ダートは、直線の長さが1〜3位（1位東京、2位中京、3位新潟）の競馬場なんだ。ゼンノロブロイ産駒のダートは長い直線でこそということ。ちなみに阪神と京都ダート1800mでは勝率7%程度で、中山ダート1800mではランク外に落ちる。

また、サンデー系がベスト10以内に6頭もランクインしており、このコースのサンデー系は人気薄がよく走るので要注意。

1位のゴールドアリュールも、5番人気以下の伏兵がよく勝っているし、条件クラスの特別戦では1番人気の馬がよく沈んでいる。それだけほかの競馬場のダート1800mの結果がアテにならないということだろう。3勝クラスの白川郷Sや、2勝クラスの瀬戸特別というレースでも、何度も上位人気馬がずっこけている。まずは中京ダート実績を重視し、特に7枠と8枠に入ったゴールドアリュール産駒の人気馬に手を出してはいけない。

ほかのサンデー系では、11位のカネヒキリもタフなコースでランクが上昇して、単勝回収値は100超え。十分狙える種牡馬になっているね。

それと、クロフネが上位に入っているコースでは、母父フレンチデピュティが強いという傾向も覚えておこう。ゴールドドリームも父ゴールドアリュール×母父フレンチデピュティだ。

福島競馬場
Fukushima Racecourse

福島競馬場▶芝

コース図

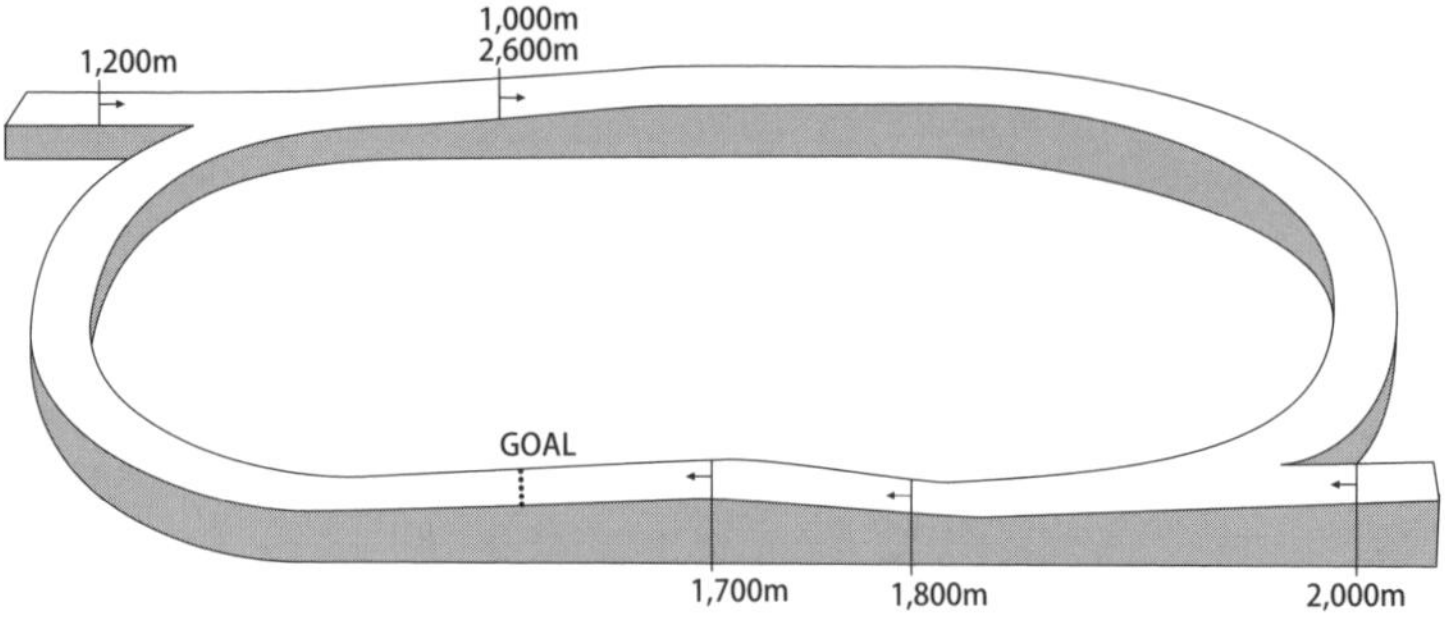

高低差断面図

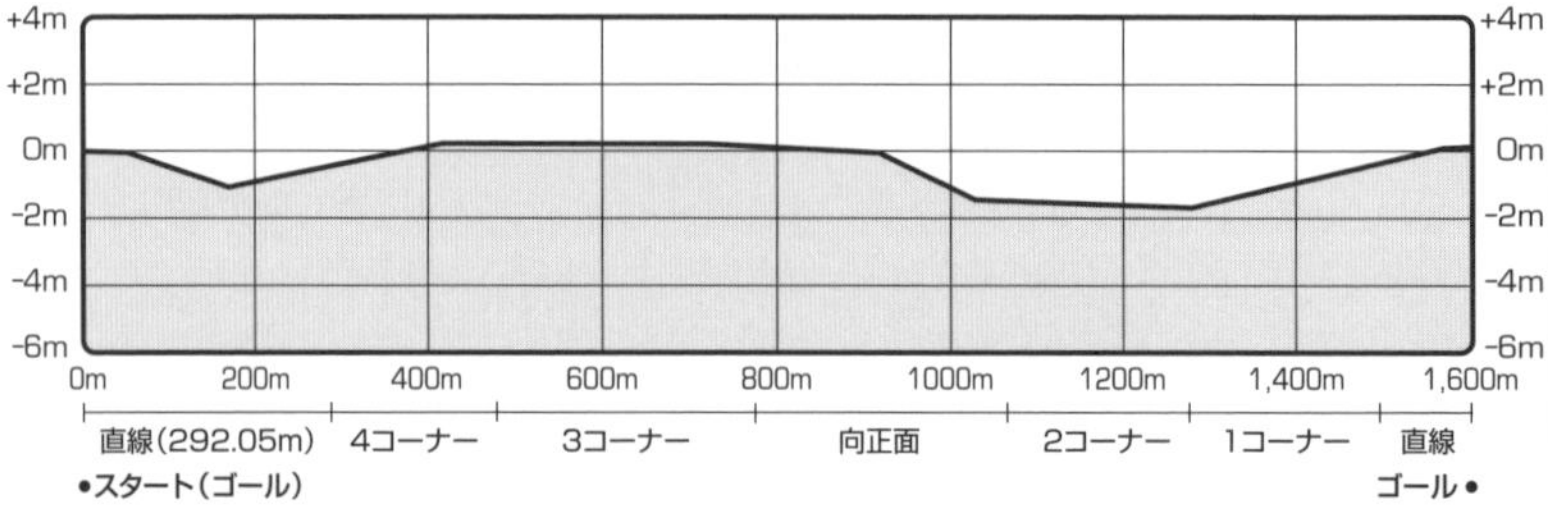

福島芝下級条件(2勝クラス以下)種牡馬ベスト5

順位	種牡馬	着別度数	勝率	連対率	複勝率	単回値	複回値
1	ディープインパクト	31- 30- 21- 189/ 271	11.4%	22.5%	30.3%	87	78
2	ステイゴールド	29- 23- 31- 270/ 353	8.2%	14.7%	23.5%	85	79
3	ハーツクライ	25- 22- 22- 239/ 308	8.1%	15.3%	22.4%	56	74
4	ダイワメジャー	18- 18- 15- 197/ 248	7.3%	14.5%	20.6%	62	51
5	ルーラーシップ	18- 11- 20- 114/ 163	11.0%	17.8%	30.1%	50	86

福島芝上級条件(3勝クラス以上)種牡馬ベスト5

順位	種牡馬	着別度数	勝率	連対率	複勝率	単回値	複回値
1	ディープインパクト	11- 9- 7- 54/ 81	13.6%	24.7%	33.3%	78	109
2	ステイゴールド	6- 8- 1- 43/ 58	10.3%	24.1%	25.9%	57	87
3	メイショウサムソン	3- 2- 1- 14/ 20	15.0%	25.0%	30.0%	151	74
4	マツリダゴッホ	2- 2- 2- 6/ 12	16.7%	33.3%	50.0%	251	130
5	ロードカナロア	2- 1- 0- 7/ 10	20.0%	30.0%	30.0%	86	45

福島芝コースは１周距離１６００ｍ、直線距離は２９２ｍ（Ａコース使用時）。コース内の最大高低差は１・９ｍで、直線の高低差は１ｍほど。４コーナー半ばからだいたい残り２００ｍの地点まで１ｍ下って、そこからゴールに向かって１ｍ上がるというアップダウンがある。他場と比較するとほぼ平坦とも言えるけれど、坂の存在がレースに及ぼす影響は意外と小さくない。坂があるということは意識しておいたほうがいい。

福島競馬場の芝コースといえば、「開催が進むにつれて、どんどん悪くなっていく馬場」が名物だったけど、最近はエクイターフの導入とか、あとは３開催のうちの２開催が３週に減らされたことで（20年は春が４週、夏・秋が３週ずつ）、そこまで馬場が荒れなくなった。

ローカル開催の日数を減らすというのは残念だし、賛成できない。タクシー運転手も嘆いているし、潰れたお店もあると聞いた。競馬ファンにとっても、いろんな競馬場、コース、馬場状態で競馬が行われるからこそ面白いんだけどね。ＪＲＡには今一度考えてほしいところだ。

それはさておき、昔ほど「開催が進むにつれて、どんどん悪くなっていく馬場」ではなくなったとはいえ、「開催が進むにつれて、内有利から徐々に外差し馬場」へと変化することに違いはない。雨中での開催があれば、その傾向はさらに強まる。たとえ３週の開催だとしても、開幕週と最終週では傾向が変わるということは意識しておきたい。

馬券のポイントは、正反対のコースである新潟や、東京との出し入れにある。開催日程的に、春は福島（４月）の次が東京、新潟へ。夏は東京から福島（７月）、そして新潟へ移行し、秋は新潟から福島（11月）へという流れになっている。

新潟も東京も、直線の長い左回りで、速い上がりが要求されるコース。そのあいだに小回りの福島開催が挟まれているから、東京・新潟で凡走→福島で好走。またはその反対に東京・新潟で好走→福島で凡走というパターンが非常に多い。

東京で34秒台の上がりで苦戦した馬が、福島で巻き返すとか、左回りで好走した馬が、右回りで不発などのケースだ。こういう出し入れを大切にするのが、福島攻略の最大のポイントだと言っていい。

だから直近の東京・新潟の結果より、中山の成績を参考にしたほうがいいんだ。中山は右回りで短い直線、上がりもあまり速くならないという点で、福島と共通点が多いからね。「小回りの中山・福島グループ」と、「直線の長い東京・新潟グループ」という認識をしておくこと。7月の福島開催なら、直前の5月や6月の東京の結果を見るより、3月や4月の中山の結果を見るのがコツだ。

これら競馬場グループの違いは血統的にも明白で、下級条件のランキングでは小回り得意のステイゴールドと、直線の長いコース向きのディープインパクトが僅差だよね。ＪＲＡ全10場の芝コースのなかでディープがトップにならないのは函館の下級条件しかなくて、それに近いのが福島の下級条件ということ。それだけ特殊なコースなんだ。

小回りをよりいっそう意識することと、東京・新潟との出し入れ。これが福島芝コースのポイントだ。

福島芝1200m

逃げ馬の勝率……19・1%
複勝率……44・5%

芝1200mのスタート地点は2コーナー奥のポケット。スタートして約1ハロン走ると、100mくらいのあいだに2m弱を上る坂がある。あとは4コーナー半ばまで平坦でそこから下り、最後の直線ラスト1ハロンのところから約1メートルの上りというコースレイアウトだ。

スタート後の坂でペースが落ち着くこと、そしてコースを通して起伏に乏しくほぼ平坦だということもあって、逃げ馬の好走率は京都に近い数字が出ている。

種牡馬ランクに目を向けると、3年前は1位サクラバクシンオー、2位キングカメハメハ、3位ダイワメジャーだったのが、今回は1位アドマイヤムーン、2位ダイワメジャー、3位キンシャサノキセキと変化した。バクシンオー、キンカメの産駒が減ったことで、アドマイヤムーンとダイワメジャーが押し出されたかたちになっている。

1位のアドマイヤムーンは勝ち鞍数では12勝。ダイワメジャー、キンシャサノキセキもわずか1勝差の11勝を挙げていて僅差ではあるけど、トップ3のなかではアドマイヤムーンの連対率や複勝率が一番高い。内容的にはアタマひとつ抜けたトップと考えてもいいだろう。17年のバーデンバーデンCを勝ったフミノムーンや、ワンスインナムーンなどが代表馬だ。

福島芝1200mのアドマイヤムーン産駒は、調べてみると休み明け初戦の勝利が多いね。軽快なスピードタイプだから、休み明けから能力を発揮できるし、前走で大敗していても休養を挟むことでリフレッシュされ、いきなり走れる。器用なタイプが多いので、内枠をうまく活かせる馬が多いところも長所だ。

ほかでは、系統に注目しておこう。取り上げたいのは、８位にヨハネスブルグがランクインしているストームキャット系。短距離向きのスピードがあり、ダートを走れるパワーを兼備した馬も多い。それが福島芝１２００ｍに合っていて、期間内に馬券に絡んだ13頭は全部別の馬だ。

数少ないオープンクラスのレースでも、15年の福島２歳Ｓをラズールリッキー（父スタチューオブリバティ）、18年の福島２歳Ｓをジャカランダシティ（父ヨハネスブルグ）が勝っている。早熟性もあるから２歳戦の強さは抜群と言える。

ヨハネスブルグは19年の種付けを最後に種牡馬を引退してしまったけど、ヘニーヒューズの活躍もあってストームキャット系の数は年々増えていて、20年にはアジアエクスプレスの産駒がデビューを迎える。

アジアエクスプレスは芝では朝日杯ＦＳ（13年）を、ダートではレパードＳ（14年）を勝っているように、ヘニーヒューズ産駒らしく早い時期は芝も勝てるタイプ。福島芝１２００ｍのような力を要する馬場は得意だろう。ストームキャット系のようなダート寄りの血統を買うなら、京都のような高速の平坦コースより、中山とか福島の芝１２００ｍのほうがいい。ちなみにアジアエクスプレスは初年度から１７５頭の種付けをこなしていて、２年目には２００頭超え。大物を出してくる可能性も高いんじゃないかな。

社台グループもストームキャット系の導入を進めていて、ドレフォンが18年から供用を開始し、

21年には初年度産駒のデビューを迎える。さらに20年にはブリックスアンドモルタルも供用を開始した。

そして社台のライバル、ゴドルフィンにもストームキャット系のシャマーダルという種牡馬がいて、これが欧州の短距離戦に強い。日本にも19年の京阪杯を勝ったライトオンキュー、19年小倉2歳Ｓ2着のトリプルエースなどが輸入されて活躍している。こちらの産駒も福島の芝１２００ｍは合うだろうね。

枠順に関しては、小回りのわりに内・外のデータに大きな違いはない。ただし、内と外の差がないのは、内有利な開催と、外有利な開催があるからで、ずっとフラットなわけではない。基本は内枠の先行馬が有利な馬場から、開催を追うごとに外差し馬場へとシフトしていくので、その日の馬場を見極めるのが大切だ。

外が届く日のコツは、１２００ｍがぴったりの馬より、１４００ｍや１６００ｍのちょっと長めの距離に適性がある馬を狙うこと。このタイプが外から届く。18年の白河特別を12番人気で勝ったナムラアッパーも、前

福島芝1200m　注目種牡馬ランキング

順位	種牡馬	着別度数	勝率	連対率	複勝率	単回値	複回値
1	アドマイヤムーン	12- 12- 7- 95/ 126	9.5%	19.0%	24.6%	61	73
2	ダイワメジャー	11- 14- 9- 153/ 187	5.9%	13.4%	18.2%	48	47
3	キンシャサノキセキ	11- 10- 6- 114/ 141	7.8%	14.9%	19.1%	69	53
4	ディープインパクト	10- 9- 7- 44/ 70	14.3%	27.1%	37.1%	70	110
5	ロードカナロア	9- 11- 6- 57/ 83	10.8%	24.1%	31.3%	53	68
6	キングズベスト	9- 5- 5- 50/ 69	13.0%	20.3%	27.5%	113	77
7	サクラバクシンオー	8- 6- 6- 42/ 62	12.9%	22.6%	32.3%	78	77
8	**ヨハネスブルグ**	**8- 5- 1- 58/ 72**	**11.1%**	**18.1%**	**19.4%**	**211**	**122**
9	タイキシャトル	8- 3- 9- 53/ 73	11.0%	15.1%	27.4%	133	116
10	ハーツクライ	6- 4- 4- 53/ 67	9.0%	14.9%	20.9%	92	96
特注	**シャマーダル**	**1- 1- 0- 2/ 4**	**25.0%**	**50.0%**	**50.0%**	**47**	**82**
特注	**ストームキャット系**	**–**	**–**	**–**	**–**	**–**	**–**
特注	**母父アグネスタキオン**	**13- 8- 13- 92/ 126**	**10.3%**	**16.7%**	**27.0%**	**95**	**92**
特注	**母父サクラバクシンオー**	**11- 7- 10- 106/ 134**	**8.2%**	**13.4%**	**20.9%**	**135**	**96**
特注	**母父ボストンハーバー**	**7- 3- 2- 18/ 30**	**23.3%**	**33.3%**	**40.0%**	**339**	**216**

走で由比ケ浜特別（東京芝１４００ｍ）を使って7着の馬だった。この白河特別は開催最終週で差しの利く馬場。福島で穴を狙うならこれ！という典型的なパターンだった。こういうイメージを持っておくといいね。

母父にも目を向けておくと、3年前にランク1位だったサクラバクシンオーが母父部門で3位にランクイン。1位はアグネスタキオン。

アグネスタキオンは大物後継種牡馬を残せなかったけど、母父に入っていい仔を出している。一本調子な面があるし、だからダートを舞台に走る馬が多いんだけれど。福島１２００ｍでは、タキオンもその特性が合う。母父に注目してみるのもいいと思うよ。

福島芝1800m

逃げ馬の勝率……10・1%
複勝率……30・7%

芝１８００ｍは正面スタンド前の坂下からスタートして、そのままコースを1周するレイアウト。福島はほぼ平坦と書いてきたけど、高低差は小さいながらも坂があり、芝１８００ｍのスタート地点は浅いV字型の谷の部分。つまりスタート直後から上り坂になり、この影響で序盤はペースが上がりづらい。これがディープインパクトの好走率の高さにつながっているんだ。

とにかく1位のディープインパクトが圧倒的であることにまず注目してほしい。ディープインパクトは〝溜めてビュッ〟、つまりスローで脚を溜めて、瞬発力を活かす競馬を得意としているから、本来小回りのローカルの中距離では好走率が低めに出る。でも、福島芝１８００ｍは序盤のペースが緩みやすくて、さらに3、4コーナーにはスパイラルカーブを採用しているから、スピードを落とさずに加速して、直線に入ることができる。ディープ産駒にとっては走りやすいローカル中距離なんだ。

これは福島芝２０００ｍと比べてみるとわかりやすくて、芝２０００ｍはスタートしてすぐに下り坂で、さらに最初のコーナーまでの距離も長い。そのぶん序盤からペースが上がりやすくて、締まった流れになりやすいんだ。

その結果、ディープインパクトの成績がどうなるかというと、ランキングは3位に落ち、勝率は8・7%、複勝率も25・0%と、１８００ｍから大幅に下がる。コース全体の説明で、〝この坂の影響は小さくない〟と書いたのはこのためだ。

福島芝１８００ｍの重賞は、ラジオＮＩＫＫＥＩ賞と、福島牝馬Ｓ。ディープインパクト産駒が特に強いのはラジオＮＩＫＫＥＩ賞で、毎年1頭くらいしか出走していないのに、15年アンビシャス、16年ゼーヴィントが1着、18年フィエールマンが2着など、過去5年で【２　１　１　２】。

福島芝1800m　注目種牡馬ランキング

順位	種牡馬	着別度数	勝率	連対率	複勝率	単回値	複回値
1	**ディープインパクト**	**19- 15- 10- 84/ 128**	**14.8%**	**26.6%**	**34.4%**	**96**	**79**
2	ハーツクライ	8- 9- 11- 80/ 108	7.4%	15.7%	25.9%	36	78
3	ルーラーシップ	8- 3- 8- 44/ 63	12.7%	17.5%	30.2%	47	65
4	マンハッタンカフェ	8- 2- 3- 43/ 56	14.3%	17.9%	23.2%	71	46
5	ステイゴールド	7- 12- 10- 102/ 131	5.3%	14.5%	22.1%	25	88
6	ハービンジャー	7- 6- 11- 81/ 105	6.7%	12.4%	22.9%	29	56
7	ダイワメジャー	5- 4- 3- 47/ 59	8.5%	15.3%	20.3%	99	38
8	ヴィクトワールピサ	5- 3- 4- 39/ 51	9.8%	15.7%	23.5%	114	68
9	**メイショウサムソン**	**4- 8- 2- 24/ 38**	**10.5%**	**31.6%**	**36.8%**	**104**	**97**
10	マツリダゴッホ	4- 5- 3- 39/ 51	7.8%	17.6%	23.5%	38	144

ランキングの2位以下も他場の芝中距離でお馴染みの血統が並ぶけど、回収率はどれも低めだから、上手に狙わないと馬券の旨味は小さい。

クラスを上級条件（3勝クラス以上）に絞ると、2位にランクするのはメイショウサムソン。【3　2　1　5】と勝率27・3％、複勝率は54・5％という好走ぶり。単勝回収値２７４、複勝回収値１３４も優秀だ。特に牝馬の活躍が目立っていて、福島牝馬Sでは17年にフロンテアクイーンが2着、18年にはキンショーユキヒメが1着、デンコウアンジュが3着。さらに19年にもデンコウアンジュが1着と、3年連続で馬券絡みを果たしている。数が多くないメイショウサムソン産駒の3年連続好走だけに、相性の良さがわかるだろう。

もうひとつの重賞・ラジオＮＩＫＫＥＩ賞については、ディープインパクト産駒のほかに、同コースのきんもくせい特別（2歳1勝クラス）の好走馬に注目しておくといい。16年のきんもくせい特別の勝ち馬ロードリベラルが翌年のラジオＮＩＫＫＥＩ賞で3着、18年の1着馬マイネルサーパスはラジオＮＩＫＫＥＩ賞で2着に好走している。

このきんもくせい特別はなかなか面白いレースで、ローカルの1勝クラスながら意外な出世レースなんだ。好走馬のなかには先の2頭のほかにも19年きさらぎ賞1着のダノンチェイサーがいたり（18年2着）、16年のニュージーランドT1着、アーリントンC2着のダンツプリウスもこのレースで2着に好走していた（15年）。この2頭はＮＨＫマイルCで4着に入っている。重賞ではなくても、きんもくせい特別の好走馬は将来的にまた福島で走ることが多いので、遡ってチェックしよう。マイネルサーパスも古馬になって福島民報杯（19年）を勝ったよね。

福島と中山、対する東京と新潟の関係性は芝１８００ｍでも変わらなくて、たとえばラジオＮＩＫＫＥＩ賞の好走馬はのちに中山の重賞でも好走することが多い。

わかりやすいところでは16年のラジオＮＩＫＫＥＩ賞の勝ち馬ゼーヴィント。この馬は中山芝１８００ｍで未勝利、２０００ｍで５００万特別（当時）を連勝して、東京芝２０００ｍのプリンシパルＳを3着に惜敗。その次走でラジオＮＩＫＫＥＩ賞を勝って、さらにセントライト記念、福島記念、アメリカＪＣＣを連続2着。そして17年の七夕賞を勝った。

17年のセダブリランテスもそう。ラジオＮＩＫＫＥＩ賞勝ちのあと東京のアルゼンチン共和国杯は3着で、中山金杯で1着。その後も新潟大賞典を7着に負けてディセンバーＳは1着。

福島の芝１８００ｍを基軸にした「福島・中山グループ」と「東京・新潟グループ」の出し入れが効いている。重賞に限らずとも、この出し入れは馬券に響いてくるので、こういう見方を習慣づけよう。

福島芝2000m

逃げ馬の勝率……14・1％
複勝率……30・3％

芝２０００ｍは4コーナー奥の引き込み線からスタート。福島芝１８００ｍの項でも触れたように、このコースはスタート直後から下り坂になるため、序盤から速めのペースになりやすい。さらに小回りを意識した早め仕掛け、スパイラルカーブ採用で大きく減速せずに回ってこられる3、4コーナーの影響もあって、締まったペースがデフォルトのコースとなっている。

実際、福島芝2000mで行われる重賞の七夕賞では、馬券圏内の多くを中団または後方からマクりぎみに進出してきた馬が占め、過去5年のうち、3コーナー5番手以内で回ってきた馬は15頭中6頭のみ。3番手以内に絞ると3頭しかいない。

12頭立てとなった18年の七夕賞で3コーナー8番手追走のメドウラーク（11番人気）、10番手追走のマイネルサージュ（4番人気）がワンツーしたのを覚えておられる方も多いだろう。福島芝2000mはこのような追い込み決着になりやすいコースというのは頭に入れておきたい。

ただ、夏に行われる七夕賞に対し、秋に行われる福島記念は馬場の違いもあって、ウインブライト（17年）など中山・福島実績のある先行馬が押し切るケースもある。ウインブライトもそうだったけれど、特にハンデに恵まれやすい3歳の好走には注意が必要だ。そしてこれまたウインブライトに代表される、ステイゴールド産駒がやたらと強いレースでもある。19年もクレッシェンドラヴとステイフーリッシュがワンツーを果たして、近5年中3年でステイゴールド産駒が勝っている。

ステイゴールド産駒が強いのは重賞だけでなく、福島芝2000mのランキングでも断然の1位。このコースならディープインパクトをも軽く上回る。

ステイゴールドの後継のナカヤマフェスタ産駒にも福島芝2000mの得意な馬がいるし、同じく後継のゴールドシップも得意そうなコースだ。特に雨で渋った馬場や、開催後半で時計がかかりだしたときには積極的に狙っていきたい。オルフェーヴルやドリームジャーニーも含めて、ステイゴールド系全般に合う。

ディープインパクトは3位。これは前項の１８００ｍにも書いた通り。あまり得意なコースではない。そしてそのディープを上回る成績を収めたのが、長く脚を使える2位のハーツクライだ。

ステイゴールドが上級条件で信頼度の高いところを見せているのに対して、ハーツクライが勝っているのは未勝利と1勝クラスのみ。本来なら広いコースが得意な血統だから、小回りのローカルで勝つのは出世が遅れていた馬たち。締まった流れのなかでスタミナを問われ、ハーツクライ産駒が浮上する。ちなみにオープンでも2度連対しているが、どちらも小回りを得意とするマイスタイルによるものだった。

不器用という点ではハービンジャーも似たタイプ。本来なら小回り２０００ｍで成績を伸ばしてくるはずなんだけど、このコースでは勝ち切れずに【5 8 13 76】と、1着よりも2着、2着よりも3着のほうが多い。しかもほとんどが未勝利、1勝クラスでの好走なので、上級条件では割り引くというのも手だろう。

勝ち切れないランク上位陣のなかにあって、素晴らしい勝率

福島芝2000m　注目種牡馬ランキング

順位	種牡馬	着別度数	勝率	連対率	複勝率	単回値	複回値
1	ステイゴールド	13- 10- 8- 101/ 132	9.8%	17.4%	23.5%	77	81
2	ハーツクライ	9- 10- 8- 82/ 109	8.3%	17.4%	24.8%	57	56
3	ディープインパクト	9- 8- 9- 78/ 104	8.7%	16.3%	25.0%	50	83
4	ルーラーシップ	9- 3- 7- 29/ 48	18.8%	25.0%	39.6%	67	126
5	ハービンジャー	5- 8- 13- 76/ 102	4.9%	12.7%	25.5%	23	73
6	コンデュイット	5- 4- 1- 23/ 33	15.2%	27.3%	30.3%	182	106
7	マンハッタンカフェ	5- 0- 3- 33/ 41	12.2%	12.2%	19.5%	258	72
8	オルフェーヴル	4- 4- 3- 28/ 39	10.3%	20.5%	28.2%	60	97
9	ブラックタイド	4- 3- 5- 39/ 51	7.8%	13.7%	23.5%	29	67
10	ヴィクトワールピサ	4- 2- 3- 39/ 48	8.3%	12.5%	18.8%	32	36
注目	ゴールドシップ	0- 0- 0- 4/ 4	0.0%	0.0%	0.0%	0	0

を誇っているのがルーラーシップ。まだ産駒の世代が限られていることもあって下級条件がメインの戦績ではあるものの、【９　３　７　29】という戦績は立派だ。ルーラーシップ産駒は「一瞬の切れ味はないけどバテずに末脚を使える」というタイプが多いんだけど、それが福島芝２０００ｍで求められる特性と合っている。

そのほか、コンデュイットの6位にはちょっと驚いた。ミルリーフ系のマイナー種牡馬といって差し支えないと思うけど、これは福島や新潟で稼ぐラフィアン軍団の種牡馬という理由が大きい。５勝中４勝がマイネルとウインのラフィアン軍団によるものだ。

福島芝2600m

逃げ馬の勝率……7・9%
複勝率……25・0%

芝２６００ｍは向正面からスタート。コースを1周半する長距離レースで、6回もコーナーを回るために立ち回りのうまさ、コース経験が活きる舞台となっている。

そうなるとステイゴールドの独壇場で、2位のディープインパクトにダブルスコアをつけて1位。ただし牝馬はまったく走らず、牡馬・騸馬に限ると【９　８　８　40】で勝率13・8%、複勝率38・5%にまで成績がアップする。

そのほかではオルフェーヴルの勝率の良さも目立つね。もともとスタミナ豊富な血統だし、今後もオルフェーヴル産駒のなかで切れ味のないタイプがこういうローカルの長距離戦に活路を見出すことになりそうな予感。同じ理由でゴールドシップ産駒も今後は走ってくるだろう。

福島芝２６００ｍは「ステイゴールドとその後継たち」を狙うべきコースということでいいんじゃないかな。

福島芝2600m　注目種牡馬ランキング

順位	種牡馬	着別度数					勝率	連対率	複勝率	単回値	複回値
1	**ステイゴールド**	**9-**	**8-**	**10-**	**57/**	**84**	**10.7%**	**20.2%**	**32.1%**	**84**	**72**
2	**ディープインパクト**	4-	7-	2-	37/	50	8.0%	22.0%	26.0%	151	73
3	**オルフェーヴル**	**4-**	**0-**	**1-**	**6/**	**11**	**36.4%**	**36.4%**	**45.5%**	**285**	**93**
4	**キングカメハメハ**	3-	3-	5-	14/	25	12.0%	24.0%	44.0%	54	121
5	**シンボリクリスエス**	3-	2-	1-	25/	31	9.7%	16.1%	19.4%	79	59
6	**ハーツクライ**	2-	5-	1-	46/	54	3.7%	13.0%	14.8%	19	76
7	**ジャングルポケット**	2-	4-	1-	20/	27	7.4%	22.2%	25.9%	49	68
8	**ハービンジャー**	2-	3-	7-	31/	43	4.7%	11.6%	27.9%	95	78
9	**コンデュイット**	2-	1-	3-	31/	37	5.4%	8.1%	16.2%	110	68
10	**ルーラーシップ**	2-	1-	3-	15/	21	9.5%	14.3%	28.6%	55	97
注目	**ゴールドシップ**	**0-**	**0-**	**0-**	**1/**	**1**	**0.0%**	**0.0%**	**0.0%**	**0**	**0**

福島競馬場▶ダート

コース図

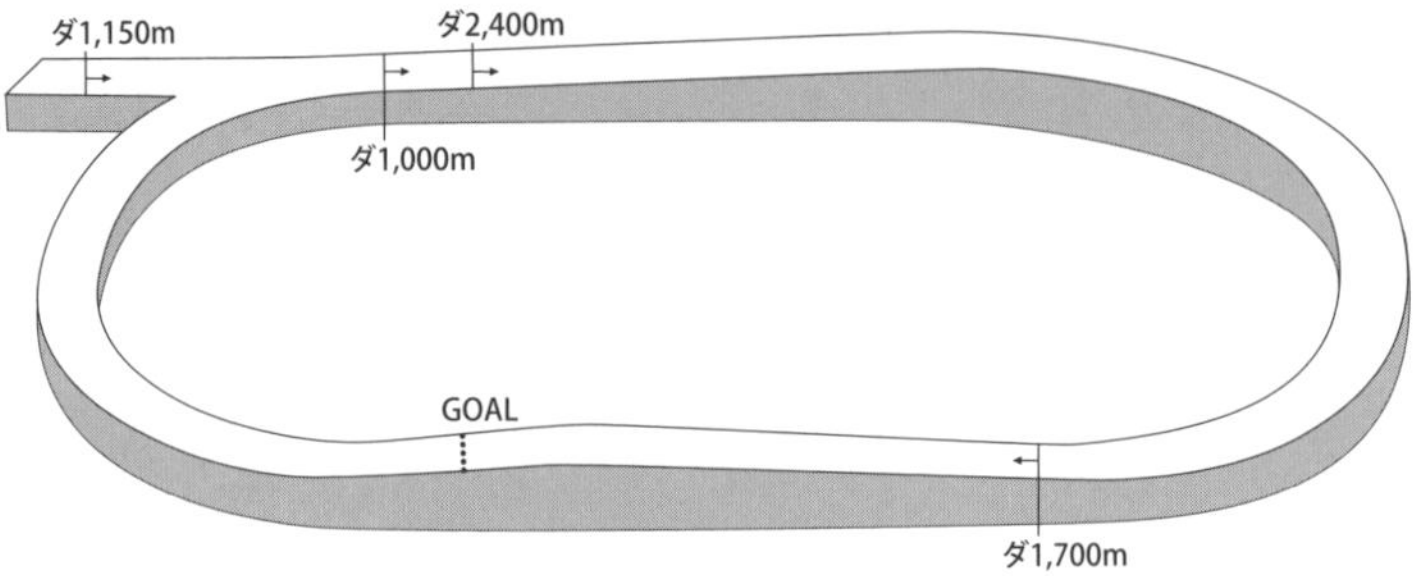

高低差断面図

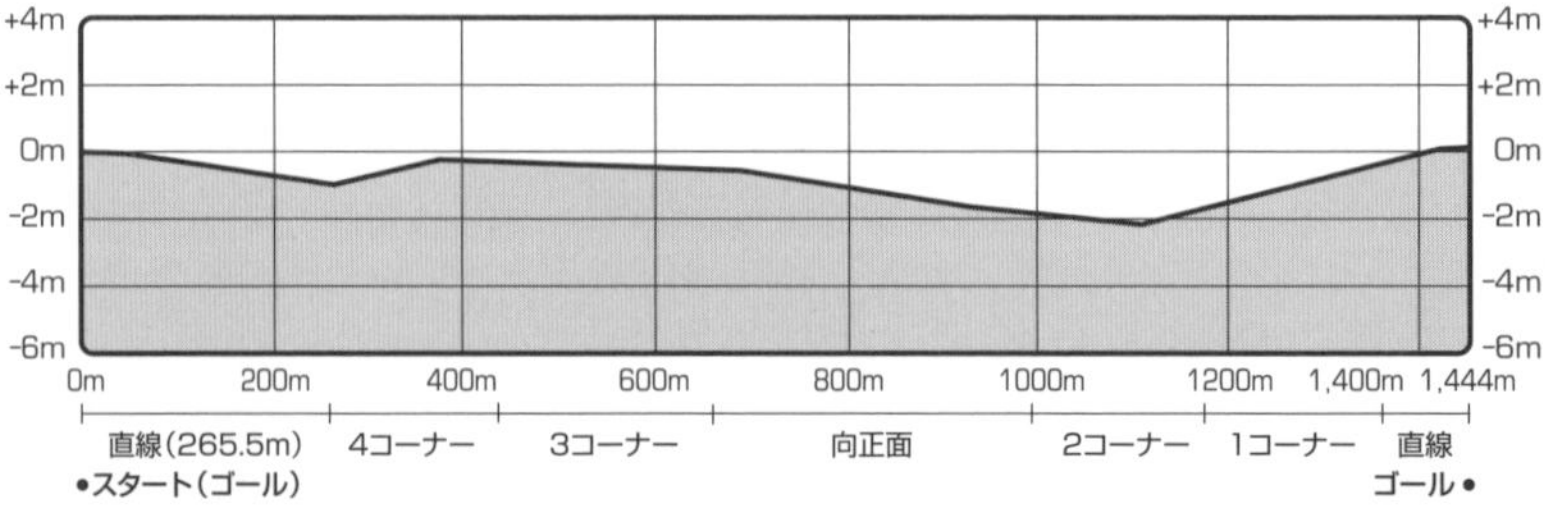

福島ダート下級条件（2勝クラス以下）種牡馬ベスト5

順位	種牡馬	着別度数	勝率	連対率	複勝率	単回値	複回値
1	ゴールドアリュール	25- 26- 16- 196/ 263	9.5%	19.4%	25.5%	108	94
2	サウスヴィグラス	22- 22- 20- 200/ 264	8.3%	16.7%	24.2%	60	68
3	キングカメハメハ	21- 14- 15- 128/ 178	11.8%	19.7%	28.1%	93	95
4	ハーツクライ	13- 15- 10- 96/ 134	9.7%	20.9%	28.4%	51	74
5	クロフネ	12- 14- 12- 147/ 185	6.5%	14.1%	20.5%	109	62

福島ダート上級条件（3勝クラス以上）種牡馬ベスト5

順位	種牡馬	着別度数	勝率	連対率	複勝率	単回値	複回値
1	キングカメハメハ	2- 2- 0- 14/ 18	11.1%	22.2%	22.2%	58	75
2	ゴールドアリュール	1- 4- 0- 11/ 16	6.3%	31.3%	31.3%	18	92
3	カジノドライヴ	1- 2- 0- 5/ 8	12.5%	37.5%	37.5%	92	203
4	ロージズインメイ	1- 0- 1- 2/ 4	25.0%	25.0%	50.0%	90	85
5	ケイムホーム	1- 0- 0- 1/ 2	50.0%	50.0%	50.0%	170	80

福島ダートコースは１周距離約１４４５ｍ、直線距離は約２９６ｍ。典型的な小回りコースで、コーナー半径も小さく非常にタイト。さらに芝の高低差が１・９ｍだったのに対し、ダートは２・１ｍと芝よりも起伏に富んでいて、高低差図が表すように平坦部分がほとんどない。「ローカル小回りのダート」というイメージより、格段にタフなコースとなっている。

この急流ゆえに後続馬も脚が溜まらず、結果的に前残りが多いのも特徴。ＪＲＡ全10場のなかでも逃げ馬の好走が目立つコースだ。ただし、スタンド前から発走してコースを１周する１７００ｍは激流になりやすく、１７００ｍという字面以上のスタミナがないとばったり止まることが多い。逃げ馬ならなんでもＯＫという安直な買い方は禁物。タフなコースだと常に認識しておきたい。

距離設定は１１５０ｍ、１７００ｍ、２４００ｍの３種類。以前は１０００ｍの番組も組まれていたが、13年の春を最後にレースが行われておらず、また２４００ｍは16年からは年に１鞍のみの施行。したがって本書では主要な１１５０ｍと１７００ｍを取り上げる。

福島ダート１１５０ｍ

逃げ馬の勝率……33・3％
複勝率……58・9％

ダート１１５０ｍは、２コーナー奥の引き込み線からの芝スタート。スタート直後から３コーナーまで緩やかな上りが続き、ダート短距離にしてはペースが上がりづらい。そのまま３、４コーナーのスパイラルカーブに入るため逃げ・先行馬が残りやすいコースだ。逃げ馬の勝率、複勝率も非常に高い水準をマークしている。

ランキングに目を向けると、サウスヴィグラスが1位。どのクラスでもまんべんなく勝ち星を稼いでいる点は評価できるけど、いかんせん勝率が低いのがネック。アタマから狙うには絞り込みが必要で、まずは当日5番人気以内に絞れば勝率は15・5％に倍増。さらに1〜4枠なら勝率は20・5％に上がる。5頭に1頭は勝ち上がる計算で、単勝回収値もめでたく１００超えとなる。

ローカルの短距離戦にはサウスヴィグラス産駒が大挙して出走してくるけれど、この人気と枠の絞り込みで対処できるはずだ。

一方、出走数はサウスヴィグラスの半数以下ながら13勝を挙げているのがゴールドアリュール。単勝回収値１５０、複勝回収値１３２と、全部買ってもプラスに持っていけるという優秀さだ。

ゴールドアリュール産駒は、強い馬だとダート１６００〜２０００mの主要距離でも活躍できるんだけど、条件戦だと短い距離での穴が目立つ。折り合いを気にせずに走れる距離のほうが合うタイプも多いためだ。5番人気以内のゴールドアリュール産駒に絞ると、さらに単勝回収値が上昇する。普通は上位人気に絞ると単勝回収値は下がっていくものなんだけど、１７２まで上が

福島ダート1150m　注目種牡馬ランキング

順位	種牡馬	着別度数	勝率	連対率	複勝率	単回値	複回値
1	サウスヴィグラス	14- 17- 15- 158/ 204	6.9%	15.2%	22.5%	45	66
2	**ゴールドアリュール**	**13- 11- 4- 63/ 91**	**14.3%**	**26.4%**	**30.8%**	**150**	**132**
3	スウェプトオーヴァーボード	8- 3- 6- 67/ 84	9.5%	13.1%	20.2%	88	65
4	**ケイムホーム**	**6- 4- 3- 36/ 49**	**12.2%**	**20.4%**	**26.5%**	**224**	**85**
5	キンシャサノキセキ	5- 10- 10- 67/ 92	5.4%	16.3%	27.2%	23	83
6	メイショウボーラー	5- 4- 3- 61/ 73	6.8%	12.3%	16.4%	56	81
7	**スクリーンヒーロー**	**5- 3- 4- 17/ 29**	**17.2%**	**27.6%**	**41.4%**	**78**	**114**
8	ファスリエフ	5- 1- 2- 34/ 42	11.9%	14.3%	19.0%	40	51
9	ロードカナロア	4- 4- 2- 26/ 36	11.1%	22.2%	27.8%	69	68
10	ヨハネスブルグ	4- 2- 3- 35/ 44	9.1%	13.6%	20.5%	34	45

るんだ。この距離だとそれほど人気が被らず、かつ、ちゃんと勝ち切っているということだね。

そのほか、珍しいところでは4位のケイムホームかな。19年のフェブラリーSを勝ったインティの父だ。父系はミスタープロスペクター系のゴーンウエストのライン。タイムの速いダートの得意なマイラー血統で海外でも発展している。タワーオブロンドンも同じ父系だ。

ケイムホームは224という単勝回収値が示すように人気になりづらい種牡馬で、前走で3着以内だった馬を買うだけでも優にプラスを確保できる。前走4着以下の馬は効率が良くないけど、走りやすい脚抜きのいいダートで一変することもあるから注意したい。産駒のヒザクリゲは重と稍重の福島ダート1150mで、19年のラジオ福島賞と、やまびこSを連勝した。

騎手にも触れておこう。集計期間中の1位は戸崎騎手で、2位が津村騎手だった。両騎手ともローカルに入れば、明らかにうまいジョッキーの部類に入る。特に戸崎騎手はローカルに強いマイネルの馬に乗る機会も多い。逃げ馬に乗ってきたら大チャンスで、半分くらい勝っている。

あとは三浦皇成騎手。小回りは本当にうまくて、ここも勝率は40%。連対率も50%だから、軸の扱いにできる。福島まで乗りにきたときは必ずチェックしておこう。

福島ダート1700m

逃げ馬の勝率……34・4%
複勝率……64・0%

ダート1700mはスタンド前、直線の入り口あたりがスタート地点。そのまま起伏に富んだコースを1周するかたちで、１７００ｍという字面以上にタフなコースとなっている。そのコースのタフさに加え、短い直線を意識した早め仕掛け、そしてスピードを落とさずにコーナーを回ってこられるスパイラルカーブの影響で、特にレース後半は厳しい競馬になりやすい。

逃げ・先行馬にとって決して楽な競馬とはならないけれど、後続馬もタフな競馬を強いられるため脚が溜まらない。また後半のペースアップで先行馬に追いつきづらいこともあって、基本的には先行有利。それもスマートに先行して押し切るのではなく、全馬バテバテの消耗戦となった結果、前に位置していた馬が残るという構図だ。

ただ、逃げ馬の勝率、複勝率が高いのは、20年の春開催が逃げ馬ばかりが好走する馬場だったから。異様な逃げ馬天国だった。この時期を入れずに集計すると勝率21・2％、複勝率42・9％。本来はだいたいこれくらいだろうなという肌感覚だ。その開催の馬場が前残りなのかどうかを読むのは、芝だけではなくダートでも大切。秋以降の開催でどういう馬場になるかわからないけれど、前週、前日、当日の早い時間のレースを見つつ判断してほしい。

ダート全体のところでも触れたけど、福島ダート１７００ｍは非常にタフなコースだけに、前走で１７００ｍより長い距離を使っていた馬のほうが好走率は高く、これは覚えておくべきポイント。なかでも前走で２０００ｍを使っていた馬の成績が優秀。ＪＲＡで唯一の阪神ダート２０００ｍからの転戦組はもちろんのこと、面白いのは「前走で芝２０００ｍを使っていた馬」も多く馬券に絡んでいること。前走中山芝２０００ｍの【５ １ ２ 23】、勝率16・1％、複勝率25・8％を筆頭に、札幌、福島、京都と、ローカル、内回りの芝２０００ｍから転戦してくる馬には注意しておいたほうがいい。該当馬がいつもたくさんいるわけではないから、見逃さないようにチェックしよう。

こういう芝からの転戦組はハーツクライ、ロジユニヴァースといったズブい馬が出がちな種牡馬を狙うといい。そもそも芝では切れ味の足りない馬がダートに新境を求めて転戦してくるから、当然と言えば当然だけど。

ランキングに目を向けると、ダート中距離になるとさすがにキングカメハメハが上位にランクされる。率も優秀で、堂々の1位。ダート中距離はどこの競馬場も、キンカメ産駒とゴールドアリュール産駒をいかに的確に取捨していくかが勝負のカギを握る。

キンカメ産駒の定番の絞り込みは「上位人気」「前走着順のいい馬」「道悪」なんだけど、福島ダート１７００ｍでは「前走10着以下」の大穴馬もちょくちょく馬券に絡んでいる。なかでも「中山ダート１８００ｍの前崩れの展開で大バテした先行馬」の巻き返しに気をつけたい。

あと、人気馬を買う場合に注意したいのは、昇級初戦の馬だけはちょっと割り引きなこと。タフなコースだけに、昇級して道中の流れがさらに厳しくなるところにいきなり対応できる馬は少な

福島ダート1700m　注目種牡馬ランキング

順位	種牡馬	着別度数	勝率	連対率	複勝率	単回値	複回値
1	キングカメハメハ	19- 15- 12- 108/ 154	12.3%	22.1%	29.9%	69	96
2	ゴールドアリュール	13- 19- 12- 143/ 187	7.0%	17.1%	23.5%	81	75
3	ハーツクライ	10- 13- 10- 83/ 116	8.6%	19.8%	28.4%	47	79
4	クロフネ	9- 14- 12- 110/ 145	6.2%	15.9%	24.1%	101	66
5	シンボリクリスエス	9- 14- 11- 87/ 121	7.4%	19.0%	28.1%	46	76
6	カネヒキリ	9- 4- 9- 52/ 74	12.2%	17.6%	29.7%	98	121
7	シニスターミニスター	8- 9- 4- 50/ 71	11.3%	23.9%	29.6%	329	162
8	サウスヴィグラス	8- 5- 5- 46/ 64	12.5%	20.3%	28.1%	105	70
9	ブラックタイド	8- 3- 2- 62/ 75	10.7%	14.7%	17.3%	53	34
10	ネオユニヴァース	6- 9- 9- 85/ 109	5.5%	13.8%	22.0%	24	60

いんだ。前走1着より、前走2、3着が狙い目だ。

あとはカネヒキリがいい。ほかの競馬場では鳴りを潜めていたけど、ローカル福島の中距離でランクイン。フジキセキ産駒でフェブラリーSやジャパンCダートなど、ダートのGIを勝ちまくった砂の王者だ。

カネヒキリ産駒はよく言えば堅実、悪く言えば鈍《なまくら》なタイプなんだ。一瞬でエンジンがかかるのではなくて、モタモタするところがある。それが一流馬が出ない理由でもあるんだけどね。ただ、福島ダート１７００ｍではちゃんと勝ち切れる。最初に書いたように他馬もバテてゴールへなだれ込むというコースだから、カネヒキリの鈍さがうまくカバーされている。こういうタフなコースで成績を上げるあたりは、地方競馬の交流重賞を勝ちまくった馬らしいね。

カネヒキリ産駒は勝ち味に遅いところがあるので、一気にクラスを突き抜ける感じではない。クラスが上がって2〜3戦目で着順を上げつつ、強い馬が抜けて順番が回ってきたところで勝つというタイプ。クラス3戦目で買うとちょうどいいくらいだ。

ランクには入ってないけど、同じフジキセキの後継のキンシャサノキセキの名前も挙げておこう。キンシャサノキセキ産駒は当初、短距離専門のように思われていた時期もあるけど、このところは中距離タイプも増えているし、もともとダートと芝の両方で活躍する血統。

「ダート１７００ｍは距離が長いんじゃないか?」と安易に軽視すると、小回りを軽快に先行してそのまま押し切るという競馬をやられてしまう。18年の福島民友Cを勝ったヒラボクラターシュがキンシャサノキセキ産駒だった。

新潟競馬場
Niigata Racecourse

新潟競馬場▶芝

コース図

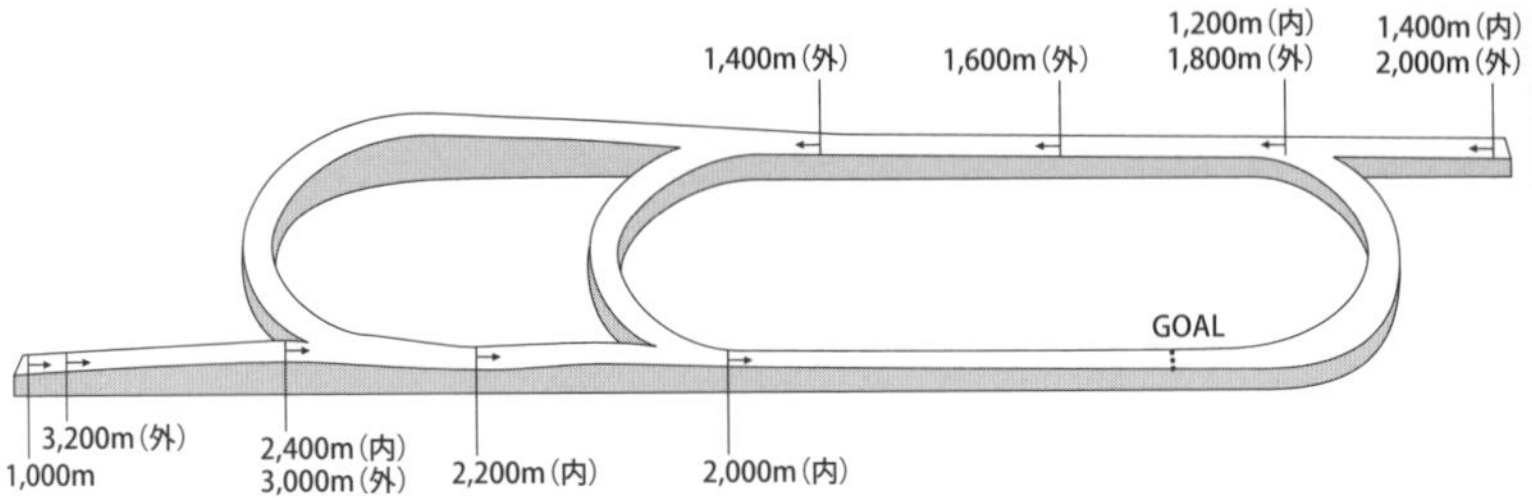

高低差断面図

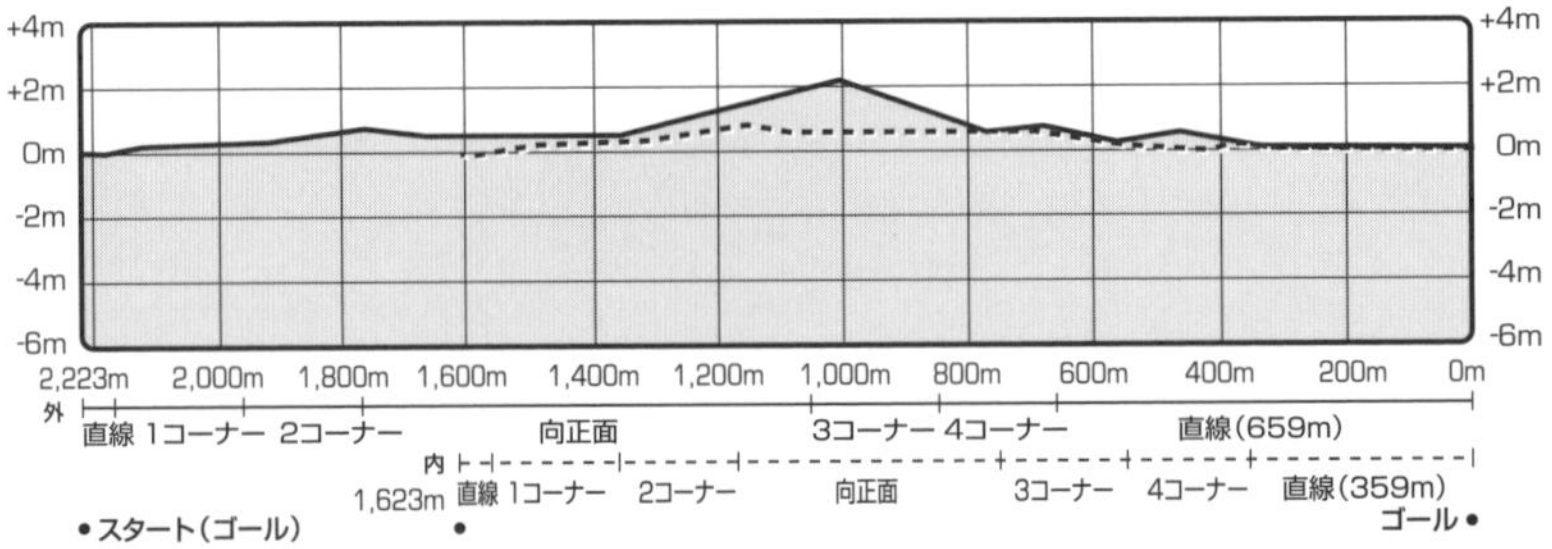

新潟芝下級条件（2勝クラス以下）種牡馬ベスト5

順位	種牡馬	着別度数	勝率	連対率	複勝率	単回値	複回値
1	ディープインパクト	83- 69- 69- 398/ 619	13.4%	24.6%	35.7%	76	90
2	ハーツクライ	42- 30- 33- 300/ 405	10.4%	17.8%	25.9%	84	71
3	ステイゴールド	32- 32- 35- 292/ 391	8.2%	16.4%	25.3%	62	70
4	ダイワメジャー	31- 28- 31- 256/ 346	9.0%	17.1%	26.0%	67	63
5	ルーラーシップ	24- 17- 20- 135/ 196	12.2%	20.9%	31.1%	75	83

新潟芝上級条件（3勝クラス以上）種牡馬ベスト5

順位	種牡馬	着別度数	勝率	連対率	複勝率	単回値	複回値
1	ディープインパクト	10- 14- 6- 84/ 114	8.8%	21.1%	26.3%	64	88
2	アドマイヤムーン	7- 2- 1- 23/ 33	21.2%	27.3%	30.3%	98	48
3	ダイワメジャー	6- 8- 7- 72/ 93	6.5%	15.1%	22.6%	34	57
4	ステイゴールド	4- 7- 7- 35/ 53	7.5%	20.8%	34.0%	100	174
5	キングカメハメハ	4- 4- 6- 46/ 60	6.7%	13.3%	23.3%	46	86

新潟芝コースは内回りと外回りが設定されており、ふたつのコースは別の競馬場と考えてもいいほど、大きく性質が異なる。

まず内回りコースは１周が１６２３ｍ（Ａコース使用時）、直線の距離は約３５９ｍ。高低差は０・８ｍとほぼ平坦。また、楕円形をさらに上下から押しつぶしたような細長い形態をしており、３～４コーナーの角度がＪＲＡのなかでもっともキツい。

このコーナーではスピードを落とさないとタイトに回ることができず、距離ロスが発生してしまう。全馬とも減速するので、コーナーでポジションを上げるのは難しいと言っていいだろう。直線も長いとは言えず、平坦、小回りという言葉が当てはまるローカルらしいコース、それが内回りだ。馬券的には先行有利。好位や中団寄りにつけて器用に立ち回れるタイプを狙いたい。

一方の外回りコースは、１周が２２２３ｍ（Ａコース使用時）。直線の距離は約６５９ｍ。周回距離は内回りの１・４倍弱、直線距離は内回りの約１・８倍もある。

また、向正面の終わりから３コーナーの入り口付近を頂点とする小山が設置されており、高低差は２・２ｍ。坂を下りながら直線に入るが、ここでスピードを上げてしまうとコーナーでロスが生じ、長い直線でもたなくなってしまう。基本的には４コーナーを回ってからの追い比べとなりやすいコースだ。

外回りコースの長い直線もあって広い競馬場というイメージが強いけれど、外回りもコーナーの角度はかなり急で、幅員も狭い。直線はひたすら長いけど、決して広いコースとは言えないレイアウトだ。東京競馬場のような大きさとは意味するものが違うので、そのあたりを意識して予想するといいだろう。

ちなみに新潟競馬場はＪＲＡ全10場のなかで、唯一、野芝のみで行われる競馬場でもある。これが速い時計の出やすい要因のひとつで、特に外回りの上がり３ハロンはすべて直線だから、速いタイムになりやすい。32秒台、33秒台前半の上がりタイムもバンバン出ている。

なお、この数字を鵜呑みにすると、他場ではまったくアテにならないので要注意。これくらいの上がりタイムは、野芝開催のうえに上がり３ハロンが直線部分となる新潟外回りなら、大半の馬が出せてしまうタイムなんだ。この速い上がりを見て「瞬発力タイプが好走している」と勘違いしてしまう人も多いけれど、長い直線を乗り切るには一瞬の切れ味ではなくて、追って追ってそれでもバテずに伸びるタイプ。言ってみれば上がり３ハロンを速く走れるタイプよりも、他場でジリジリ伸びているような「上がり４ハロンを速く走れるタイプ」のほうが、新潟の直線に向く。

血統で言うと、外回りコースは他場よりもトニービンを持つ種牡馬が強い。直系ならジャングルポケット、サンデー系ならハーツクライ、キングマンボ系ならルーラーシップ。母父トニービンも含めて、マークしたい血統だ。

内回りコースや直線コースならアドマイヤムーンやダイワメジャーがいいけど、これはそれぞれの個別のコースで見ていこう。芝１２００ｍ、芝１４００ｍ、芝２０００ｍ、芝２２００ｍが内回り。芝１６００ｍ、芝１８００ｍ、芝２０００ｍが外回りで施行される。

新潟は春、夏、秋と3開催行われ、もっとも馬場がきれいで時計が速いのは夏開催。それに対して春、秋は雨の影響などで馬場が荒れて、夏より時計がかかりやすい。野芝オンリーだから寒い時期の芝の成長が遅いという理由もあるだろう。夏開催よりも若干パワーに寄ったタイプを狙うといい。

新潟芝1000m

逃げ馬の勝率……19・5%
複勝率……43・3%

新潟芝１０００ｍは４コーナーからずっと奥まったところにスタート地点が設置されている、ＪＲＡで唯一の直線コース。新潟を代表するコースだ。夏の風物詩アイビスサマーダッシュが行われる。スタート直後から２００ｍほど上って、さらに２００ｍかけて下り。残り６００ｍの地点からは多少のアップダウンはあるけど、ほぼ平坦と考えていい。

広く知られているように、このコースは圧倒的に外枠が有利。枠ごとの勝率は1枠が２・８％、２枠が２・４％なのに対し、７枠は８・５％、８枠は11・９％にもなる。基本的に外へ行くほど数字が上がり、３〜６枠は４〜６％台だ。

外枠有利の理由は簡単で、外枠のほうがラチに近く頼りやすいということ。それから、ほかの距離ではほとんど走られることのない外ラチ沿いの馬場の良いところを走れることに尽きる。

ただ、テンのスピードがない馬、差し馬が外枠に入ると、馬場の外を狙ってくる馬が殺到して前が壁になりやすい。結果、進路がなくなって脚を余して負けるケースがあるので、その点は注意。差し馬なら４〜６枠あたりのほうが走りやすいケースもあることは覚えておこう。

ランキングは1位アドマイヤムーン、２位ショウナンカンプ、３位マツリダゴッホ。２着の差でアドマイヤムーンが1位となっているけど、1位から3位まで6勝で並び、さらに10位までも大きな差はない。

特徴としてはサンデー系がダイワメジャーとキンシャサノキセキとマツリダゴッホくらいで、いわゆるサンデー系の王道種牡馬たちは入っていないこと。ダート馬も多く出すようなミスタープロスペクター系の血統の成績がいいこと。

注目したいのはロードカナロアの勝率の高さだ。まだ出走数が少ないので勝利数は目立ってないけど、勝率15・2%は高く評価できる。ロードカナロアは父キングカメハメハより短距離指向が強くて、スタートでも器用に好位につけられる産駒が多い。さらにミスプロ系の持続力を受け継いでいるから、新潟芝１０００ｍにはぴったりのタイプだ。ジョーカナチャンが飛翼特別と駿風Sを連勝するなど、今後はロードカナロアの天下が続くかも知れない。器用なので、あまり枠順は気にしすぎないほうがいい。

一方、アドマイヤムーン産駒は枠順別の成績の差が激しい。8枠と7枠が断然良くて、内枠は不振だ。集計期間より前の話だけど、ハクサンムーンは3歳のアイビスサマーダッシュで内枠を引いて4着どまり。4歳のアイビスサマーダッシュでは7枠を引いて鮮やかに逃げ切った。

ちなみにハクサンムーン産駒は20年のデビュー。初年度産駒は13頭だから、どのくらい中央で走るかわからないけど、ぜひ新潟芝１０００ｍで走りを見てみたい。あとは同じアドマイヤムーンの後継種牡馬で、21年に産駒デビューを迎えるファインニードルも合いそう。ロードカナロア産駒との対決が楽しみだ。

このほか、ランキングを大きな括りで見ると、ダートも走れる短距離血統が上位にたくさん入っている。キンシャサノキセキ、ヨハネスブルグ、スウェプトオーヴァーボード……これらは短距離ダートのランキングの常連種牡馬だよね。

新潟芝１０００ｍは脚を溜めてどうこうするレースではない。スタートから飛ばして、いかにゴールまでそのスピードを維持するか、粘れるかというレースになるので、ダート短距離と近い資質が求められるんだ。

ただ、完全にダート馬だとスピードについていくことができない。だから芝・ダ兼用の種牡馬が走る。言い換えれば、脚を溜めてナンボのディープインパクトをはじめとするサンデー系には合わない。芝でディープインパクトがランキング76位のコースなんてほかにない。

これは有名なデータなんだけど、２０１０年以降のアイビスサマーダッシュにおけるサンデーサイレンス系は【０　２　１　28】。キンシャサノキセキやダイワメジャーの産駒しか来たことがないんだ。それくらい適性が合わないコースだよ。

それとコース全体のところで、夏は時計が速くて、春、秋は時

新潟芝1000m　注目種牡馬ランキング

順位	種牡馬	着別度数	勝率	連対率	複勝率	単回値	複回値
1	**アドマイヤムーン**	6- 9- 5- 44/ 64	9.4%	23.4%	31.3%	50	101
2	**ショウナンカンプ**	6- 5- 3- 45/ 59	10.2%	18.6%	23.7%	130	100
3	**マツリダゴッホ**	6- 3- 5- 72/ 86	7.0%	10.5%	16.3%	85	85
4	**ダイワメジャー**	5- 10- 15- 82/ 112	4.5%	13.4%	26.8%	20	69
5	**スウェプトオーヴァーボード**	5- 5- 1- 55/ 66	7.6%	15.2%	16.7%	117	60
6	**キンシャサノキセキ**	5- 4- 5- 59/ 73	6.8%	12.3%	19.2%	31	37
7	**ヨハネスブルグ**	**5- 4- 1- 33/ 43**	**11.6%**	**20.9%**	**23.3%**	**165**	**74**
8	**ロードカナロア**	**5- 3- 3- 22/ 33**	**15.2%**	**24.2%**	**33.3%**	**192**	**87**
9	**アルデバラン2**	4- 2- 2- 22/ 30	13.3%	20.0%	26.7%	186	86
10	**キングヘイロー**	**4- 2- 2- 18/ 26**	**15.4%**	**23.1%**	**30.8%**	**425**	**126**

計がかかりがちと書いたけど、このコースでもその影響は出ていて、夏は1位マツリダゴッホ、2位ダイワメジャー、3位キンシャサノキセキと、スピード持続タイプのサンデー系が1～3位。一方、春、秋は1位スウェプトオーヴァーボード、2位アドマイヤムーン、3位ロードカナロアとミスプロ系が1～3位。

夏のミスプロ系は7位のアドマイヤムーンが最高位で、春、秋のサンデー系は6位のダイワメジャーが最高位ということを考えても、これは決して偶然ではない。

パンパンの芝の高速決着ならサンデー系のスピード型。パワーを要する春、秋の開催はミスプロ系ということだ。ちなみに春、秋の4位、5位はヨハネスブルグとキングヘイローで、この2頭も力のいる馬場を得意としている。こちらはノーザンダンサー系だ。

ただ、アイビスサマーダッシュに関しては、この季節傾向は無視でいい。唯一の重賞だけあってスペシャリストが集結するので、そもそもが血統だけで語らないほうがいいレースだからね。

アイビスはとにかく1番人気が強くて15～19年の5年で4勝2着1回とパーフェクト連対。唯一勝てなかったフィドゥーシアのときに勝ったのは、メイショウボーラー産駒のラインミーティアで、8枠からのスタートだった。どうしても穴を狙いたい場合は中途半端な5～7番人気よりも、8番人気以降のほうが面白い。外枠の人気馬を連軸にしつつ、馬券の相手には人気薄を幅広くというイメージだ。新潟芝１０００ｍのキャリア3戦以内で、一度は好走した経験がある馬が穴になりやすい。ほかのコースの戦績はアテにならないので、格上挑戦でも狙えるレースだ。

新潟芝1200m

逃げ馬の勝率……21・8%
複勝率……39・7%

新潟芝１２００ｍは2コーナーの出口からスタートし、内回りコースを回ってくるレイアウト。2勝クラスの特別戦がいくつか組まれているほか、下級条件のみで使用されるコースだ。

平坦、小回りの短距離とくればロスなく回れる内枠有利を想像してしまうけれど、このコースはむしろ1、2枠の勝率が沈んでいる。キツいコーナーで、内に包まれたら容易に抜け出せないということだろう。

ランキングはマツリダゴッホとメイショウボーラーが1、2位。マツリダゴッホの現役時代からは芝１２００ｍで活躍するなんて想像できなかったけど、早めに仕上げて勝ちを稼ぐというラフィアンの育成方針の影響もあるんだろう。実際、期間中に挙げた5勝中3勝が2歳によるもので、残りの2勝も3歳の夏まで。仕上がり早のスピードタイプばかりだから、2、3歳の早いうちに買っておくというのがマツリダゴッホ産駒の馬券のポイントだ。人気馬の好走が多いというのも特徴。

一方、メイショウボーラーは2歳戦での勝ち鞍はゼロで、買えるのは3歳春以降。それも人気薄の牝馬の好走が多い。マツリダゴッホとは正反対のバイオリズムを見せている。ブロワが3勝のほか、ヤサカオディールが飯豊特別を勝ったり、未勝利でもふた桁人気の馬が勝ったりと、このコースに適性があるのは間違いない。前走福島芝１２００ｍで掲示板に乗った馬が、スピード優先の新潟でさらに前進するというイメージを持っておくといいんじゃないかな。

ちなみに母父ランキングではタイキシャトルが1位。最強マイラーとして天下を取った馬で、メイショウボーラーの父だ。このタイキシャトル、メイショウボーラー親仔の血を引く馬を徹底して狙うのが、新潟芝１２００ｍの万馬券にありつくコツだろう。春開催に湯沢特別というレースがあって、16年、18年、19年と、母父タイキシャトルが穴をあけている。

新潟芝1200m　注目種牡馬ランキング

順位	種牡馬	着別度数	勝率	連対率	複勝率	単回値	複回値
1	マツリダゴッホ	5- 3- 4- 26/ 38	13.2%	21.1%	31.6%	85	80
2	**メイショウボーラー**	**5- 1- 0- 20/ 26**	**19.2%**	**23.1%**	**23.1%**	**1118**	**265**
3	ディープインパクト	4- 4- 2- 28/ 38	10.5%	21.1%	26.3%	39	70
4	ダイワメジャー	3- 5- 6- 44/ 58	5.2%	13.8%	24.1%	17	61
5	スウェプトオーヴァーボード	3- 0- 1- 29/ 33	9.1%	9.1%	12.1%	46	22
6	マンハッタンカフェ	2- 3- 4- 15/ 24	8.3%	20.8%	37.5%	95	91
7	ダノンシャンティ	2- 2- 1- 15/ 20	10.0%	20.0%	25.0%	49	82
8	ロードカナロア	2- 1- 3- 20/ 26	7.7%	11.5%	23.1%	33	71
9	ディープブリランテ	2- 1- 1- 14/ 18	11.1%	16.7%	22.2%	440	134
10	ゼンノロブロイ	2- 1- 0- 17/ 20	10.0%	15.0%	15.0%	55	70

新潟芝１４００ｍ

逃げ馬の勝率……25・0％
複勝率……42・0％

芝１４００ｍは２コーナー奥にある引き込み線からスタートし、内回りコースを使用。信越Ｓ、朱鷺Ｓのリステッド競走など特別戦も多く組まれているコースだ。

直線の短い内回り、新潟特有の急カーブということもあって、早めにいいポジションをとっておきたい馬が多く、ポジション争いが激しくなりやすいのが特徴。その結果として１４００ｍらしい、かなり締まった流れになることが多い。

この特徴は馬券に活かしやすくて、たとえばダリア賞という２歳の夏の特別戦。このレースの好走馬はローテーション的にも新潟２歳Ｓに向かうことが多いんだけれど、まず好走できない。15年のダリア賞勝ち馬ペルソナリテは新潟２歳Ｓで４着。16年２着のマイネルバールマンは同12着。19年の勝ち馬エレナクァヴァンティは同５着。ことごとく馬券に絡めていない。ダリア賞が締まった１４００ｍらしい流れなのに対し、新潟２歳Ｓは超スローの直線勝負。キャリアの浅い２歳馬にとって、この緩急の使い分けはまだ無理なんだ。

これはダリア賞が次走につながらないという意味ではなく、あくまでも新潟２歳Ｓとはまったく適性が違うという話。18年のアウィルアウェイはダリア賞の次走に京王杯２歳Ｓでも２着したように、同じ芝１４００ｍならつながるから積極的に買いだ。

ランキングは１２００ｍとは大きく違う。１位はダイワメジャー、２位はディープインパクト。

１４００ｍ得意のダイワメジャーがグンと成績を上げている。

出走数が多い種牡馬だから、ランクが上でも単勝回収値は高くないことが多いけど、このコースでは余裕の１００超え。かなり優秀な成績だ。この理由は内回りにあると思う。ダイワメジャー産駒はスピードが持ち味で、末脚を長く使えるタイプではない。だから直線の長い外回りではどうしても最後にタレてしまい、新潟芝１６００ｍの成績は伸び悩む。でも、そんな馬が内回りの芝１４００ｍに出てくると、適性がぴったりだから勝ち切れるし、穴にもなる。この「内回りの芝１４００ｍ」と「外回りの芝１６００ｍ」の適性の差を見抜くことが、１４００ｍの馬券のポイントだ。

勝ち鞍の数では3位ながら、内容的に優秀なのがアドマイヤムーン。期間中に挙げた6勝のうち、4勝がオープンでのものだ。17、18年の朱鷺Sを連覇したワンスインナムーン、19年ダリア賞のエレナアヴァンティ、19年朱鷺Sのストーミーシー。並べればわかるように、朱鷺Sは3連勝中だし、出走延べ6頭で4勝ということからも、バツグンの適性の高さがうかがい知れるよね。

残る2勝は1勝クラスのものだけど、新馬、未勝利での率は低

新潟芝1400m　注目種牡馬ランキング

順位	種牡馬	着別度数	勝率	連対率	複勝率	単回値	複回値
1	ダイワメジャー	13- 12- 5- 66/ 96	13.5%	26.0%	31.3%	142	82
2	ディープインパクト	11- 11- 5- 65/ 92	12.0%	23.9%	29.3%	70	85
3	アドマイヤムーン	6- 1- 2- 33/ 42	14.3%	16.7%	21.4%	210	65
4	キンシャサノキセキ	4- 5- 6- 37/ 52	7.7%	17.3%	28.8%	50	96
5	ロードカナロア	3- 4- 2- 30/ 39	7.7%	17.9%	23.1%	72	56
6	ハーツクライ	3- 3- 5- 26/ 37	8.1%	16.2%	29.7%	142	105
7	マンハッタンカフェ	3- 1- 4- 22/ 30	10.0%	13.3%	26.7%	72	64
8	ダノンシャンティ	3- 1- 2- 21/ 27	11.1%	14.8%	22.2%	213	75
9	リーチザクラウン	3- 1- 1- 9/ 14	21.4%	28.6%	35.7%	1048	260
10	タニノギムレット	3- 1- 1- 16/ 21	14.3%	19.0%	23.8%	99	86

いから、新潟芝１４００ｍのアドマイヤムーン産駒は出世するまで待ってから買うほうが効率はいい。
そのほかで目立つのが9位のリーチザクラウン。各世代の血統登録数が14頭から30頭前後と、産駒が多くないなかでこの成績は立派。さらに今後は産駒のレベルアップが見込まれる。というのも、17年に社台スタリオンステーションに栄転し、その最初の産駒が20年にデビューを迎える世代なんだ。繁殖牝馬の質は上がったし、２歳の産駒数も60頭近くいる。出世頭のキョウヘイを超える活躍馬が出てくるかも知れない。

リーチザクラウンはキャリアを積むごとに父のスペシャルウィークより、母父シアトルスルーのほうが色濃く出てきて、気性的にもエキサイトしやすかった。ダービー2着馬なのに、ガーッと行っちゃう気性だから現役晩年には１２００ｍを使われたりもしたしね。

産駒も気性の強さと母系のスピードを受け継いだ馬が多いから、基本的には締まった流れの短距離向きに出ている。シアトルスルーはアメリカの三冠馬でボールドルーラー系。この系統の血を持つ馬は平坦コースに強く、新潟の内回りも得意なんだ。20年デビューの産駒を楽しみに待ちたい。

新潟芝１６００ｍ

逃げ馬の勝率……14・4％
複勝率……28・8％

芝１６００ｍは向正面なかほどからスタート。外回りを使用するコースとなっている。最初のコーナーまで５００ｍ以上もあり、さらに3コーナー入り口に向かって緩やかな上りになるため、テンが速くてもここで緩む。４コーナーを回って直線に入ってから加速し、ゴールまでの末脚比べとなる。

前半のペースはさまざまで、古馬重賞の関屋記念なら前半１０００m通過が57秒台から58秒台前半と速めになるし、２歳戦の新潟２歳Sだと前半１０００m通過が61秒を超える超スローにもなる。スローの場合はスタート後４００mから１０００mまでの中間３ハロンが緩む。

だから2歳戦や下級条件は、直線に向いてから再加速して上がりの勝負になることが多いし、古馬のトップクラスならスタートからゴールまで「スピードの持続勝負」になることが多い。言葉でいうとややこしいけど、要するに、「上がりの鋭さを求めれるレース」と、「一定のスピードをずっと使う能力が求められるレース」の2タイプがあるから、それをまず見極めよう。

新潟2歳Sなら、上がり3ハロンの速い順にゴールインすることもよくあるけど、関屋記念はマルターズアポジーがハイペースで逃げ切ったり、エイシンティンクルが3着に逃げ残ったりするから、鋭い末脚を持っていればいいというものでもない。15年はレッドアリオンが逃げ切り、17年はマルターズアポジーが逃げ切り、2着にも2番手につけていたウインガニオンが残っている。「新潟芝１６００mは上がりが速い」＝「瞬発力勝負」と決めつけてかかると、痛い目に遭うので、これは肝に銘じておきたい。

ランキングは1位ディープインパクト、2位ハーツクライ。長く脚を使う能力が求められるコースだけに、ハーツクライの成績が非常にいい。

他場のマイル戦では瞬発力負けすることも多いタイプの血統だけれど、新潟マイルでは一瞬の鋭さよりも末脚の長さが武器になる。出走数がディープ産駒の半分程度にもかかわらず勝ち鞍は同じで、しかもハーツクライ産駒は1着の多さが目立つ。たとえば内回りに強いダイワメジャー産駒が外回りで最後に甘くなったところを、長く脚を使ってきたハーツ産駒が差すというイメージが目に浮かぶ。ハーツクライ産駒にとっては中距離より締まった流れで、徐々にスピードアップするロングスパート戦というのが有利に働いている。19年の新潟2歳Sではウーマンズハートが強い勝ち方をしたし、長岡Sという準オープンの特別戦では過去に何度も穴をあけている。

ここ1、2年でランキングを一気に駆け上がってきたのがロードカナロアで、5位まで食い込んできた。すでに重賞でも18年の新潟2歳Sでケイデンスコールが勝利している。このケイデンスコールも含め、新潟マイルのロードカナロア産駒は8勝中7勝が2歳戦というのも特徴的だ。2歳馬を集中的にマークしつつ、今後は3歳や4歳の勝ち鞍も増えていくだろう。

珍しいところではノヴェリストがランクインしているよね。アビームが2勝2着1回、アグリュームが1勝、ブラックジルベルトが1勝2着1回、ニシノドクターヘリが2着1回、3着1回。この3頭によるものだけど、3頭いれば種牡馬の適性と判断して

新潟芝1600m　注目種牡馬ランキング

順位	種牡馬	着別度数	勝率	連対率	複勝率	単回値	複回値
1	ディープインパクト	14- 23- 17- 95/ 149	9.4%	24.8%	36.2%	60	86
2	**ハーツクライ**	**14- 5- 6- 62/ 87**	**16.1%**	**21.8%**	**28.7%**	**174**	**92**
3	ダイワメジャー	10- 7- 7- 72/ 96	10.4%	17.7%	25.0%	49	49
4	ステイゴールド	8- 9- 6- 54/ 77	10.4%	22.1%	29.9%	125	112
5	**ロードカナロア**	**8- 4- 4- 34/ 50**	**16.0%**	**24.0%**	**32.0%**	**107**	**65**
6	ヴィクトワールピサ	4- 4- 1- 28/ 37	10.8%	21.6%	24.3%	59	40
7	**ノヴェリスト**	**4- 3- 1- 15/ 23**	**17.4%**	**30.4%**	**34.8%**	**133**	**80**
8	ディープブリランテ	4- 2- 4- 30/ 40	10.0%	15.0%	25.0%	74	71
9	アドマイヤムーン	4- 2- 1- 31/ 38	10.5%	15.8%	18.4%	54	33
10	シンボリクリスエス	4- 1- 0- 28/ 33	12.1%	15.2%	15.2%	90	35

いいかも知れない。

ノヴェリストはドイツのステイヤー血統から発展したスピードタイプの種牡馬だから、産駒がどっちに出るかはバラバラで、各馬の適性をつかむのが難しいんだ。一度、新潟芝１６００ｍで好走した馬は、また新潟芝１６００ｍで好走するケースが多いから、そこに気をつけて馬券で狙おう。

重賞に関して触れておくと、新潟2歳Ｓは上がりの速い順にゴールするようなレース。新馬戦などで、差して速い上がりを使えているかどうかなど、上がりの脚の比較を予想のポイントに置きたい。

一方の関屋記念は、中京記念とつながりにくいという有効な特徴がある。中京記念を3着以内に好走して、関屋記念でも馬券圏内に入ったのは17年のウインガニオンだけ。

反対に中京記念で馬券圏内を逃した馬は、16、17年のダノンリバティ（中京記念5着から関屋記念2着、3着）や、18年ワントゥワン（中京記念5着から関屋記念2着）、15年レッドアリオン（中京記念8着から関屋記念1着）など。19年も中京記念4着のミエノサクシードが関屋記念で2着に走った。

中京記念の上位で関屋記念を凡走した馬は、ほとんどが中京記念を差し・追い込みで好走してきた馬だった。先行したウインガニオンだけは関屋記念でも好走していることから、馬券のヒントはここにある。

中京芝１６００ｍは距離、左回り、長い直線と、新潟芝１６００ｍと共通点が多いけれども、中京のほうが急坂の影響もあって、新潟よりもタフな競馬になりやすい。そこで差して好走した馬は、新潟だと届かない。反対にタフな中京を先行して好走してきた馬なら、新潟でもちゃんと好走できる。もちろん、各レースの馬場や展開を注視することは必要だけど、この中京記念と関屋記念の関係は、新潟コースを攻略するヒントになるはずだ。

新潟芝１８００ｍ

逃げ馬の勝率……４・８％
複勝率……22・８％

芝１８００ｍは外回りコースを使用。スタート位置は芝１２００ｍと同じ、２コーナーの出口付近となる。

このコースで行われるのはほとんど2勝クラス以下のレース。20年には準オープンのパールＳも行われたけど、基本的には体力のつき切っていない２歳馬か、脚力に限界があって出世できていない条件馬たちの争いとなる。こういう馬たちが新潟外回りコースを走るとどうなるかというと、前半はスローになり、ラスト３ハロンの上がり勝負が中心。特に２歳戦は顕著で、逃げ馬の勝率は２・８％。能力が抜けていないと逃げ切りは難しい。

ランキングは1位のディープインパクトが、２位のハーツクライにダブルスコアの差をつけて断然トップ。芝１６００ｍだとスタートからずっとラップが落ちない流れになることも多いので、末脚が溜まりにくいんだけど、芝１８００ｍならどこかでラップは緩むから、ディープインパクト産駒の末脚キレキレタイプに向く流れになる。ディープ産駒の1着の多さ、２着の少なさにも注目してほしい。きっちりと勝ち切れる。

他場の芝１８００ｍと大きく違うのは３位以下のランキング。１８００ｍでも長い直線でスタミナやロングスパートを要求され、３位ジャングルポケットとか７位オルフェーヴル、８位ルーラーシップ、９位ディープブリランテら、中長距離寄りの種牡馬がランクインしてくる。現役時代に東京芝２４００ｍで強かった馬の産駒たちだ。

なかでもオルフェーヴルはいい。20年のパールSをアンドラステが快勝したように、特別戦での好走率がとても高いんだ。オルフェーヴル産駒は京都の外回りや新潟の外回りなど、直線が長くて、道中のスローから加速して長い末脚を使うようなコースがベストと見ていいだろう。

ディープブリランテも回収値が高い。不当に人気にならない産駒が多いから、ぼくも喜んで買うんだけれど、マイナージョッキーが乗ることも多くて、思わずジョッキーのせいにしたくなるときもある。ブリランテ産駒は突き抜ける一瞬の鋭さがないんだけど、ダラダラと脚は使えるから外回りの下級条件に合っているね。

ほかにもジャングルポケット、13位のエイシンフラッシュ

新潟芝1800m　注目種牡馬ランキング

順位	種牡馬	着別度数	勝率	連対率	複勝率	単回値	複回値
1	**ディープインパクト**	**28- 14- 22- 119/ 183**	**15.3%**	**23.0%**	**35.0%**	**80**	**78**
2	**ハーツクライ**	14- 10- 14- 88/ 126	11.1%	19.0%	30.2%	69	69
3	**ジャングルポケット**	**8- 1- 2- 35/ 46**	**17.4%**	**19.6%**	**23.9%**	**96**	**46**
4	**ステイゴールド**	7- 9- 13- 76/ 105	6.7%	15.2%	27.6%	48	75
5	**キングカメハメハ**	7- 9- 8- 60/ 84	8.3%	19.0%	28.6%	53	74
6	**ハービンジャー**	6- 5- 4- 68/ 83	7.2%	13.3%	18.1%	79	76
7	**オルフェーヴル**	6- 5- 1- 34/ 46	13.0%	23.9%	26.1%	34	92
8	**ルーラーシップ**	5- 6- 6- 37/ 54	9.3%	20.4%	31.5%	33	77
9	**ディープブリランテ**	**4- 5- 0- 19/ 28**	**14.3%**	**32.1%**	**32.1%**	**121**	**86**
10	**ヴィクトワールピサ**	4- 4- 3- 29/ 40	10.0%	20.0%	27.5%	30	90
特注	**ロードカナロア**	**4- 4- 3- 13/ 24**	**16.7%**	**33.3%**	**45.8%**	**245**	**123**
特注	**エイシンフラッシュ**	**4- 1- 0- 26/ 31**	**12.9%**	**16.1%**	**16.1%**	**130**	**49**

と、「種牡馬としては地味めなダービー馬」の活躍の場となっている。そもそもランキング10位内にダービー馬が5頭も入っているのは壮観だ。東京芝２４００ｍがダービー馬の表舞台なら、新潟芝１８００ｍは元ダービー馬の裏舞台と覚えておこう（笑）。

新潟芝2000m

逃げ馬の勝率……10・3％
複勝率……25・4％

芝２０００ｍは内回りと外回りのふたコースがあって、約60％が外回りコースを使用。種牡馬ランキングもほぼ変わらず、逃げ馬の勝率も多少外回りのほうが厳しくなる程度なので、本書では内・外を分けずに解説させていただく。

内回りコースのスタート地点は4コーナーの出口付近に設置され、そのまま内回りコースをぐるっと1周するレイアウト。

一方、外回りコースは2コーナー奥の引き込み線からスタートして、向正面を延々８００ｍほど走ることになる。ＪＲＡ全コースのなかでももっとも長く直線を走るのが、外回りの新潟芝２０００ｍ。ワンターンの２０００ｍもここだけだ。重賞の新潟記念、新潟大賞典が組まれている。

スタート後の直線がこれだけ長いと、最初はポジション争いで速くなるものの、すぐに流れは落ち着いてスローになる。そして4コーナーから直線にかけてペースアップするという流れで、当然ディープインパクトが強い。他馬を圧倒している。

1位のディープインパクト産駒の取捨は、人気による絞り込みが有効で、外回りなら1〜3番人気が20勝中14勝をマーク。ほかに前走着順の冴えない人気薄の馬も走っているけど、これは前走の着順を見るより、「前走4番人気以内」というフィルターをかけて見たほうがいい。今走か前走の上位人気を中心に拾うこと。

面白いのは、新潟芝１６００ｍや芝１８００ｍでディープインパクトと覇権を争っているハーツクライが、新潟芝２０００ｍでは急降下すること。2着や3着の数はまあまあ多いから、成績が悪いというほどではないんだけど、なにせ1着が少ないからランキングが低い。

新潟芝１６００ｍの項でも書いたように、ハーツクライ産駒は締まった流れのなかで脚を長く使う競馬が得意。緩急のあるレースにはもろい馬も多いから、結果的に新潟芝１８００ｍや２０００ｍだと、スローになって緩急への対応力が問われる。結果、エンジンがかかって脚を伸ばしたところで差し切れない。2、3着の多さがそれを物語っている。

着外の馬についても細かく見ていくと、人気でコケた馬は差して届かず4〜9着というパターンが目立つ。重賞では17年の新潟

新潟芝2000m　注目種牡馬ランキング

順位	種牡馬	着別度数	勝率	連対率	複勝率	単回値	複回値
1	ディープインパクト	26- 14- 19- 116/ 175	14.9%	22.9%	33.7%	95	86
2	キングカメハメハ	9- 5- 4- 45/ 63	14.3%	22.2%	28.6%	106	65
3	ステイゴールド	8- 11- 5- 77/ 101	7.9%	18.8%	23.8%	43	83
4	ルーラーシップ	7- 2- 8- 25/ 42	16.7%	21.4%	40.5%	75	105
5	メイショウサムソン	6- 3- 0- 19/ 28	21.4%	32.1%	32.1%	280	93
6	ハービンジャー	5- 5- 6- 54/ 70	7.1%	14.3%	22.9%	36	81
7	ジャングルポケット	5- 3- 1- 28/ 37	13.5%	21.6%	24.3%	110	54
8	ハーツクライ	4- 7- 8- 86/ 105	3.8%	10.5%	18.1%	22	52
9	ヴィクトワールピサ	3- 8- 5- 22/ 38	7.9%	28.9%	42.1%	30	75
10	マンハッタンカフェ	3- 4- 2- 26/ 35	8.6%	20.0%	25.7%	55	60

記念でカフジプリンスが12番人気3着、18年の新潟大賞典でナスノセイカンが11番人気3着と穴をあけているけど、これはどちらも3コーナー通過が3番手という先行馬。ほかの好走馬もほぼ3コーナーで4、5番手以内につけていた先行馬ばかりだから、このコースでハーツ産駒が買えるのはこのパターンだとわかる。後方一気の差し馬では厳しい。

キングカメハメハの成績がいいのも、同じ理由で説明がつく。キンカメは折り合ってシュッと脚を伸ばすのが得意だから、こういうコースは合う。

重賞での馬券絡みも多くて、19年の新潟記念はユーキャンスマイルが勝ったし、新潟大賞典は18年にスズカデヴィアスが勝って、19年はロシュフォールが3着に好走している。

キンカメの後継ルーラーシップもいいね。新潟芝２０００mの特注種牡馬に指定してもいいくらいだ。現時点では下級条件での好走が目立つけど、19年にはメールドグラースが新潟大賞典を7番人気で勝っている。

キセキのように、夏の新潟をきっかけにステップアップしていくルーラーシップ産駒は今後もたくさん出るんじゃないかと思っている。キセキは新潟芝２０００mの信濃川特別を勝って、ここから神戸新聞杯、菊花賞へと向かったんだけど、キセキの翌年も、同じルーラーシップ産駒のグロンディオーズが信濃川特別を勝って菊花賞に挑戦したよね。夏の信濃川特別は、3歳馬の出世レースとしてルーラー産駒に注目しておきたい。

新潟芝2200m・2400m

逃げ馬の勝率……12・2%
複勝率……30・0%

芝２２００ｍのスタート地点は、外回りコースの4コーナーを回って直線に向いたところ。そこから２００ｍ下がって「千直」の走路と外回りの4コーナーの合流地点手前が２４００ｍのスタート地点となる。スタートこそ外回りに設置されているが、どちらも内回りコースを使用する。内回りとはいえ、スタートから最初のコーナーまでの距離が十分にあることから枠順による有利、不利はあまり考えなくていいだろう。

1位のディープインパクトはいいとして、ステイゴールドが2位にランクを上げている。これはもう内回りコースのお約束と言っていい。ステイゴールド産駒の長所は、瞬時に動ける機動力や、コーナーを回りながら加速できる能力。だから、内回りコースはどこでも成績がいいし、中山や阪神の内回りのＧⅠをたくさん勝っている。これは新潟でも同じこと。

もちろん新潟の外回りを得意にするステイゴールド産駒もいるけど、内回りコースのほうがほかの種牡馬との比較で相対的に浮上する馬が多いという意味だ。芝２４００ｍの出雲崎特別や、芝２２００ｍの日本海Ｓでよく穴をあけている。

また、２０００ｍでは1着が少なかったハーツクライが上昇。距離が２２００ｍ、２４００ｍまで延びればスタミナが要求されるのは当然のこと。外回りのような、直線に向いてからのヨーイドンという緩急も少ない。そういうコースではハーツクライが成績を伸ばしてくるからね。今後は後継種牡馬のジャスタウェイも入ってくるだろう。

　同じくトニービンを持つジャングルポケットも健闘していて、カンパニー（1勝、23位）もまあまあ走っている。下級条件の中長距離戦ならスタミナが活かせるし、能力的にもまだまだ通用するということだ。全体的にベストテン種牡馬が古臭いというか、新しい血統がほとんど入ってない。

　ちなみにランキングに入った10頭のうち、ディープインパクト、ハーツクライ、マンハッタンカフェ、ゼンノロブロイ、シンボリクリスエスは有馬記念の勝ち馬。スタミナを要求される内回りの長距離で、有馬記念馬の産駒がよく走るのはイメージしやすいだろう。


新潟芝2200m・2400m　注目種牡馬ランキング

順位	種牡馬	着別度数	勝率	連対率	複勝率	単回値	複回値
1	ディープインパクト	10- 16- 9- 42/ 77	13.0%	33.8%	45.5%	79	163
2	ステイゴールド	10- 7- 14- 61/ 92	10.9%	18.5%	33.7%	86	85
3	ハーツクライ	7- 5- 4- 50/ 66	10.6%	18.2%	24.2%	98	72
4	ジャングルポケット	4- 4- 2- 33/ 43	9.3%	18.6%	23.3%	114	81
5	マンハッタンカフェ	4- 4- 0- 19/ 27	14.8%	29.6%	29.6%	72	79
6	**ルーラーシップ**	**4- 2- 4- 16/ 26**	**15.4%**	**23.1%**	**38.5%**	**43**	**75**
7	キングカメハメハ	4- 2- 3- 26/ 35	11.4%	17.1%	25.7%	63	45
8	ゼンノロブロイ	4- 2- 2- 39/ 47	8.5%	12.8%	17.0%	41	51
9	シンボリクリスエス	4- 2- 0- 28/ 34	11.8%	17.6%	17.6%	87	118
10	**ネオユニヴァース**	**3- 0- 1- 15/ 19**	**15.8%**	**15.8%**	**21.1%**	**174**	**71**
特注	**ジャスタウェイ**	**1- 1- 2- 4/ 8**	**12.5%**	**25.0%**	**50.0%**	**445**	**317**

新潟競馬場▶ダート

コース図

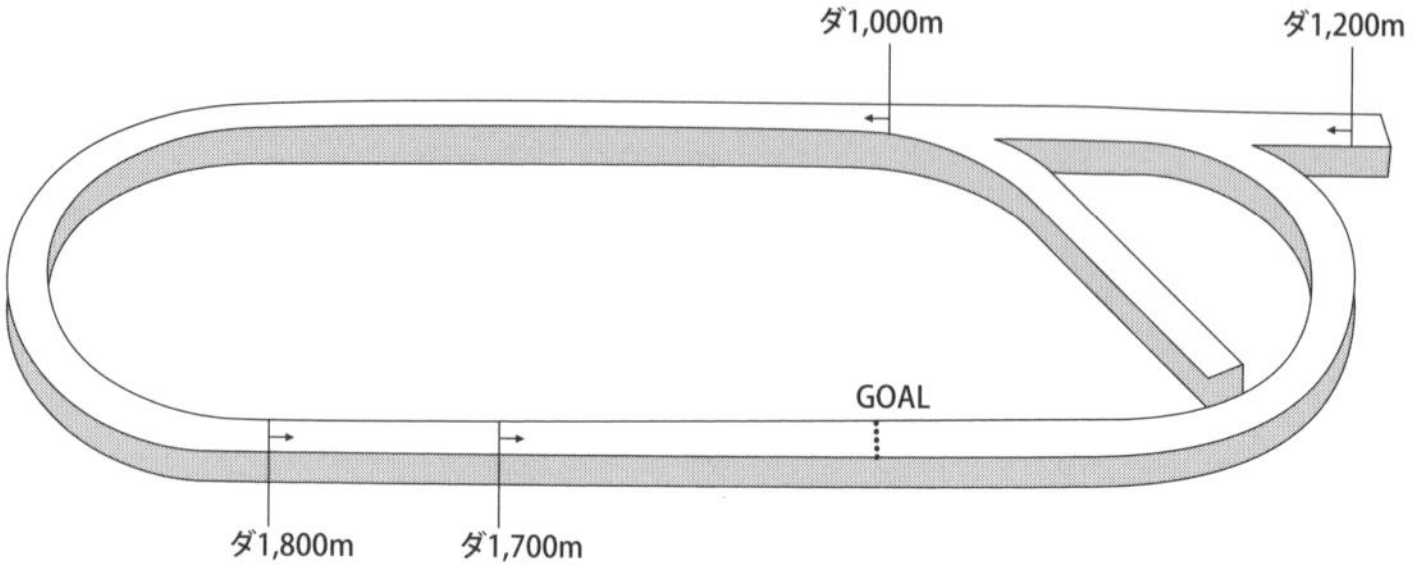

高低差断面図

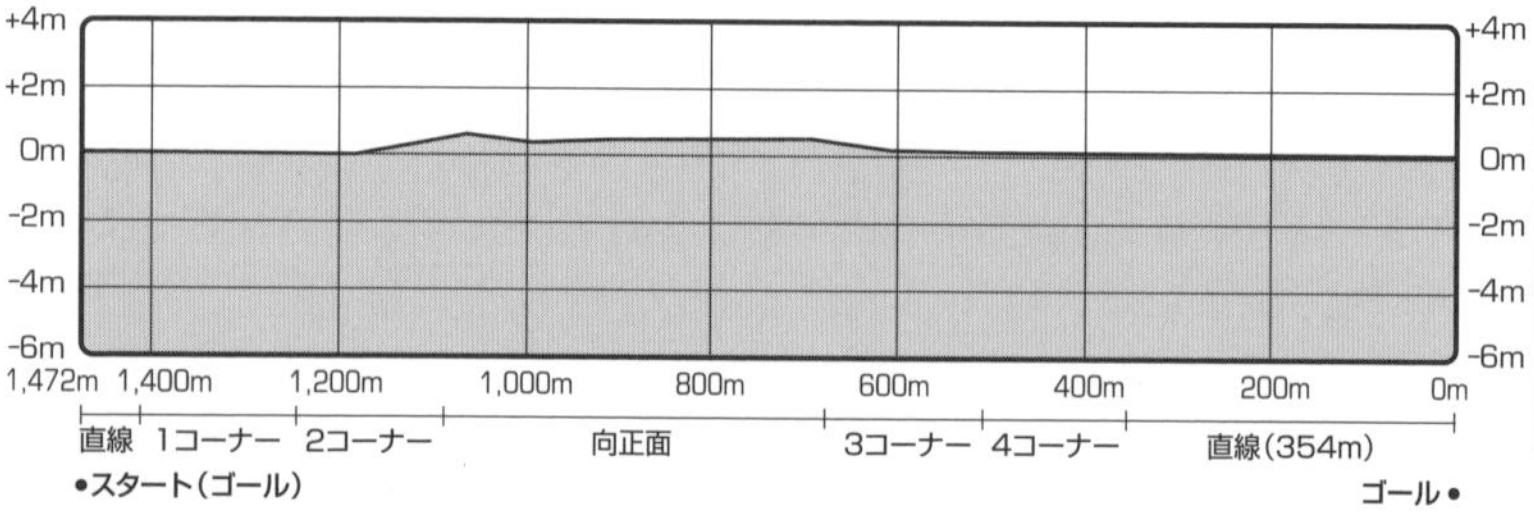

新潟ダート下級条件(2勝クラス以下)種牡馬ベスト5

順位	種牡馬	着別度数	勝率	連対率	複勝率	単回値	複回値
1	**ゴールドアリュール**	35- 25- 18- 213/ 291	12.0%	20.6%	26.8%	62	71
2	**サウスヴィグラス**	28- 25- 18- 211/ 282	9.9%	18.8%	25.2%	69	55
3	**キングカメハメハ**	22- 17- 23- 143/ 205	10.7%	19.0%	30.2%	100	101
4	**ダイワメジャー**	20- 13- 8- 135/ 176	11.4%	18.8%	23.3%	122	67
5	**ゼンノロブロイ**	17- 17- 10- 142/ 186	9.1%	18.3%	23.7%	169	105

新潟ダート上級条件(3勝クラス以上)種牡馬ベスト5

順位	種牡馬	着別度数	勝率	連対率	複勝率	単回値	複回値
1	**キングカメハメハ**	3- 3- 1- 17/ 24	12.5%	25.0%	29.2%	158	102
2	**キンシャサノキセキ**	2- 3- 2- 9/ 16	12.5%	31.3%	43.8%	30	146
3	**ゴールドアリュール**	2- 3- 1- 9/ 15	13.3%	33.3%	40.0%	60	154
4	**ネオユニヴァース**	2- 0- 0- 6/ 8	25.0%	25.0%	25.0%	70	28
5	**サウスヴィグラス**	2- 0- 0- 18/ 20	10.0%	10.0%	10.0%	148	49

新潟ダートは１周約１４７３ｍ、直線の距離は約３５４ｍで高低差は０・６ｍ。直線は東京、中京に次ぐ3番目の長さを誇るけれど、周回距離は8番目。要はコーナー部分の距離が短い＝コーナーが小さいということだ。細長い芝コースのさらに内側にあるのだから、コーナーのキツさは想像に難くない。

そのため、他場以上にコーナーでスピードに乗りづらく、減速することになる。逃げ・先行馬にとっては、長い直線に入る前に息を入れやすく、一方の差し・追い込み馬にとっては、勝負どころで前にとりついておきたいところで減速せざるを得ない。平坦の直線や、時計のかかる馬場と相まって、これが新潟ダートが先行有利になる大きな理由となっている。

距離設定は１２００ｍ、１７００ｍ、１８００ｍ、２５００ｍの4コース。

１７００ｍは11年以降施行されておらず、２５００ｍは秋開催に2鞍のみ施行。本書では１２００ｍと１８００ｍに絞って解説していくことにしよう。

新潟ダート１２００ｍ

逃げ馬の勝率……25・3％
複勝率……51・9％

ダート１２００ｍは２コーナー奥の引き込み線からスタートする芝発走のコース。芝スタートのダートで気になるのは枠順による有利、不利だ。

１枠の勝率は４・５％、複勝率は16・８％。これに対して、８枠の勝率は８・７％、複勝率は23・

6%と、やや外のほうが有利かなという程度。内枠と外枠で迷って決められないようなら、外を選択するというくらいのイメージでいい。

ダートコース全体の紹介でも「先行有利」と書いたように、ダート1200mの設定がある新潟、中山、阪神、京都、中京のなかでは、京都に次ぐ2番目に逃げ馬の勝率、複勝率が高い。断然、逃げ先行馬が有利なコースだ。これを良馬場に限れば、さらに逃げ馬の数字は上昇する。

ダート短距離の場合、逃げ馬に関しては内枠より外枠のほうが馬券的な旨味は大きい。気性的な理由で逃げざるを得ないという馬もいるので、揉まれずに先手を取れる外枠がプラスに働くからだ。さらに新潟ダート1200mは、外枠のほうが芝部分を長く走れるというメリットもあるため、スタートダッシュが利きやすい。

ちなみに逃げ馬に絞って種牡馬のランキングを出すと、1位サウスヴィグラス（9勝）、2位ダイワメジャー（5勝）、3位メイショウボーラー（5勝）、4位ヨハネスブルグ（4勝）。

ヨハネスブルグは全体のランキングだと5勝で14位なんだけど、逃げると強い。実際、逃げ馬は【4 0 0 1】と、負けたのは11番人気の1頭だけ。すんなり先手を取れそうなヨハネスブルグ産駒は要マークだ。

ランキング1位のサウスヴィグラスは、新潟だけではなく他場でもダートの短距離ではすべて1位をマークしている、ダート短距離界の王様。

ただ、出走数が多いこともあって勝率が10%を超えるコースは珍しく、ダート1200mではここ新潟と阪神だけ。新潟と阪神のダートに共通するのは時計がかかるということ。

この新潟適性に加え、前走2～4着のサウスヴィグラス産駒なら、勝率は23・6％、複勝率は52・8％まで上昇する。素直に好調な先行馬を買えばいい。

ほかでは、母父フジキセキの成績がとんでもなく優秀だ。これだけ出走数があって複勝回収値は１５０。父も大事だけど、母父フジキセキに気をつけよう。また、フジキセキが強いコースなら当然、父キンシャサノキセキや、父ダノンシャンティにも注意が必要になる。

「フジキセキを持つ馬」の特注レースをピンポイントで挙げるなら、このコースで唯一行われるオープン特別のＮＳＴ賞がオススメ。

16年2着のゴーイングパワーの母父フジキセキ、17年1着ドランゴンゲートの母父フジキセキ、2着プルミラコロの父キンシャサノキセキ、18年1着サイタスリーレッドの父ダノンシャンティ、2着スティンライクビーの父キンシャサノキセキ、19年1着ストロベリームーンの父キンシャサノキセキと、毎年フジキセキ系か母父フジキセキが連対しているんだ。

フジキセキを持つ馬から流せば的中にありつける確率の高

新潟ダート1200m　注目種牡馬ランキング

順位	種牡馬	着別度数	勝率	連対率	複勝率	単回値	複回値
1	サウスヴィグラス	27- 23- 17- 195/ 262	10.3%	19.1%	25.6%	77	57
2	ゴールドアリュール	18- 8- 8- 95/ 129	14.0%	20.2%	26.4%	76	73
3	キンシャサノキセキ	14- 17- 12- 124/ 167	8.4%	18.6%	25.7%	37	82
4	スウェプトオーヴァーボード	11- 3- 10- 81/ 105	10.5%	13.3%	22.9%	99	118
5	ダイワメジャー	8- 9- 5- 95/ 117	6.8%	14.5%	18.8%	47	40
6	メイショウボーラー	7- 7- 4- 76/ 94	7.4%	14.9%	19.1%	44	44
7	ファスリエフ	7- 5- 4- 60/ 76	9.2%	15.8%	21.1%	37	107
8	ヘニーヒューズ	7- 4- 5- 43/ 59	11.9%	18.6%	27.1%	81	102
9	スクリーンヒーロー	7- 4- 1- 29/ 41	17.1%	26.8%	29.3%	122	57
10	クロフネ	6- 7- 6- 71/ 90	6.7%	14.4%	21.1%	54	52
特注	ヨハネスブルグ	5- 1- 10- 31/ 47	10.6%	12.8%	34.0%	70	98
特注	フジキセキ	21- 12- 18- 134/ 185	11.4%	17.8%	27.6%	76	150

いレースだし、もっと言うと近５年中３年で逃げ馬が勝利。今すぐにでも当たりそうな簡単なレースに思える（笑）。どの馬が逃げるかはテン３ハロンを比較しつつ、枠順をチェック。逃げ馬なら内より外。これでどの馬が逃げるかをしっかり読むことが大切だね。

新潟ダート１８００ｍ

逃げ馬の勝率……１８・４％
複勝率……４１・１％

ダート１８００ｍは４コーナーを出て直線に向いたところからスタートして、そのままコースを１周するというレイアウト。

スタート直後からフルに直線を走るつくりだから、最初の２ハロンのペースは速め。ただし、コーナーで減速したまま向正面に入るので、先行馬にとってはかなり息を入れやすいコースだ。序盤が速いわりに先行有利なのは、中盤のペースが緩むのと、キツい３〜４コーナーの存在が大きい。

コーナーがキツいので、小回りに対応できるかどうかは重要。東京より中山の成績がいいタイプのほうが合うし、データを調べると阪神のダート１８００ｍ、ダート２０００ｍとつながりが深いことがわかる。時計のかかるパワフルなダートという共通点があるからだろう。数は多くないけど、前走で阪神ダートを走ってきた馬は要注意だ。

血統的にもその特徴が出ていて、１位キングカメハメハ、２位ゴールドアリュール、３位ゼンノロブロイ。小回りダート向きの堅実型キンカメ産駒がよく走っている。

キングカメハメハ産駒では19年のレパードSを10番人気で勝ったハヤヤッコが参考になる。この馬は中山ダート１８００mが得意で５００万クラスを楽勝。しかし、前走は東京ダート１６００mの青龍Sで8着に大敗し、レパードSは大きく人気を落としていた。でも、参考にするべきは中山ダートの結果であって、東京ダートの結果は無視して構わない。そうすればここで買うのは簡単なことだろう。この東京凡走からの新潟で巻き返しパターンは覚えておきたい。以前に阪神か中山のダートで好走した実績があると、なお心強い。

レパードSはこのコースで行われる唯一の重賞で、なかなかレベルの高いメンバーが出走してくる。特に前走ジャパンダートダービー（大井２０００m）組は優秀で、前走の着順に関係なく複勝率は35・7%をマーク。11番人気でハヤヤッコの3着に好走したトイガー、17年のレパードSを11番人気で制したローズプリンスダムも前走ジャパンダートダービー組だった。

3位にランクインしたゼンノロブロイもかなり優秀な数字を残している。レパードS勝ちのグリムがゼンノロブロイ産駒だ。

回収値は単複ともに１００超えをマーク。穴が多いのは、ハ

新潟ダート1800m　注目種牡馬ランキング

順位	種牡馬	着別度数	勝率	連対率	複勝率	単回値	複回値
1	キングカメハメハ	20- 18- 19- 117/ 174	11.5%	21.8%	32.8%	125	111
2	ゴールドアリュール	19- 20- 11- 125/ 175	10.9%	22.3%	28.6%	53	78
3	ゼンノロブロイ	14- 15- 10- 107/ 146	9.6%	19.9%	26.7%	213	128
4	ハーツクライ	12- 13- 13- 91/ 129	9.3%	19.4%	29.5%	41	67
5	シンボリクリスエス	12- 12- 15- 97/ 136	8.8%	17.6%	28.7%	88	79
6	ネオユニヴァース	12- 7- 8- 65/ 92	13.0%	20.7%	29.3%	91	70
7	ダイワメジャー	11- 5- 3- 45/ 64	17.2%	25.0%	29.7%	244	109
8	ロージズインメイ	10- 4- 5- 40/ 59	16.9%	23.7%	32.2%	195	83
9	カネヒキリ	9- 8- 13- 69/ 99	9.1%	17.2%	30.3%	69	156
10	エンパイアメーカー	9- 8- 11- 96/ 124	7.3%	13.7%	22.6%	74	58
特注	エスポワールシチー	5- 1- 1- 17/ 24	20.8%	25.0%	29.2%	153	57

マる展開とハマらない展開があるためで、簡単に言えばスタミナを問われるレースになると浮上し、スローの上がり勝負はいまひとつ。前走の着順よりも展開をチェックすること。

ちなみにゼンノロブロイはもう高齢だけど、繋養先のスタリオンでは特別扱いされていて、自由に出入りできる特別な馬房を与えられているんだ。普通の狭い馬房だと旋回グセがあって一日じゅうグルグル回っているから、いつでも外に出られる特別な馬房にしてあるらしい。気難しいところがあるんだろう。

５位にシンボリクリスエスが入っているのも特徴的だ。高齢になり、19年に種牡馬引退が発表された。ミスプロ系、サンデー系に囲まれて、ロベルト系の楔《くさび》のような存在。産駒数は減ってきたけど、代わって後継のエピファネイアが大成功しそうだ。

シンボリクリスエスの産駒ともども、エピファネイア産駒も、おそらく出世の遅れていたタイプが夏の新潟ダートで活躍するはずだから、今からマークしておこう。大型のたくましい牡馬は、ダート馬に出る。

後継といえば、２位のゴールドアリュールも、後継のエスポワールシチーがすでに良績を挙げて高い勝率を記録している。エスポワールシチーをこのコースの特注種牡馬にしよう。

ゴールドアリュールの後継は、当初はスマートファルコンが第一候補と目されていたんだよね。繁殖も質の高いのが集まっていた。でも、どうやらエスポワールシチー産駒のほうが走るぞということで、馬産地ではゴールドアリュールの後継種牡馬はエスポワールシチーと認識され始めている。新潟ダート１８００ｍにもその兆候が表れている。

小倉競馬場
Kokura Racecourse

小倉競馬場▶芝

コース図

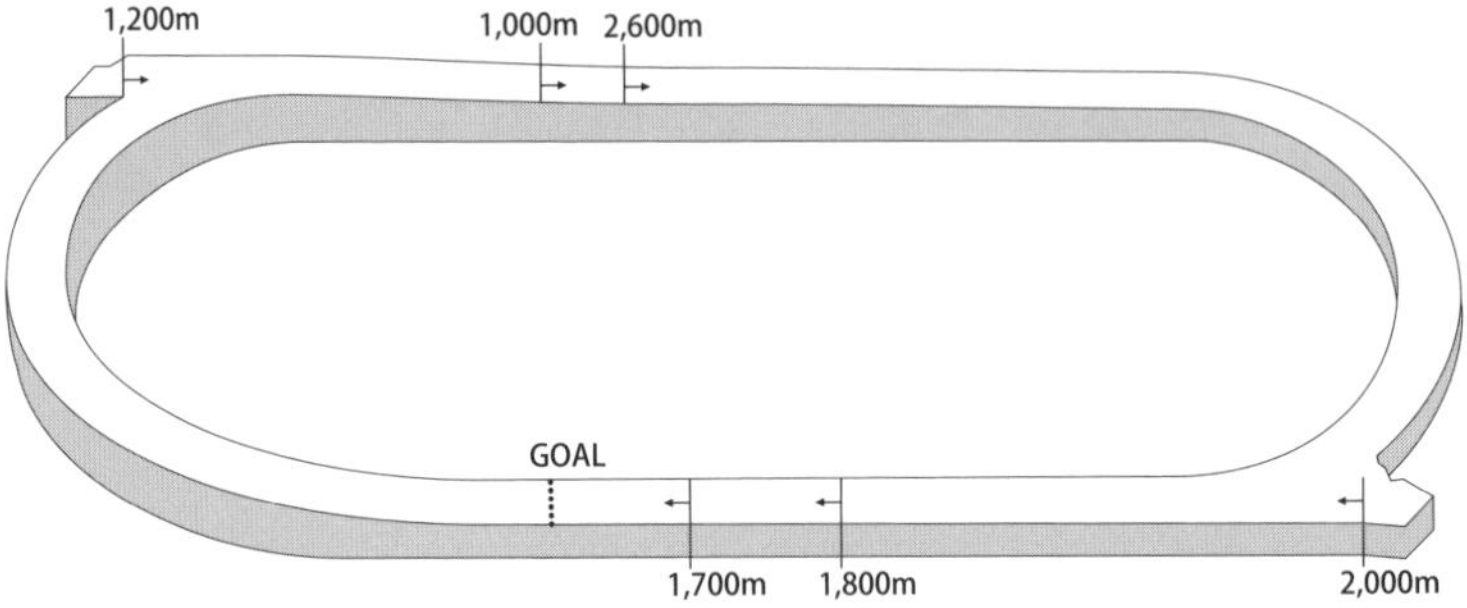

高低差断面図

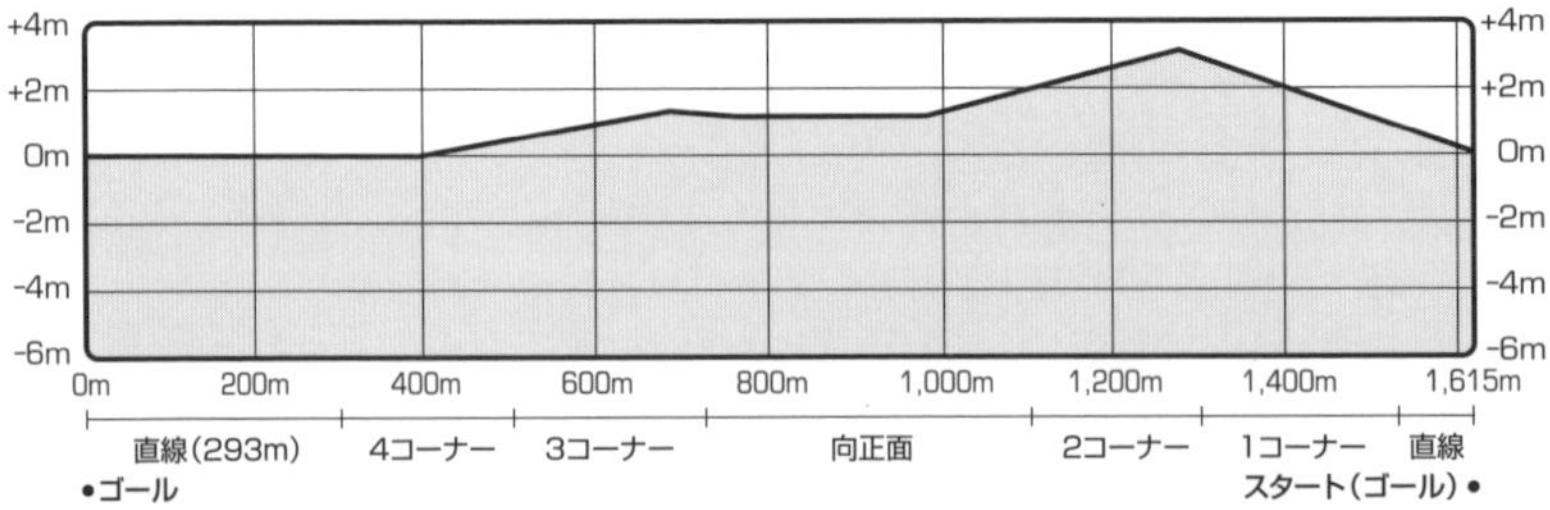

小倉芝下級条件(2勝クラス以下)種牡馬ベスト5

順位	種牡馬	着別度数	勝率	連対率	複勝率	単回値	複回値
1	**ディープインパクト**	72- 81- 49- 416/ 618	11.7%	24.8%	32.7%	64	75
2	**ハービンジャー**	38- 35- 29- 291/ 393	9.7%	18.6%	26.0%	62	76
3	**ダイワメジャー**	37- 48- 34- 285/ 404	9.2%	21.0%	29.5%	104	113
4	**ハーツクライ**	32- 36- 46- 290/ 404	7.9%	16.8%	28.2%	71	89
5	**ルーラーシップ**	27- 19- 19- 191/ 256	10.5%	18.0%	25.4%	61	63

小倉芝上級条件(3勝クラス以上)種牡馬ベスト5

順位	種牡馬	着別度数	勝率	連対率	複勝率	単回値	複回値
1	**ディープインパクト**	7- 7- 9- 51/ 74	9.5%	18.9%	31.1%	128	117
2	**ダイワメジャー**	4- 2- 3- 24/ 33	12.1%	18.2%	27.3%	66	65
3	**キングヘイロー**	4- 1- 0- 4/ 9	44.4%	55.6%	55.6%	521	180
4	**ステイゴールド**	3- 0- 3- 11/ 17	17.6%	17.6%	35.3%	147	95
5	**サクラバクシンオー**	2- 3- 2- 11/ 18	11.1%	27.8%	38.9%	148	129

小倉芝コースは１周約１６１５ｍ（Ａコース使用時）、直線は２９３ｍと短く、ローカルのイメージがぴったりの大きさ。１、２コーナーの中間あたりを頂点とする小山があって、コース全体の高低差は３ｍ。直線部分は平坦となっている。

直線が短く、平坦ということで先行有利に思われがちだが、３、４コーナーにスパイラルカーブが導入されていることもあって、馬場が悪化する開催後半は差し・追い込み決着もよく見られる。逃げ先行有利の開催前半から、差しが決まる開催後半への変わり目を見抜きたい。

小回りとあって早めに仕掛ける陣営が多く、道中のペースは速くなりがち。ローカルののんびりとした雰囲気とは裏腹にタフな末脚比べになることが多く、一瞬の切れ味よりも、長くバテない末脚が要求されるレースが目立つ。

特に１８００ｍ以上のレースでは、中央４場で切れ負けするようなジリ脚タイプの好走に注意を払っておきたい。

コース設定は、芝１０００ｍ、芝１２００ｍ、芝１７００ｍ、芝１８００ｍ、芝２０００ｍ、そして芝２６００ｍの６コース。ただし、芝１０００ｍは使われておらず、芝１７００ｍは夏に１勝クラスの青島特別が行われるのみ。したがって本書では芝１２００ｍ、芝１８００ｍ、芝２０００ｍ、芝２６００ｍの４コースを取り上げて解説することにする。

小倉芝1200m

逃げ馬の勝率……21・5%
複勝率……42・9%

スタート地点は2コーナー奥のポケット。スタート直後から下りとなり、向正面は平坦。このコース形態によってレース序盤から速いラップを刻むレースが多く、典型的な前傾ラップコースと言っていいだろう。テンの速さだけなら日本一といってもいいほど、タイムも速くなりやすい。

それでも小回りだけあって、馬場のいい開催前半は前残りのレースが多いけれど、開催後半はペースが速いうえに馬場が荒れるものだから、バンバン差しが決まる。開催が進むにつれて徐々に外差しに変わっていくというのは、小倉芝の定番の流れだ。

開催日程の短縮と、馬場管理技術の向上で、以前ほど極端な外差し馬場にならなくなってきたとはいえ、20年の1、2月の開催みたいに雨の多い開催は、逃げ・先行馬が壊滅状態になり、差し・追い込み馬天国という馬場になることもある。その開催の馬場状態がどうシフトしているのかは、常に気にしておいたほうがいい。１２００ｍに限ったことではないけれど。

芝１２００ｍで言うなら、夏開催の最終週に行われる小倉2歳Sがわかりやすい例として挙げられるか。2歳新馬戦の勝ち馬がズラリと並び、その比較が馬券に直結する重賞だ。

このレースでは、開幕週近くの新馬・未勝利をスピードに任せて逃げ・先行で押し切って勝ち上がった馬を過信しないこと。それよりもう少し時計のかかり始めた時期のレースを差して勝ち上がった馬や、あとは前走で先行していてもメンバー中1、2位の上がりを使っていた馬を狙うと当たりやすい。

19年の1着馬マイネルグリットは、前走で4コーナー3番手、上がり2位。2着トリプルエースも前走4コーナー3番手で上がり最速。3着ラウダシオンは前走4コーナー2番手で上がり2位だった。

差しタイプなら、18年2着のアズマヘリテージ。前走は4コーナー6番手からの差し切り勝ちで、小倉2歳Sでも差して13番人気から好走を果たしている。小倉2歳Sでは、新馬、未勝利で差せる兆候を見せた馬を狙うといいんだ。

そしてこのコースで行われるもうひとつの重賞が北九州記念。

こちらは夏の開催の4週目に行われ、先行馬と差し馬が混在する結果になる。以前は超ハイペースで差しが決まる珍しい短距離重賞という位置付けだったけれど、最近は派手な差し差し決着にはならないし、でも1頭くらいは後方から届くという、そんなイメージだ。どちらが有利かは、展開によるのも当たり前の話。あまり「前残り馬場か、差し馬場か」にとらわれすぎて、展開の読みがおろそかになるのも良くない。

差し馬が届くのは、古馬重賞だけあってテンのペースが速くなるから。冒頭に書いたように芝１２００ｍはスタート直

小倉芝1200m　注目種牡馬ランキング

順位	種牡馬	着別度数	勝率	連対率	複勝率	単回値	複回値
1	ダイワメジャー	27- 34- 31- 201/ 293	9.2%	20.8%	31.4%	55	119
2	ディープインパクト	20- 17- 9- 134/ 180	11.1%	20.6%	25.6%	48	70
3	キンシャサノキセキ	18- 20- 20- 174/ 232	7.8%	16.4%	25.0%	52	67
4	**ロードカナロア**	**17- 9- 10- 106/ 142**	**12.0%**	**18.3%**	**25.4%**	**59**	**76**
5	アドマイヤムーン	13- 13- 10- 122/ 158	8.2%	16.5%	22.8%	75	66
6	サクラバクシンオー	11- 11- 5- 54/ 81	13.6%	27.2%	33.3%	108	100
7	マツリダゴッホ	11- 4- 12- 116/ 143	7.7%	10.5%	18.9%	100	94
8	**ヨハネスブルグ**	**10- 5- 6- 83/ 104**	**9.6%**	**14.4%**	**20.2%**	**53**	**48**
9	ゼンノロブロイ	9- 1- 2- 70/ 82	11.0%	12.2%	14.6%	81	51
10	マンハッタンカフェ	7- 7- 3- 57/ 74	9.5%	18.9%	23.0%	55	54
特注	**キングヘイロー**	**6- 4- 2- 46/ 58**	**10.3%**	**17.2%**	**20.7%**	**118**	**104**
特注	**ハードスパン**	**2- 2- 2- 12/ 18**	**11.1%**	**22.2%**	**33.3%**	**51**	**76**

後から下り坂なので、序盤からラップが上がりやすい。それに加えて小回りを意識した早めの仕掛け、スピードを殺さずに回ってこられるスパイラルカーブの存在もあって、息を入れづらいんだ。それで差し馬が台頭してくるという構図だよね。

そういうレースだけに速い流れに対する耐性が重要で、近年は前走アイビスサマーダッシュ組の好走が目立っている。15〜19年の近5年で【2　3　2　13】という成績だから、これはかなり優秀。さらにアイビスＳＤの勝ち馬は15年ベルカント1着、18年ベルカント2着、19年ダイメイプリンセス2着と、パーフェクト連対。速い流れを追走して脚を伸ばすというアイビスＳＤと北九州記念の共通点がよく表れている。

その一方で、前走ＣＢＣ賞組は【1　0　1　15】と不振。ＣＢＣ賞も差し・追い込み決着になりやすいから合いそうに見えるけど、ＣＢＣ賞は道中が緩んで直線勝負という意味の差し・追い込み決着。こちら北九州記念は速い流れで前が潰れる展開での差し・追い込み決着。似て非なるレースなんだ。

だからＣＢＣ賞では〝溜めてビュッ〟のディープインパクトが強くて（近5年で3勝）、北九州記念はテンから飛ばしてゴールまで粘るサクラバクシンオー（同2勝）とか、しぶとく脚を伸ばせるノーザンダンサー系のキングヘイローが良績を残している（同2勝）。バクシンオーの後継ショウナンカンプ産駒も2、3着に走っている。

これは重賞以外にも言える傾向で、中京芝１２００ｍでは1位ディープインパクト、2位ダイワメジャーだったのが、小倉芝１２００ｍでは1位ダイワメジャー、2位ディープインパクトと逆転している。通常日程の場合、夏は中京から小倉へと開催が移るから、この2場の特徴の違いを掴んでおくと出し入れが利く。

ランキングに目を向けると、長らくこのコースの王者だったバクシンオーが8位に落ちて、代わりにすごい勢いでランク上位に迫っているのがロードカナロア。ここまで何度か取り上げてきたように、平坦のスピード勝負には滅法強いところをここでも見せている。

絞り込みのヒントは人気。このコースでカナロア産駒を買えるのは5番人気まで。これなら勝率は22・7%、単勝回収値も112をマーク。6番人気以下は一気に成績が下がるので、人気のカナロアだけ勝っておけばいい。

あとは北九州記念でも触れたノーザンダンサー系の成績が総じていい。それぞれの産駒数が多くないのでランキングには反映されづらいけど、8位のヨハネスブルグに加え、14位キングヘイロー、あとはハードスパンも率が高い。ノーザンダンサーのなかでもストームキャット系、ダンチヒ系は要チェックだ。

小倉芝１８００ｍ

逃げ馬の勝率……13・4%
複勝率……30・0%

小倉芝１８００ｍは正面スタンド前から発走し、そのままコースを1周するというレイアウト。最初のコーナーまでの距離が短く、さらにコーナーで上りになるために序盤のペースは遅め。

ただ、向正面に入ると徐々にペースアップしていき、早めに仕掛けていく馬が多い。その結果、切れのある馬は脚を溜めることができずに凡走する一方、ジリジリと長く脚を使うタイプの好走が目立つコースだ。

ランキング1位はディープインパクト。この距離なら当然そうなるところだけど、面白いのがこのコースのディープ産駒は人気薄でも走ること。ディープの取捨の原則は、近走成績の良い馬を狙うことなんだけど、小倉芝１８００ｍでは「前走10着以下」のディープ産駒でも勝率が10%近くもある。人気で言うなら10番人気くらいまでは平気で走ってくるので、他場ではあっさり負けていた印の薄いディープも検討すべきなんだ。〝溜めてビュッ〟というタイプではない馬に向くので、末脚の鋭さがあまり重視されない。だから逆に1番人気の勝率は高くなくて、むしろ複勝率が高い。

また、もうひとつのディープ取捨のポイントは枠順。小倉芝１８００ｍのディープは内枠狙いがいい。1枠の勝率18・2%、複勝率50・0%。2枠の勝率40・0%、複勝率64・0%と、べらぼうに高いんだ。一方の外枠は、6枠が勝率3・8%、複勝率30・8%、7枠の勝率8・3%、複勝率22・2%。8枠は勝率10・0%、複勝率30・0%。

このコース自体、もともと内枠有利のコースではあるんだけど、それを優に上回る成績を残している。内枠でも包まれにくいのがその理由だろう。人気といい、枠順といい、ほかのコースでのディープ産駒とはちょっと違う狙い方が求められると言っていいだろう。

実際、このコース唯一の重賞・小倉大賞典でも、20年は1着カデナ、2着ドゥオーモ、3着ジナンボーとディープインパクト産駒が1~3着を独占。16年もアルバートドック、ダコールのワンツー。

あとは17年にヒストリカルが8番人気2着など。並べてみると、人気薄は追い込みに近い脚質だね。このタイプのディープは他場では取りこぼしが多いから、人気がない。

15~20年の6年の小倉大賞典のうち、ディープ産駒以外が勝ったのは、15年カレンブラックヒル（ダイワメジャー産駒、3角1番手）、17年マルターズアポジー（ゴスホークケン産駒、3角1番手）、18年トリオンフ（タートルボウル産駒、3角3番手）、19年スティッフェリオ（ステイゴールド産駒、3角4番手）。

切れよりも持続力を活かすタイプの種牡馬の産駒で、逃げ・先行馬というのが特徴的。これで小倉大賞典の図式が見えてくるだろう。先行力、持続力のある種牡馬＋他場で取りこぼしの多いズブめのディープ産駒の差し馬。これが小倉大賞典の狙い目だ。

そのほかランキングで目立つのは、5位のヴィクトワールピサ。10勝に対し、2着2回、3着6回と、ほかの種牡馬と比べてちゃんと勝ち切っているのがいい。狙いは圧倒的に牝馬で【7　1　2　16】。下級条件が中心になるけど、勝率26・9%というのはすごい。

小倉芝1800m　注目種牡馬ランキング

順位	種牡馬	着別度数	勝率	連対率	複勝率	単回値	複回値
1	ディープインパクト	30- 29- 20- 143/ 222	13.5%	26.6%	35.6%	94	82
2	ハーツクライ	12- 9- 11- 99/ 131	9.2%	16.0%	24.4%	89	88
3	ハービンジャー	10- 16- 10- 103/ 139	7.2%	18.7%	25.9%	43	62
4	ステイゴールド	10- 11- 14- 108/ 143	7.0%	14.7%	24.5%	52	81
5	ヴィクトワールピサ	10- 2- 6- 38/ 56	17.9%	21.4%	32.1%	108	97
6	キングカメハメハ	9- 6- 8- 56/ 79	11.4%	19.0%	29.1%	71	57
7	ネオユニヴァース	8- 2- 5- 39/ 54	14.8%	18.5%	27.8%	423	187
8	ダイワメジャー	7- 13- 5- 62/ 87	8.0%	23.0%	28.7%	180	92
9	ルーラーシップ	6- 6- 11- 59 /82	7.3%	14.6%	28.0%	53	65
10	マンハッタンカフェ	4- 6- 6- 39/ 55	7.3%	18.2%	29.1%	68	144
特注	キズナ	3- 0- 0- 8/ 11	27.3%	27.3%	27.3%	69	40

これからランクを上げてきそうな種牡馬なら、ディープ後継のキズナ。産駒は１、２番人気に限れば【３　０　０　１】とほぼパーフェクトだ。

小倉芝２０００ｍ

逃げ馬の勝率……８・２％
複勝率……27・５％

コースレイアウトは芝１８００ｍからスタート地点が２００ｍ下がっただけなんだけど、最初のコーナーまでの距離が延びるぶん、スタート争いが激化。１８００ｍよりも速めに流れ、全体に締まったラップになることが多いコースだ。

それがランキングにも表れていて、２位ハービンジャー、３位ルーラーシップが大きく勝率を上げて、さらにメイショウサムソンも８位にランクイン。惜しくもベスト10を逃したけれど、12位エイシンフラッシュ、13位ワークフォースと、ズブいスタミナ型のキングマンボ系の名前も見える。ヨーロッパの香りがしてくるような種牡馬ラインアップだ。

１位のディープインパクトは芝１８００ｍよりも人気馬が順当に走る。ダラっとしたタイプより、鋭い末脚を使えるディープ産駒らしいタイプが浮上するからだ。３番人気までの上位人気馬を中心に、５番人気、６番人気あたりまではしっかり検討が必要だ。

２位がハービンジャー。小回りの芝２０００ｍが得意という話は何度もしているけど、そのなかでも小倉芝２０００ｍはベストコースに近い。急流になりやすくて、スパイラルカーブ採用、さらに直線が平坦というのは、タフな欧州系で急加速があまり得意ではないというハービンジャー産駒にぴったりだ。

重賞の小倉記念では15年と16年の2着がベルーフ、17年の2着がサンマルティンと、3年連続で連対。さらに20年には小倉開催の愛知杯でレイホーロマンスが11番人気3着。重賞でも積極的に狙える。

ハービンジャー産駒は「レース間隔を詰めたほうがいい」というのも大きな特徴。重賞レベルは別として、中2週や中3週で出走してくるほうが穴は多いし、逆に2カ月以上間隔があくと勝率がガクっと落ちて、3着が増えるんだ。当然、休み明けも良くない。前哨戦を使って状態を上げてから本番に臨むという、ヨーロッパの競馬スタイルに合ったタイプだ。

ただ、これはどの血統にも言えることだけど、ノーザンファームとその他の生産者では別に考えたほうがいい。ノーザンファームの生産馬は休み明けでも、外厩の天栄、しがらきで作ってきちゃうから、休み明けの適性を種牡馬で測らないこと。

小倉記念はトニービンの血にも注目したい。直仔はもうい

小倉芝2000m　注目種牡馬ランキング

順位	種牡馬	着別度数	勝率	連対率	複勝率	単回値	複回値
1	ディープインパクト	25- 35- 22- 154/ 236	10.6%	25.4%	34.7%	75	82
2	ハービンジャー	20- 16- 13- 126/ 175	11.4%	20.6%	28.0%	62	83
3	ルーラーシップ	14- 9- 4- 73/ 100	14.0%	23.0%	27.0%	82	55
4	ハーツクライ	13- 22- 20- 126/ 181	7.2%	19.3%	30.4%	53	92
5	ステイゴールド	10- 11- 14- 114/ 149	6.7%	14.1%	23.5%	41	64
6	キングカメハメハ	8- 4- 9- 72/ 93	8.6%	12.9%	22.6%	36	56
7	ドリームジャーニー	7- 6- 2- 16/ 31	22.6%	41.9%	48.4%	95	84
8	メイショウサムソン	7- 3- 1- 36/ 47	14.9%	21.3%	23.4%	193	81
9	ダイワメジャー	6- 2- 1- 40/ 49	12.2%	16.3%	18.4%	251	92
10	ゼンノロブロイ	5- 5- 6- 47/ 63	7.9%	15.9%	25.4%	49	109
特注	母父トニービン	6- 5- 6- 36/ 53	11.3%	20.8%	32.1%	101	86
特注	トニービン持ち	–	–	–	–	–	–

ないけれど、ルーラーシップ（母父トニービン）、ハーツクライ（母父トニービン）、ジャングルポケット（父父トニービン）、これらトニービンの血を持つ種牡馬の産駒がよく走る。あるいは母父トニービンの馬も追加しておこう。

ランキングでも、ルーラーシップ、ハーツクライが3位、4位と上位に来ていて、特にルーラーシップはちゃんと勝ち切れているのがいい。今後、さらに成績を伸ばしてくるだろう。

母父部門でもトニービンは5位ながら勝率は11・3％とベスト10以内でもっとも高いし、10位にはジャングルポケットも入っている。ジャングルポケット産駒はもうあまり見なくなってしまったけど、こんなふうに母父ジャングルポケットがランクに入り、言及できる日が来るのはうれしいね（笑）。

小倉芝2600m

逃げ馬の勝率……15・4％
複勝率……25・0％

芝2600mは向正面からスタートして、コースを1周半。小回りでコーナー6個をクルクル回るコースだけに、同じコースや、福島芝2600mなど、過去にローカルの長丁場を好走している馬が良績を挙げている。

コーナーが多いコースだけに内枠が有利と思うかも知れないけど、真ん中の4、5枠が勝率10％を超えて、抜けて良く、次いで1枠と6枠。8枠はさすがに不利で、勝率は3・6％しかない。

ランキングを見ると、一段とヨーロッパ色が強くなってきた。1位ハーツクライ、2位ハービンジャー、3位ステイゴールド。これがトップ3だ。

前半から中盤はスローで流れ、後半の800mから1000mのロングスパートが定番のコースだから、ハーツクライ産駒のスタミナと長く脚を使える能力が活きている。

反対に瞬発力を活かしたいディープインパクト産駒は【2 7 7 30】と、2着と3着がどっさり。勝ち切れなさがハンパないね。

注目は母父ランキングで、1位は安定のサンデーサイレンスだけど、2位には平坦の長丁場という得意舞台でダンスインザダークが入っている。

後継種牡馬には恵まれなかったというか、今の日本は晩成のステイヤーが勝ち上がってこられるシステムではないから、こういうステイヤー血統は父系をつなぐのが難しくて、後世に血を残せるのは牝馬が多くなる。

メジロマックイーンもそうだった。父系はつながらなかったけど、母父としてオルフェーヴルとゴールドシップを出して、

小倉芝2600m　注目種牡馬ランキング

順位	種牡馬	着別度数					勝率	連対率	複勝率	単回値	複回値
1	**ハーツクライ**	**6-**	**2-**	**8-**	**28/**	**44**	**13.6%**	**18.2%**	**36.4%**	**125**	**104**
2	**ハービンジャー**	4-	5-	4-	25/	38	10.5%	23.7%	34.2%	104	88
3	**ステイゴールド**	4-	3-	1-	32/	40	10.0%	17.5%	20.0%	30	46
4	**キングカメハメハ**	4-	1-	2-	17/	24	16.7%	20.8%	29.2%	85	51
5	**ディープインパクト**	2-	7-	7-	30/	46	4.3%	19.6%	34.8%	16	96
6	**モンテロッソ**	2-	2-	1-	4/	9	22.2%	44.4%	55.6%	203	131
7	**ルーラーシップ**	**2-**	**2-**	**0-**	**14/**	**18**	**11.1%**	**22.2%**	**22.2%**	**36**	**45**
8	**ワークフォース**	**2-**	**1-**	**1-**	**7/**	**11**	**18.2%**	**27.3%**	**36.4%**	**50**	**69**
9	**ストーミングホーム**	1-	2-	0-	5/	8	12.5%	37.5%	37.5%	28	63
10	**キンシャサノキセキ**	1-	1-	2-	2/	6	16.7%	33.3%	66.7%	96	180
特注	**ダンスインザダーク**	**4-**	**4-**	**2-**	**15/**	**25**	**16.0%**	**32.0%**	**40.0%**	**344**	**119**

母系から存在感を示した。それと同じように母父ダンスインザダークもまだまだ、母系に入って大物を出す可能性は十分あるし、実際こんなふうに小倉の長距離戦で存在感を示している。

小倉競馬場▶ダート

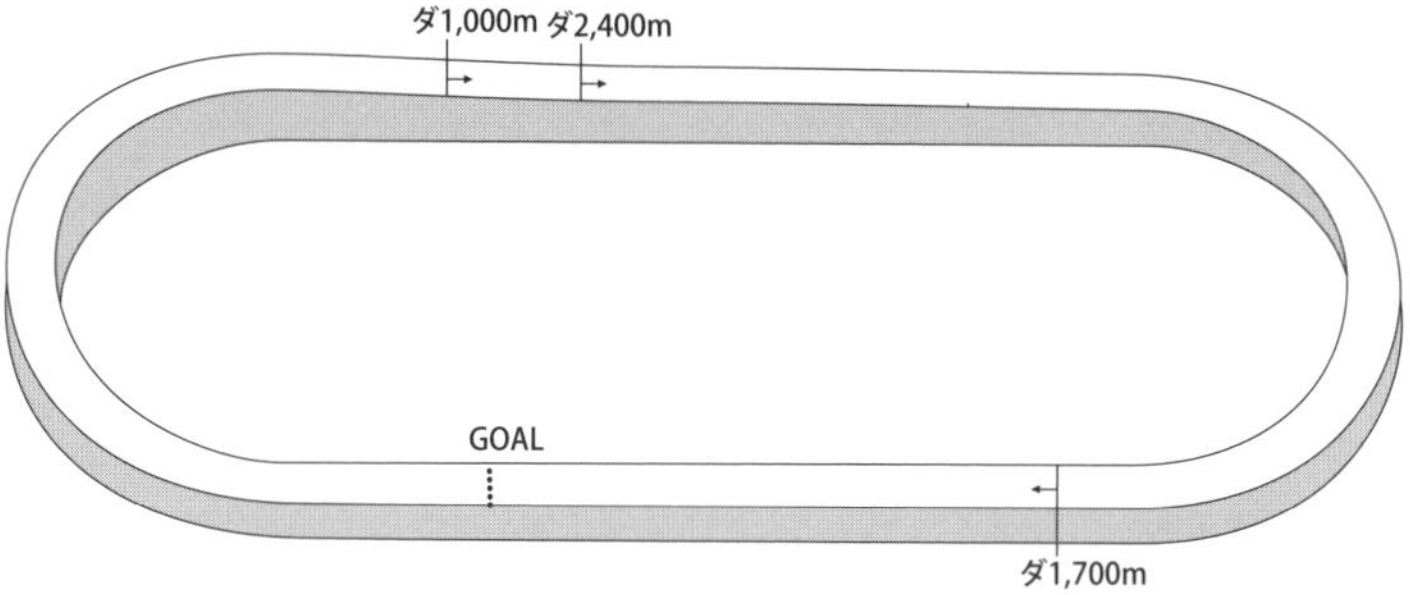

コース図

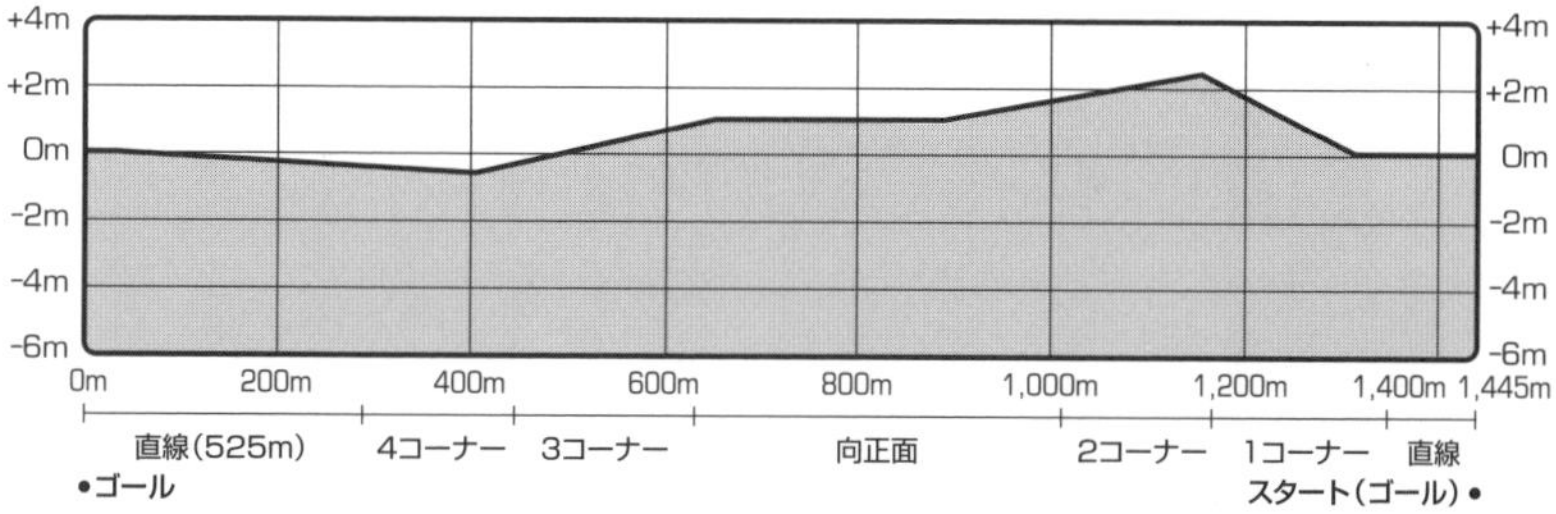

高低差断面図

小倉ダート下級条件（2勝クラス以下）種牡馬ベスト5

順位	種牡馬	着別度数	勝率	連対率	複勝率	単回値	複回値
1	**クロフネ**	26- 17- 17- 150/ 210	12.4%	20.5%	28.6%	137	68
2	**エンパイアメーカー**	20- 14- 15- 150/ 199	10.1%	17.1%	24.6%	73	84
3	**サウスヴィグラス**	19- 12- 10- 148/ 189	10.1%	16.4%	21.7%	120	85
4	**キングカメハメハ**	16- 24- 20- 131/ 191	8.4%	20.9%	31.4%	109	100
5	**ゴールドアリュール**	16- 12- 18- 183/ 229	7.0%	12.2%	20.1%	122	92

小倉ダート上級条件（3勝クラス以上）種牡馬ベスト5

順位	種牡馬	着別度数	勝率	連対率	複勝率	単回値	複回値
1	**ゴールドアリュール**	3- 2- 3- 15/ 23	13.0%	21.7%	34.8%	72	93
2	**ネオユニヴァース**	3- 1- 2- 12/ 18	16.7%	22.2%	33.3%	139	84
3	**エンパイアメーカー**	2- 1- 0- 6/ 9	22.2%	33.3%	33.3%	123	60
4	**アグネスデジタル**	2- 0- 0- 3/ 5	40.0%	40.0%	40.0%	194	86
5	**クロフネ**	1- 1- 1- 8/ 11	9.1%	18.2%	27.3%	80	50

小倉ダートコースは1周約１４４５ｍ、直線距離は約２９１ｍ。福島競馬場のダートコース（1周約１４４５ｍ、直線距離２９６ｍ）とほぼ同じ大きさだ。

ちなみに小倉ダートの高低差は2・9ｍで、福島は2・1ｍ。もっとも高くなるのは1コーナーと2コーナーの中間地点で、1コーナーの途中から2コーナーにかけて2ｍの坂を駆け上がることになり、ここでペースダウンするのが小倉ダートの特徴だ。そこから4コーナーまでは、向正面の平坦部分を挟みながら緩やかに下っていくというイメージでいい。

滞在馬の調教コースとしても使われることもあって、時計がかかって力のいるダート。以前は騎手が「小倉のダートの砂は固まりが飛んできて、当たると痛い」なんて、よく言っていた。特に小回り特有の急流となるダート１７００ｍは字面以上のスタミナを要する。展開もあいまって、小回りながら逃げ切るのはかなり難しいコースだ。

コース設定はそのダート１７００ｍと、ダート１０００ｍ、ダート２４００ｍ。ただ、２４００ｍは年に2、3レースが行われるのみで、本書では１０００ｍと１７００ｍについてお伝えしていこう。

小倉ダート１０００ｍ

逃げ馬の勝率……39・0%
複勝率……70・5%

ダート１０００ｍのスタート地点は向正面の入り口。下り坂の途中から発走する。１０００ｍというスタートダッシュ勝負の距離なので圧倒的に逃げ馬が有利で、逃げ馬の勝率は39・0%、複勝率は70・5%。

追い込みづらい砂質に加え、4コーナーまでほぼ下りで構成されるコースだけに、馬券を当てるには「どの馬が逃げるのか」を見極めるのが必須条件と言えるだろう。「前走3コーナーを1番手で通過した馬」を中心に、テンのラップをちゃんと調べて、どの馬が一番速いのかを見極めること。

前走で他場のダート1200m、特に中京のダート1200mを走ってきた馬の巻き返しがよく見られるのも特徴で、前走は先行して差された馬が、小倉の距離短縮で逃げ切るというイメージだ。

逃げ有利のコースだけにスタートダッシュが重要で、減量騎手を積極的に買っていきたい。軽い分だけ、ダッシュが利きやすくなるし、ぶっちゃけジョッキーの腕があまり関係ない。3キロ減の恩恵がある▲騎手はもちろん、競馬に慣れてきた「2キロ減の△騎手」のほうがよりデータ上は好成績で、勝率は10・2%。藤田菜七子ちゃんも活躍した。

枠順は、ロスなく回ってこられる1、2枠がいいけれど、外すぎず、揉まれにくい5、6枠も同じくらいいい。ダート

小倉ダート1000m　注目種牡馬ランキング

順位	種牡馬	着別度数	勝率	連対率	複勝率	単回値	複回値
1	サウスヴィグラス	17- 11- 8- 117/ 153	11.1%	18.3%	23.5%	98	81
2	ダイワメジャー	7- 2- 3- 42/ 54	13.0%	16.7%	22.2%	365	82
3	エンパイアメーカー	7- 1- 1- 24/ 33	21.2%	24.2%	27.3%	221	72
4	ヨハネスブルグ	6- 5- 4- 34/ 49	12.2%	22.4%	30.6%	123	74
5	ゴールドアリュール	5- 4- 9- 59/ 77	6.5%	11.7%	23.4%	103	129
6	パイロ	5- 3- 3- 26/ 37	13.5%	21.6%	29.7%	54	65
7	クロフネ	5- 3- 2- 30/ 40	12.5%	20.0%	25.0%	33	44
8	タイキシャトル	4- 3- 1- 24/ 32	12.5%	21.9%	25.0%	162	73
9	ファスリエフ	4- 2- 3- 35/ 44	9.1%	13.6%	20.5%	172	49
10	シニスターミニスター	4- 2- 3- 28/ 37	10.8%	16.2%	24.3%	50	47
特注	母父ストームキャット	5- 3- 3- 13/ 24	20.8%	33.3%	45.8%	172	124

１０００ｍに出走するような一本調子のスピード馬は、外からかぶされると良くない馬がよくいるから、速い馬たちの並び順に注意しながら、展開を考えよう。

ランキングに目を向けると、1位は短距離ダート定番のサウスヴィグラス。２位以下を大きく引き離して、ぶっちぎりの1位だ。

連闘、中1週の勝負がかりだと、さらに成績が上昇する。ただ、いずれにしても回収値は低めで、妙味も含めて狙うなら、絞る必要がある。まずローテなら、新馬か2戦目がいい。これはつまり、休み明けか、休み明け2戦目がいいという意味でもある。フォーティナイナー系はスウェプトオーヴァーボードやプリサイスエンドもみんなそうで、いかに「フレッシュかどうか」にかかっている。使い詰めの馬より、短期休養でリフレッシュしてきた馬の初戦か、２戦目がいい。

牡馬と牝馬でも、傾向は違う。牝馬は前走の着順重視で、あまり穴狙いはしないほうがいい。一方、牡馬は前走ダート１２００ｍで着順の悪かった馬が、距離短縮で一変して穴になる例がよくある。サウスヴィグラス牝馬は好調な馬を狙い、牡馬は変わり身の穴にも注意と、頭に入れておこう。あとは2位のダイワメジャーも単勝回収値が高いし、３位のエンパイアメーカーの勝率21・２％は相当立派だ。

エンパイアメーカーはダートの快速馬ファピアノの系統で、産駒や孫がアメリカで大活躍。エンパイアメーカー自身も今はアメリカに帰っている。７勝中6勝が牝馬によるものだ。牝馬を重点的に狙おう。

系統で言えばストームキャット系に注目。４位にヨハネスブルグが入っているし、母父ではストームキャットが2位。母父タバスコキャットもいい。

今のストームキャット系の国内のエース種牡馬はヘニーヒューズで、20年から後継のアジアエクスプレス産駒もどっとデビューしてくる。こちらの産駒も見かけたら要注意だろう。休み明けから狙える。

小倉ダート1700m

逃げ馬の勝率……16・0%
複勝率……36・4%

4コーナーを出て最後の直線に入ったところがスタート地点。1コーナーから上りに入り、向正面は平坦&下り。4コーナー途中から微妙に上るけど、これは平坦と思っておけばいい。つまり、2コーナー途中からゴールまで下りと平坦だけで構成されるコースだ。

スタートしてから最初のコーナーまで距離があるのでポジション争いがあるけれど、1コーナーの上りでペースが落ち着く。そのまま向正面へ入るので、スローを嫌う馬は向正面で一気に仕掛けていくことも多いよね。マクりが利きやすいコースでもある。

ただ、小回りかつ差しが利きづらい馬場ということもあって、早め早めの仕掛けになりがち。上級条件になるほど、特にレース後半の流れは厳しくなって、ゴールではどの馬もバテているという消耗戦になりがちなタフなコースだ。

1位はダントツでクロフネ。ダート1000mは上位にいなかったのに、ダート1700mで一気にランクを上げ、ネオユニヴァースやゴールドアリュールに大きな差をつけている。これはかなり適性が高いと考えていい。

「小倉ダート下級条件」と「小倉ダート上級条件」のランキングを見てもらえればわかるように、小倉のクロフネ産駒はもっぱら条件戦を専門に稼ぐ。まあ、下級条件といっても、このランキングには2勝クラスも含まれているから、2勝クラスの特別戦ともなれば、そんなに地味なわけではない。実際、19年の夏開催では、牝馬のクルークハイトが響灘特別と釜山Sを連勝。20年の2月開催でも、ハギノアトラスが和布刈特別を、サンライズナイトが早鞆《はやとも》特別を快勝と、最近だけでも2勝クラスの特別戦を勝ちまくっている。

締まった流れを前から押し切るという、クロフネ産駒の得意な競馬が小倉のダート１７００ｍにぴったり合う。ちなみにサンライズナイトは9番人気の大穴で、前走はダート１４００ｍで先行できずに大敗していた馬だった。

有名な「夏は牝馬を狙え」「夏は芦毛を狙え」という競馬格言があるけど、クロフネは牝馬の活躍馬が多くて、芦毛馬も多い。だから、酷暑の夏の小倉に強いという一面もあるかも知れない。

2位のネオユニヴァースや4位のキングカメハメハも回収率が高くて、狙い目の種牡馬だけど、8位のオルフェーヴルが気になる。ダート１７００ｍのランキングで上位に入っている場合ではないだろうという気もするけど、こんなふうにダートでも走れるところが父ステイゴールドの産駒とは大きく違うところだ。

オルフェーヴル産駒はポテンシャルの高い馬が多いから、振り幅が大きくて穴になりやすい。3

歳夏のローカルで上昇する馬をマークしたい。

　地味な種牡馬も挙げておくと、3年前の前作で注目したケイムホームが、やはり成績を上げてきている。出走自体があまり多くなくてベスト10は逃したものの、【5　1　2　17】という成績は適性があればこそ。インティという代表産駒が出て、種付けも増えているから、ケイムホームの復権に注意したい。

　そのほかで目立つのはエーピーインディ系。10位にカジノドライヴがランクインして、12位にはパイロもいる。カジノドライヴは1400mならどこでも走るという種牡馬だけれど、ローカルのダート1700mは急流で澱みのない流れになりがち。ずっと速いペースが続くダート1400mと求められる適性が似ているんだよね。だから前走で1400mを走ってきた馬がよく穴をあけるんだ。

　そういう意味でダート1400m適性の高いカジノドライヴがこのコースで走ってくるのもよくわかるし、実際、前走で1400mを走ったカジノドライヴは【2　1　0　5】で勝率25・0%、複勝率37・5%と好成績を挙げているよ。

小倉ダート1700m　注目種牡馬ランキング

順位	種牡馬	着別度数	勝率	連対率	複勝率	単回値	複回値
1	クロフネ	21- 15- 16- 121/ 173	12.1%	20.8%	30.1%	160	74
2	ネオユニヴァース	16- 7- 7- 84/ 114	14.0%	20.2%	26.3%	125	67
3	エンパイアメーカー	15- 14- 14- 131/ 174	8.6%	16.7%	24.7%	48	86
4	キングカメハメハ	14- 21- 15- 120/ 170	8.2%	20.6%	29.4%	116	87
5	ゴールドアリュール	14- 10- 12- 137/ 173	8.1%	13.9%	20.8%	125	77
6	ハーツクライ	10- 6- 4- 80/ 100	10.0%	16.0%	20.0%	79	62
7	ディープインパクト	9- 8- 8- 69/ 94	9.6%	18.1%	26.6%	65	88
8	オルフェーヴル	8- 5- 2- 31/ 46	17.4%	28.3%	32.6%	109	100
9	シンボリクリスエス	7- 11- 9- 98/ 125	5.6%	14.4%	21.6%	38	65
10	カジノドライヴ	7- 6- 6- 28/ 47	14.9%	27.7%	40.4%	300	172
特注	ケイムホーム	5- 1- 2- 17/ 25	20.0%	24.0%	32.0%	677	194

函館競馬場
Hakodate Racecourse

函館競馬場▶芝

コース図

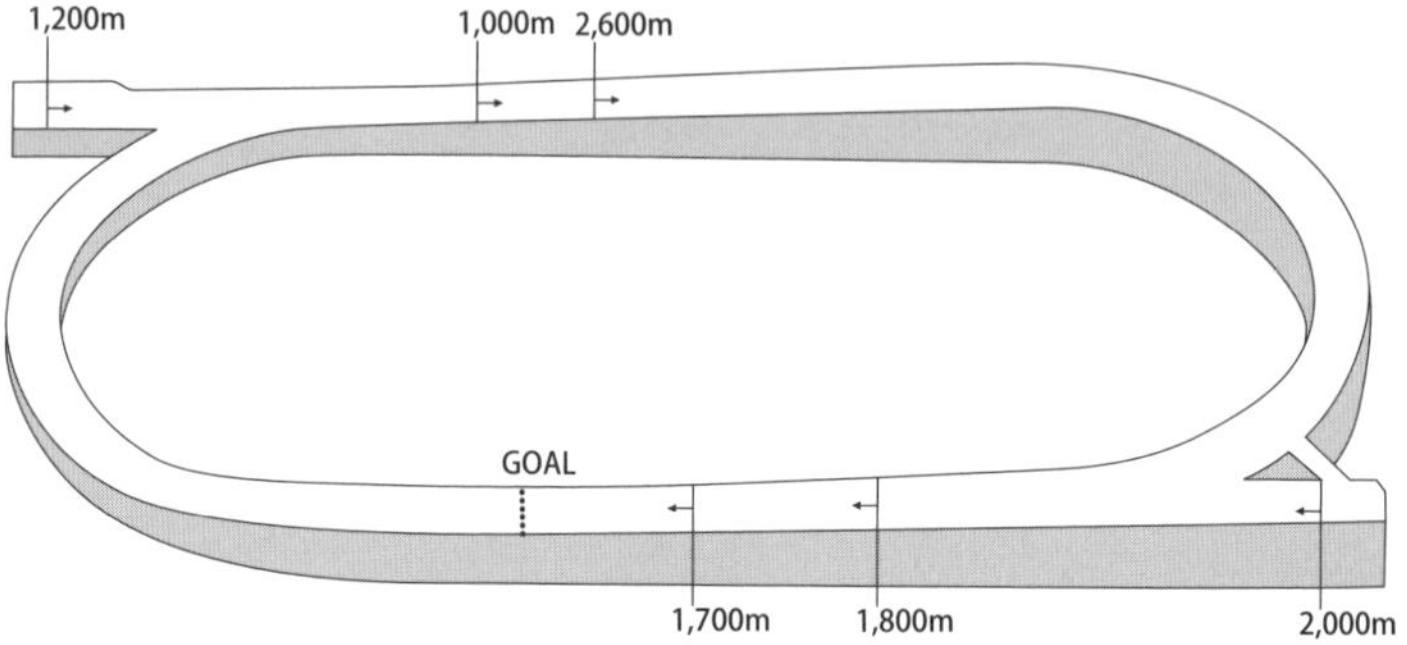

高低差断面図

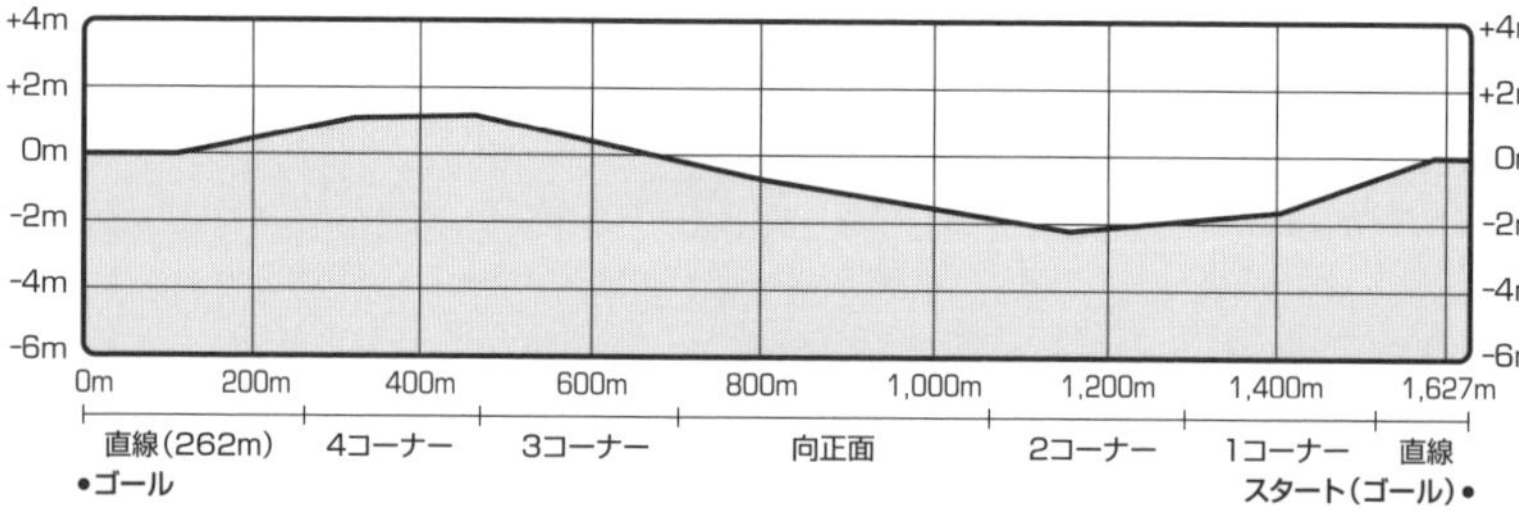

函館芝下級条件（2勝クラス以下）種牡馬ベスト5

順位	種牡馬	着別度数	勝率	連対率	複勝率	単回値	複回値
1	ハービンジャー	26- 22- 22- 163/ 233	11.2%	20.6%	30.0%	67	70
2	ディープインパクト	21- 22- 17- 155/ 215	9.8%	20.0%	27.9%	68	63
3	ステイゴールド	19- 10- 19- 132/ 180	10.6%	16.1%	26.7%	67	81
4	ハーツクライ	18- 14- 15- 118/ 165	10.9%	19.4%	28.5%	111	82
5	マンハッタンカフェ	15- 8- 9- 90/ 122	12.3%	18.9%	26.2%	96	72

函館芝上級条件（3勝クラス以上）種牡馬ベスト5

順位	種牡馬	着別度数	勝率	連対率	複勝率	単回値	複回値
1	ディープインパクト	3- 2- 2- 16/ 23	13.0%	21.7%	30.4%	36	88
2	ハーツクライ	3- 0- 1- 16/ 20	15.0%	15.0%	20.0%	95	46
3	ステイゴールド	2- 4- 3- 23/ 32	6.3%	18.8%	28.1%	33	68
4	キングカメハメハ	2- 3- 3- 13/ 21	9.5%	23.8%	38.1%	257	188
5	メイショウサムソン	2- 0- 0- 2/ 4	50.0%	50.0%	50.0%	270	110

函館芝コースは1周が約１６２７ｍで、直線の長さは約２６２ｍ（ともにＡコース使用時）。1周距離は福島、小倉に次いで3番目の短さ。直線はＪＲＡ全10場のなかでもっとも短いコースとなっている。

このコース形態に加え、ここ数年は洋芝とは思えない高速馬場となることも多くて、とにかく前が止まらない。内枠の先行馬に有利なコースとなっている。

ただし、特に短距離戦では馬場の良い内ラチ沿いに馬が殺到するケースが目立ち、結果、前がどん詰まりになるケースも見られる。差し馬にとっては内枠が仇になることもままあるので注意が必要だ。

また、函館開催が行われる6～7月は梅雨の時期にあたる。一般的に北海道には梅雨がないと言うけれど、本州に近い函館ではこの時期に雨が多くなる傾向にあるのは事実。福島や小倉のように、雨中で競馬が行われた開催の後半は外差し傾向に変わっていくので、その日の馬場傾向を見極めるのは大切。これはどこの競馬場に関しても言えることだけれど。

ちなみに函館を平坦コースと考えている人が多いようだけど、実際にはコース全体で３・５ｍの高低差がある。直線の終わりから2コーナーの真ん中あたりまで下り。そこから向正面、3コーナーと上って4コーナーに差し掛かるところが頂点。そこから緩やかに下りつつ直線へと入っていくレイアウトだ。緩やかとはいえ、上りの割合が大きいコースなのでイメージ以上にタフだし、上級条件になると小回り特有の仕掛けの早さもあって、どの馬も脚が上がってゴールする消耗戦もまま見られる。

同じ北海道の洋芝コースということもあって札幌と比較されることが多いけれど、実際には「函館は小回りで起伏の続くコース」、「札幌は大回りの平坦コース」と違いがはっきりしている。洋芝巧者が共通して走るケースも多いものの、函館好走馬が札幌では差し届かず、札幌巧者が函館では伸びず凡走という出し入れのイメージは常に持っておきたいね。

血統的には、洋芝得意のハービンジャーが他場より成績を上げて、そのぶんディープインパクトが下げる形。力のいる馬場が得意なステイゴールド系も総じていい。

なお、芝コースは1000m、1200m、1700m、1800m、2000m、2600mが設定されているけど、1000mは年に1鞍、1700mは使われていないため、本書ではその2コースを除いて解説していく。

函館芝1200m

逃げ馬の勝率……22・0%
複勝率……44・5%

1200mのスタート地点は2コーナー奥の引き込み線。スタートから4コーナーまで上りが続き、頂点を過ぎると1mほど下りつつ、ゴールへ向かうというレイアウトだ。

前半が上り坂の芝1200mというのは珍しくて、たとえば同じ小回りでも中山や小倉は前半が下りだから、かなり違う。

このレイアウトは当然レースの流れにも影響している。スプリント戦だけに前半3ハロンのほうが後半3ハロンより速くなるけれども、この上り坂を考えると速すぎると思われるレースも多いんだ。だから上がり3ハロンが34秒を切ることはまずないし（5年間の特別戦61鞍のうち、2レースだけ）、ラストは脚が上がってしまう馬も目立つ。大ざっぱに前半34秒、後半35秒くらいのバランスを想定すればいい。ダートでも走れるフォーティナイナー系やキンシャサノキセキなどが活躍するのもそのためだ。

ランキング1位はダイワメジャー。他場の芝１２００ｍの勝率は6～8％程度だけれど、このコースでは11・4％と高率をマークしている。これも飛ばして粘るタイプのレースが合うためだね。平場では牡馬もよく来ているけど、特別戦に限ると3着以内15回のうち、牝馬が14回と圧倒的。クラスが上がるほど牝馬をマークしたい。

もうひとつダイワメジャー好調の理由は2歳戦。仕上がり早の産駒が多いから、新馬で率を稼いでいる。ちなみに新馬では勝率41・7％、複勝率83・3％と驚異的な数字を叩き出しているので、出てきたら即チェック。

そのほか、キンシャサノキセキ、ヨハネスブルグ、アドマイヤムーンといった仕上がり早の、ダート兼用種牡馬の名前が並ぶ。なかでもダノンシャンティがランキングに入ってくるのは目を引くね。

ダノンシャンティは、初年度からスマートオーディンが東スポ杯2歳S、毎日杯、京都新聞杯と重賞を次々に勝って、ようやくフジキセキの中距離型の後継種牡馬が出てきたと思ったんだけど、時間が経ってみれば活躍しているのは短距離が中心。母系の血統構成からもフジキセキよりスタミナがあるのは間違いないんだけれど、それがダートでも走れる〝重さ〟として産駒に伝わっている印象だ。

だから芝1200mで1分7秒台などの速い決着だと好走できなくて、1分9秒台とか10秒台のレースだと走ってくる。それが函館で好走が多い理由。馬場が高速化したとはいえ、時計のかかる洋芝でランキングを上げてきたのはよくわかる。

重賞は函館スプリントSと函館2歳Sの2競走が行われる。このふたつは似て非なるレースで、函館スプリントSは時計の速さを、函館2歳Sは仕上がりの早さを競うレースだと思っておけばいい。

函館スプリントSは開催がスタートしてすぐに行われる重賞で、1分7秒台前半の決着を想定しておくべき。17年にはジューヌエコール（父クロフネ）が1分6秒8という、洋芝とは思えない時計をマークしたよね。先行していかにスピードを持続できるかがポイントだ。ジューヌエコールのほかにも、15年2着のアースソニック（14番人気）、3着レンイングランド（12番人気）と、クロフネ産駒が好走している。

あとはダイワメジャー産駒もいい。16年1着ソルヴェイグ、18年3着ナックビーナスなどが好例だ。マイル路線を歩んでいたけど、短距離路線に転じてきたダイワメジャー牝馬には特に注目したい。

函館スプリントSで注意したいのは枠順。開幕近くだけに内枠有利と思いがちだけど、実は5枠より外のほうが成績がいいんだ。冒頭に書いたように前半から上りが続くタフなコースでペースも速いから差せるというのもあるし、馬場の良い内ラチに先行馬が殺到するためもある。14年には1番人気ストレイトガールが2枠2番スタートから内で包まれたままなにもできずに惨敗というレースもあったよね。ああいうことが起こり得るレースというのは頭の片隅に留めておきたい。

一方の函館2歳Sは、仕上がり早のスピード馬のためのレース。ダイワメジャー産駒が【0　1　2　2】と出走5頭中3頭も馬券圏内に好走し、同じく仕上がり早のスピード血統キンシャサノキセキも16年2着モンドキャンノ、17年1着カシアスと好走馬を送り出している。

ひと昔前は……と、昔の話を持ち出すのは歳を感じるけど（苦笑）、函館2歳Sのころには内が荒れて、外差し馬場にシフトしていたんだ。開幕週から1週ごとに内有利から外有利に変わっていくのが好きで、だから函館芝1200mは面白かった。でも、近年はよほど雨に降られない限り、そこまで外差しにシフトすることもない。函館2歳Sも先行有利で、新馬を逃げて勝った馬よりは、前に馬を置く競馬をして上がり1位、2位をマークして勝ち上がった馬のほうがいい。

最後に札幌開催との出し入れについて触れておこう。コース形態から函館は差しが決まりやすく、札幌はイメージ通りの平坦コース。つまり、開催後半の差せる函館→先行有利の平坦札幌へと替わる。だから、函館で差して好走した馬が札幌では差し届かないという結果になりがちなんだ。反対に函館で先行してタレた馬が、

函館芝1200m　注目種牡馬ランキング

順位	種牡馬	着別度数	勝率	連対率	複勝率	単回値	複回値
1	ダイワメジャー	14- 13- 13- 83/ 123	11.4%	22.0%	32.5%	90	76
2	ロードカナロア	11- 10- 7- 40/ 68	16.2%	30.9%	41.2%	71	87
3	キンシャサノキセキ	10- 14- 9- 76/ 109	9.2%	22.0%	30.3%	22	50
4	ディープインパクト	8- 7- 4- 45/ 64	12.5%	23.4%	29.7%	111	64
5	マンハッタンカフェ	8- 7- 2- 38/ 55	14.5%	27.3%	30.9%	86	93
6	ヨハネスブルグ	8- 5- 2- 39/ 54	14.8%	24.1%	27.8%	147	78
7	マツリダゴッホ	6- 6- 11- 68/ 91	6.6%	13.2%	25.3%	118	115
8	タイキシャトル	6- 6- 7- 54/ 73	8.2%	16.4%	26.0%	81	105
9	ダノンシャンティ	6- 3- 5- 27/ 41	14.6%	22.0%	34.1%	144	171
10	アドマイヤムーン	4- 5- 3- 46/ 58	6.9%	15.5%	20.7%	33	37

札幌で巻き返すパターンもある。開催替わりではその出し入れを意識しておこう。

函館芝1800m

逃げ馬の勝率……22・4%
複勝率……36・7%

函館芝１８００ｍはスタンド前から発走し、そのままコースを1周してゴールというレイアウト。2コーナーから4コーナーまでなだらかな上りの起伏があり、最初のコーナーまでの距離が短いこともあって、ペースが落ち着きやすい。その序盤の緩さが、逃げ馬の勝率の高さ（芝２０００ｍの勝率は18・5%）になって表れている。

小回りコースということでまずは枠順に目を向けると、明らかに3〜6枠が有利。3年前のデータは内枠有利だったけれども、スタートしてすぐに1コーナーを迎えるこのコースは、馬場の高速化によって、内ラチ沿いに馬が殺到するようになり、内枠の馬が押し込められやすい。1枠や2枠だと内すぎて成績が下がってしまうという図式だろう。

スッと前につけられる馬なら問題ないけど、スタートが速くない馬や、差し馬にとって、内枠はむしろ不利になりかねない。内枠の馬にダッシュ力があるか、外枠から内に張ってきそうな馬はいないかなど、気をつけて展開を読むようにしたい。

種牡馬ランキングに目を向けると、注目は2位のハービンジャー。洋芝、小回りが得意なだけあって、得意中の得意の芝２０００ｍより1ハロン短い芝１８００ｍでも2位までランキングを上げている。

滞在競馬のメリットもあり、函館のハービンジャー産駒は連闘～中2週のローテで好成績を収める馬が多い。函館と札幌の出し入れを考えるよりも、好調時には細かいことを考えずに積極的に続けて買っておいたほうがいい血統だ。

たとえば未勝利クラスでも、短いレース間隔で変わり身を見せる馬が多く、一見して能力的に足りないかなと思っても、間隔を詰めてきたら注意を払っておく必要がある。前走で掲示板を確保していれば、次は巻き返してくる範囲に入る。

ランキングの5位から7位に、ルーラーシップ、ロードカナロア、キングカメハメハと、ずらりキンカメ親仔の種牡馬が並んでいるのも面白い。

率が高いのは6位のロードカナロアだ。出走数が少ないとはいえ、勝率33・3％は驚異的。1勝クラスで4戦3勝をマークしている。勝っているのは1～3番人気だから、素直に人気馬を信用すればいいんだけれど、出走数が増えれば人気薄でも走ってくるだろう。

3年前の函館芝1800mランキングは、ロードカナロアの父キングカメハメハが1位だったんだけど、キンカメも人

函館芝1800m　注目種牡馬ランキング

順位	種牡馬	着別度数					勝率	連対率	複勝率	単回値	複回値
1	ステイゴールド	10-	5-	9-	50/	74	13.5%	20.3%	32.4%	99	91
2	ハービンジャー	9-	9-	6-	60/	84	10.7%	21.4%	28.6%	57	74
3	ディープインパクト	7-	9-	9-	57/	82	8.5%	19.5%	30.5%	53	72
4	ハーツクライ	6-	4-	3-	46/	59	10.2%	16.9%	22.0%	145	70
5	ルーラーシップ	4-	6-	6-	14/	30	13.3%	33.3%	53.3%	97	132
6	ロードカナロア	4-	0-	1-	7/	12	33.3%	33.3%	41.7%	120	60
7	キングカメハメハ	3-	4-	6-	35/	48	6.3%	14.6%	27.1%	135	88
8	ワークフォース	3-	4-	1-	21/	29	10.3%	24.1%	27.6%	72	50
9	ネオユニヴァース	3-	3-	4-	16/	26	11.5%	23.1%	38.5%	85	86
10	オルフェーヴル	3-	1-	2-	10/	16	18.8%	25.0%	37.5%	97	75
特注	ゴールドシップ	2-	1-	1-	0/	4	50.0%	75.0%	100.0%	105	160
特注	キングズベスト	0-	2-	0-	6/	8	0.0%	25.0%	25.0%	0	56

気薄がよく走っていた。19年の巴賞でスズカデヴィアスが13番人気で1着に好走したほか、17年の巴賞もキンカメ産駒のナリタハリケーンが8番人気3着。

このキングカメハメハ—ロードカナロアの父系は、小回り向きの器用な先行抜け出しができるから、短い直線と小さなコーナーを味方につけられる。ロードカナロアがこれだけの成績を残しているのも頷ける。

あとは8位のワークフォースも同じ父系だ。ワークフォースの父の父がキングマンボで、キングカメハメハの父もキングマンボだからね。

ワークフォースはキングマンボ系のなかでもズブいステイヤーだから、ほかでベストテン入りしているのはローカルの芝２６００ｍくらいなんだけど、函館は芝１８００ｍでもしっかり8位にランクイン。やっぱり洋芝の北海道は違うなあと、改めて認識させられるデータだ。

1位のステイゴールドは、今後産駒が減っていくけど、ステイがこれだけ走るということは、後継種牡馬も近いうちにランクインしてくるだろう。広いコースの得意なオルフェーヴルよりも、上がりのかかる競馬に強いゴールドシップを特注に挙げておきたい。

実際、ゴールドシップ産駒は1世代だけで【２　１　１　０】とパーフェクトな成績を残している。洋芝、中距離、そして馬場が渋れば文句なしというのがゴールドシップ。この函館芝１８００ｍはベストコースのひとつになるだろう。

函館芝２０００ｍ

逃げ馬の勝率……18・5%
複勝率……39・5%

芝２０００ｍのスタート地点は4コーナー奥の引き込み線。スタートしてから最初のコーナーまでに３００ｍほど距離があるため、ペースが上がりやすい。前項の芝１８００ｍとは違って序盤から締まったペースになりやすくて、一見ペースが落ち着いたように見える向正面は上り坂。さらに小回り特有の早め仕掛けもあって、展開によってはかなりのスタミナ勝負、消耗戦になりやすいのが函館芝２０００ｍだ。

だからサドラーズウェルズ系のローエングリンが8位に入ってきたのは、さもありなんといったところ。しかも複勝率が45・5%という高さだ。

そういえば、このコースの重賞・函館記念では昔からサドラー系が大穴をあけていた。２０００年14番人気1着、01年14番人気2着のクラフトマンシップ（サドラー系フレンチグローリー産駒）、01年10番人気3着アクティブバイオ（サドラー系オペラハウス産駒）とかね。最近だと17年5番人気1着ルミナスウォリアー（メイショウサムソン産駒）がそう。

ルミナスウォリアーが勝った年は重馬場で、函館芝２０００ｍで馬場が荒れるとサドラー系がわかりやすく台頭してくるんだ。こういうイメージを知っておくと、父サドラー系だけでなく、母系にサドラーを持つ馬を拾えたり、馬場が渋ったときは欧州２４００血統がいいとか、狙いやすくなる。函館は雨が降るとすぐに悪くなるからね。

あわせて注目しておきたいのがトニービンの血。小倉でもそうだったけど、トニービンはローカルの芝２０００ｍ重賞で効いてくる。ランク3位のハーツクライは母父トニービンだし、19年の函館記念はマイスタイル（父ハーツクライ）が勝っている。今後はズブいほうのトニービン持ち、ルーラーシップ産駒も走ってくるだろう。

ハーツクライ産駒のジャスタウェイは予測しづらいところがあるけど、詰めの甘いタイプがたくさんいるから、そういうタイプは函館芝２０００ｍは合うんじゃないかな。先行できるけど、切れ味がいまひとつというタイプのジャスタウェイ産駒。

ちなみに「サドラー系とハーツクライとステイゴールドは一緒に馬券になりやすい」というのを覚えておくと、役に立つと思う。本当にこのスタミナ血統トライアングルは関係が深いんだ。

これらの強敵を抑えてランキング1位はハービンジャー。小回り芝２０００ｍの鬼で、おまけに現役時代はイギリスのＧⅠを勝ったように、洋芝が得意。ディープインパク

函館芝2000m　注目種牡馬ランキング

順位	種牡馬	着別度数	勝率	連対率	複勝率	単回値	複回値
1	ハービンジャー	10- 8- 9- 62/ 89	11.2%	20.2%	30.3%	63	58
2	ディープインパクト	8- 7- 3- 47/ 65	12.3%	23.1%	27.7%	47	53
3	ハーツクライ	8- 4- 4- 41/ 57	14.0%	21.1%	28.1%	126	68
4	ステイゴールド	6- 7- 8- 54/ 75	8.0%	17.3%	28.0%	57	67
5	キングカメハメハ	4- 2- 2- 36/ 44	9.1%	13.6%	18.2%	47	43
6	マンハッタンカフェ	4- 1- 3- 37/ 45	8.9%	11.1%	17.8%	104	55
7	ヴィクトワールピサ	3- 3- 4- 12/ 22	13.6%	27.3%	45.5%	38	109
8	ローエングリン	3- 1- 1- 6/ 11	27.3%	36.4%	45.5%	138	87
9	ジャングルポケット	2- 1- 3- 27/ 33	6.1%	9.1%	18.2%	24	45
10	ストーミングホーム	2- 1- 1- 4/ 8	25.0%	37.5%	50.0%	102	96
特注	メイショウサムソン	2- 0- 2- 13/ 17	11.8%	11.8%	23.5%	63	55
特注	エイシンフラッシュ	2- 0- 1- 4/ 7	28.6%	28.6%	42.9%	130	181
特注	ワークフォース	2- 0- 0- 10/ 12	16.7%	16.7%	16.7%	1067	215

トもハーツクライもステイゴールドも抑えての1位だから立派だ。

同じ洋芝とはいえ札幌は大回りなので、実質的に函館芝２０００ｍをもっとも得意としていると言っていいだろう。芝１８００ｍよりも、前走の凡走からの巻き返しが増えて、人気薄の台頭が目立つ。19年の函館記念も7番人気のドレッドノータスが惜しい4着だった。

連闘の成績はイマイチだけど、中1、2週の好走率は高いし、レース間隔を詰めたほうが走るのはこのコースでも同じ。1〜4枠に絞れば、さらに成績が上昇する。さらに馬場が渋れば、勝率は20%を超えてくる。

ハービンジャー、サドラーズウェルズ、トニービンは全部、欧州の芝２４００ｍに強い血統という共通点がある。ステイゴールドもここに含めていいだろう。ほかではズブいタイプのキングマンボ系にも注目だ。

函館芝２６００ｍ

逃げ馬の勝率……２・９%
複勝率……１７・１%

向正面半ばからスタートし、コースを1周半。上りスタートから下って平坦、また長く上って下ってというアップダウンの激しいコース。最大の特徴はコーナーの回数が多いこと。

ランキングもノヴェリスト、ワークフォースらスタミナに富んだ欧州血統が台頭している。なかでも1位のハービンジャーは圧巻。データ集計期間内に行われた30レースのうち、7勝というのは素晴らしい。

特に北海ハンデでは17年1着クラシックエース、18年1着マサハヤダイヤ、3着マスターコード、19年3着ラクローチェと3年連続で好走中。ローカル芝２６００ｍはコーナリングの巧拙とか、それぞれの馬の個性を見ることが大切だけれど、函館に関してはハービンジャー産駒という点ですでに買い材料になるほどだ。

今後という意味では、ゴールドシップとかドリームジャーニー、ナカヤマフェスタのステイゴールド産駒をマーク。あとはマンハッタンカフェとサドラー系も合う。

函館芝2600m　注目種牡馬ランキング

順位	種牡馬	着別度数	勝率	連対率	複勝率	単回値	複回値
1	ハービンジャー	7- 5- 6- 22/ 40	17.5%	30.0%	45.0%	140	114
2	ハーツクライ	4- 3- 3- 15/ 25	16.0%	28.0%	40.0%	84	80
3	ステイゴールド	2- 1- 2- 20/ 25	8.0%	12.0%	20.0%	18	106
4	シンボリクリスエス	2- 1- 1- 1/ 5	40.0%	60.0%	80.0%	252	196
5	キングカメハメハ	2- 0- 2- 12/ 16	12.5%	12.5%	25.0%	69	56
6	ノヴェリスト	2- 0- 0- 5/ 7	28.6%	28.6%	28.6%	98	44
7	ワークフォース	1- 3- 0- 15/ 19	5.3%	21.1%	21.1%	32	128
8	マンハッタンカフェ	1- 2- 2- 12/ 17	5.9%	17.6%	29.4%	45	73
9	ディープインパクト	1- 1- 3- 22/ 27	3.7%	7.4%	18.5%	35	75
10	ルーラーシップ	1- 1- 2- 3/ 7	14.3%	28.6%	57.1%	42	177
特注	ナカヤマフェスタ	0- 0- 1- 5/ 6	0.0%	0.0%	16.7%	0	123
特注	ドリームジャーニー	0- 0- 1- 3/ 4	0.0%	0.0%	25.0%	0	42
注目	ゴールドシップ	－	－	－	－	－	－

函館競馬場▶ダート

コース図

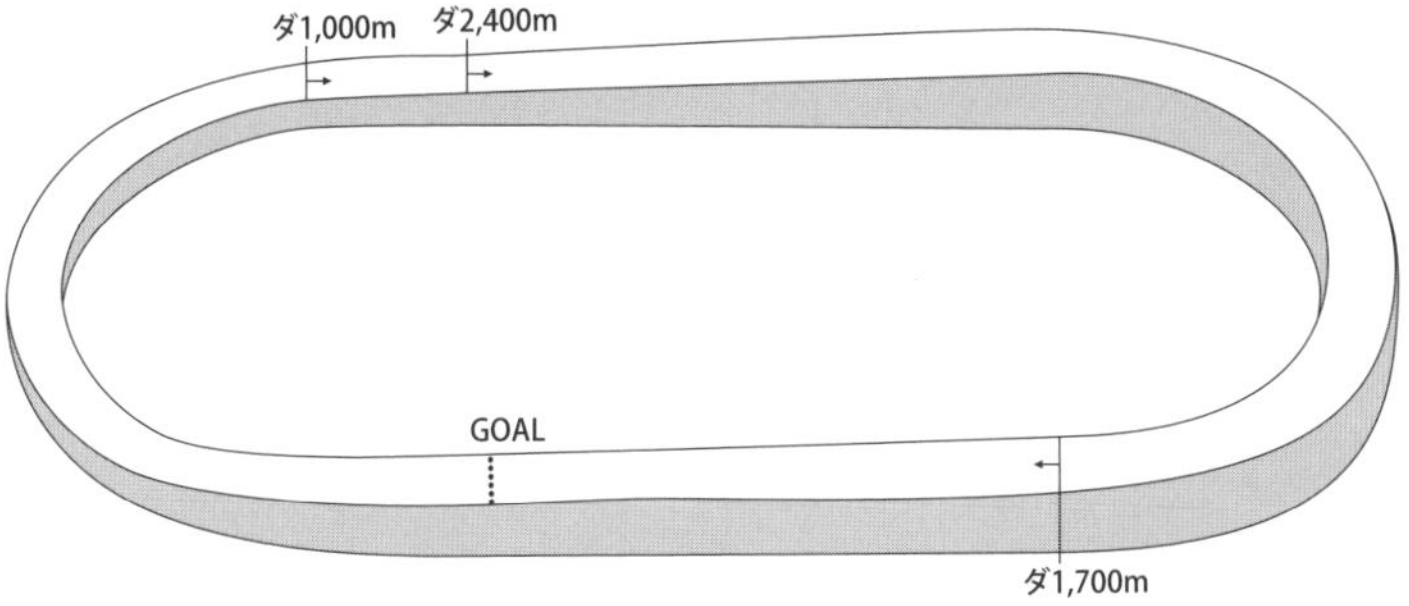

高低差断面図

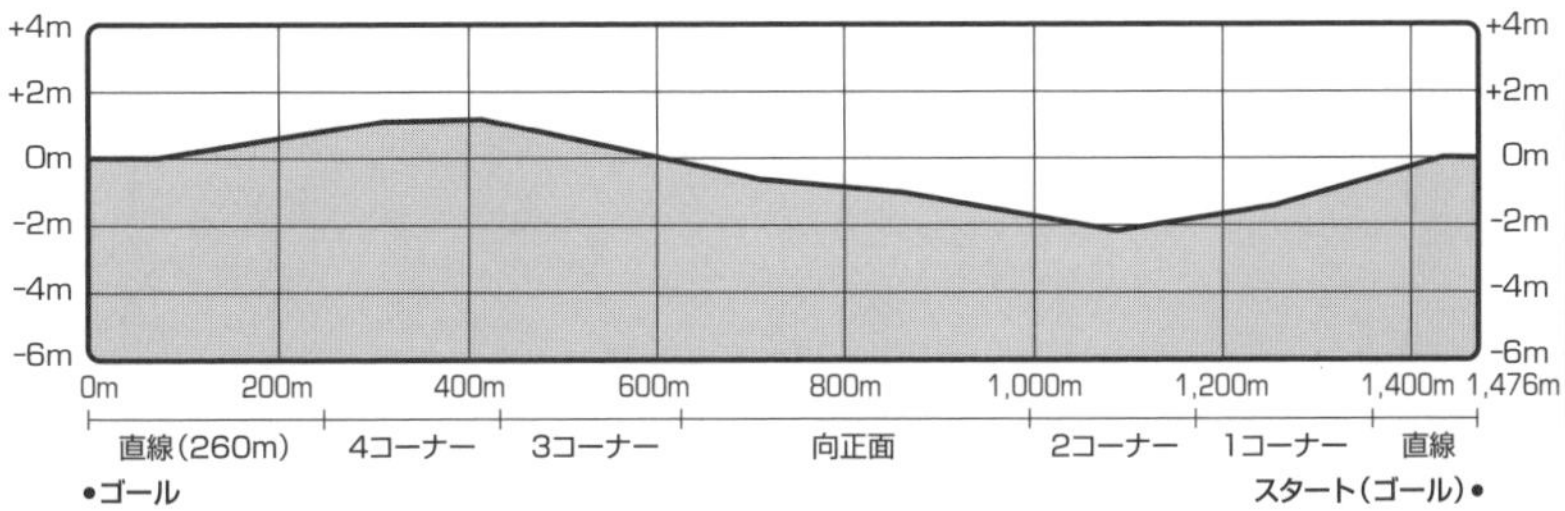

函館ダート下級条件(2勝クラス以下)種牡馬ベスト5

順位	種牡馬	着別度数	勝率	連対率	複勝率	単回値	複回値
1	**サウスヴィグラス**	16- 14- 13- 93/ 136	11.8%	22.1%	31.6%	201	80
2	**ゴールドアリュール**	12- 6- 10- 98/ 126	9.5%	14.3%	22.2%	109	63
3	**マンハッタンカフェ**	11- 7- 6- 30/ 54	20.4%	33.3%	44.4%	151	88
4	**クロフネ**	9- 9- 11- 61/ 90	10.0%	20.0%	32.2%	48	68
5	**ダイワメジャー**	9- 7- 11- 37/ 64	14.1%	25.0%	42.2%	143	106

函館ダート上級条件(3勝クラス以上)種牡馬ベスト5

順位	種牡馬	着別度数	勝率	連対率	複勝率	単回値	複回値
1	**ゴールドアリュール**	2- 0- 1- 7/ 10	20.0%	20.0%	30.0%	63	53
2	**クロフネ**	2- 0- 0- 2/ 4	50.0%	50.0%	50.0%	97	60
3	**ダイワメジャー**	1- 0- 1- 4/ 6	16.7%	16.7%	33.3%	151	106
4	**アグネスデジタル**	1- 0- 1- 3/ 5	20.0%	20.0%	40.0%	34	142
5	**シンボリクリスエス**	1- 0- 1- 4/ 6	16.7%	16.7%	33.3%	105	60

函館ダートコースは１周が約１４７６ｍ、直線が約２６０ｍ。芝同様に小さいけれど、コース全体の高低差が芝と同じ３・５ｍもある。これは中山の４・５ｍに次ぐ２番目の数字で、東京（３・４ｍ）よりもアップダウンの激しいダートコースとなっている。

また、これも芝コースと同じで、コース全体のなかで上り坂が占める割合が大きい。ローカル小回りから想像されるイメージよりも、起伏があってタフなコースと言えるだろう。加えて滞在馬の調教コースとしても使われるため、小倉、札幌と同じように砂は深めで、力のいるダート。実際、時計もかかりがちだ。これも函館ダートがタフである要因になっている。

こういう厳しいコース形態だと、特に中距離戦では差し馬の台頭に気を付けるべきところだけど、函館ダートは違う。向正面は上りだから動きづらく、体力を消耗してしまうこと、そして４コーナーから直線にかけては、なだらかに下る。差し馬には厳しい条件が揃って、圧倒的に逃げ・先行有利のコースになっている。

ダート１０００ｍならどの馬がハナに行くのか、ダート１７００ｍなら４コーナー３番手以内につけられる機動力がある馬はどれか。これを探すのが馬券的中の早道となる。

なお、１０００ｍ、１７００ｍのほかに年に１鞍だけダート２４００ｍが行われているけれど、レース数が少なすぎて血統的な傾向は語りにくい。基本的には４コーナー２番手以内につけられそうな馬を軸に、相手には４コーナー４番手以内の馬を狙う。ほとんど逃げ・先行か、マクれる馬しか来ないコースだ。

函館ダート1000m

逃げ馬の勝率……36・5%
複勝率……68・3%

ダート1000mは向正面入り口がスタート地点。スタートから4コーナーの入り口までが上りで、その後は下り、平坦となってゴールを迎える。

上り坂スタートということもあって、下級条件は序盤のペースが緩みがち。前が楽をしたまますぐに勝負どころに差し掛かるので、逃げた馬の3頭に1頭が勝つという、とんでもない逃げ馬天国となっている。とにかくどれが逃げるのかを探るのがポイントとなるコースだ。

そんな逃げ馬パラダイスのコースだけに、馬群に包まれた時点でほぼアウト。いかにスムーズに回ってくるかが大事で、外から押し込められやすい1枠はかなり不利。実際、勝率はわずか4・9%とすべての枠のなかでもっとも振るわないのが、最内枠だ。

一方、その横の2枠は経済コースのラチ沿いのポジションを取りやすく、ラチと外からの馬に挟まれることがない。結果、勝率はダントツの15・5%。2枠の次に勝率が高いのが8枠の11・7%だけに、いかに2枠が有利なのかがわかるというものだろう。

種牡馬ランキングに目を向けると、トップ3をフォーティナイナー系が独占している。

そのなかで1位は短距離ダートの雄、サウスヴィグラス。2位のスウェプトオーヴァーボードに、ほぼトリプルスコアをつける圧勝ぶりだ。出走頭数のわりに単勝回収値、複勝回収値とも高く、サウスヴィグラスが得意とするコースのなかでも買いやすいコースだ。何度も地方競馬のリーディングを取っている種牡馬らしく、力のいるダートで安定して好走している。

サウスヴィグラスはテンのスピードがあるので、前走で逃げていなくても、いきなり逃げ・先行策を取れる馬が多い。これを的確に見抜くのが難しいんだけど、一度でも先行したことがある馬、ブリンカーを着用してきた馬、減量騎手を起用してきた馬は、逃げ馬の候補と仮定して、馬券を組み立てたほうがいいだろうね。もちろんテン3ハロンのタイムを比較することも大事だ。

目安として、サウスヴィグラス産駒を1着で買うなら5番人気以内。ヒモで買うならもっと人気薄まで広げてもいい。函館は滞在競馬になるから、調教も実戦と同じダートコースで行われる。ほかの競馬場以上に、調教のタイムそのものが参考にできるコースでもある。間隔を詰めて使うのも買い材料。中1週か中2週なら、勝率も回収値も文句なしだ。

ちなみにフォーティナイナー系のダート短距離型といえば、パドトロワも地味に結果を残しているよね。現役時代に北海道で活躍した馬だから、産駒も北海道のダートで注目したい。

函館ダート1000m　注目種牡馬ランキング

順位	種牡馬	着別度数	勝率	連対率	複勝率	単回値	複回値
1	サウスヴィグラス	14-14-11-69/108	13.0%	25.9%	36.1%	243	94
2	スウェプトオーヴァーボード	5-2-3-19/29	17.2%	24.1%	34.5%	162	90
3	プリサイスエンド	3-3-3-5/14	21.4%	42.9%	64.3%	102	164
4	ゴールドアリュール	3-3-2-36/44	6.8%	13.6%	18.2%	35	32
5	バトルプラン	3-2-1-7/13	23.1%	38.5%	46.2%	493	134
6	ストリートセンス	3-1-1-5/10	30.0%	40.0%	50.0%	315	131
7	ディープスカイ	3-0-0-3/6	50.0%	50.0%	50.0%	330	108
8	ヘニーヒューズ	2-5-0-17/24	8.3%	29.2%	29.2%	62	67
9	クロフネ	2-4-3-7/16	12.5%	37.5%	56.3%	41	102
10	キンシャサノキセキ	2-4-1-19/26	7.7%	23.1%	26.9%	38	138
特注	ストームキャット系	－	－	－	－	－	－

ほかで大注目なのが５位のバトルプラン。エンパイアメーカー産駒のアメリカのGⅡホースだ。地方競馬で活躍する馬が多いから、中央ではあまり話題にのぼらないけど、最近は芝の活躍馬も出して存在感を増してきた。代表産駒は新潟のアイビスサマーダッシュを勝ったライオンボスや、大井の東京大賞典３着のモジアナフレイバー、東スポ杯２歳Ｓを勝ったプレスジャーニーなど。

函館ダート１０００ｍの出走数は多くないけど、勝率も回収率もすごい。穴も多いし、ダート競馬の好きな人はぜひ注目してほしい血統だ。

ちなみにバトルプラン産駒で勝ち星の多いコースのトップ３は、阪神ダート１８００、京都ダート１８００、中山ダート１８００。どちらかと言えば中距離型だから、函館ダート１０００ｍが特注というよりも、たまたまここでランキングに入っていたから取り上げたと思ってもらってもいいよ。

牝馬はダート中距離型が多く、牡馬はダート１０００～１４００ｍ向きの短距離型が多い。父のエンパイアメーカー産駒も、短距離馬から中距離馬まで幅広く出たように、バトルプラン産駒も適性距離などを決めつけず、幅広くとらえたい。

函館ダート1700m

逃げ馬の勝率……29・1%
複勝率……50・2%

スタート地点は直線の入り口付近。ほぼ平坦スタートだが1コーナーに入ると下り、２コーナーの途中から4コーナーまでが上りとなる。

逃げ・先行天国の函館ダートらしく、ＪＲＡのダート１７００ｍ、１８００ｍのなかでもっとも逃げ馬の勝率が高いのがここ函館（特殊だった20年春の開催を入れた福島ダート１７００ｍは除く）。あの差せないことで有名な新潟ダート１８００ｍをさらに上回る高率だ。

当然、前にいる馬が断然有利で、３コーナーでは5番手以内、４コーナーでは4番手以内にいるのが理想。スタートからスピードに乗れるタイプか、早めにマクってゴールまでなだれ込むことができるスタミナに溢れたタイプが狙い目だ。

タフなスタミナタイプということで、狙いやすいのが、母父ブライアンズタイムも含め、ブライアンズタイムの血を持っている馬。それぞれの種牡馬の産駒は少ないけれど、タイムパラドックス、フリオーソ、トーセンブライトなどがブライアンズタイム系だ。そのほか、エスポワールシチーも母父にブライアンズタイムを持つ。

後継種牡馬に恵まれたとは言えないけれど、しっかりとダート適性や、スタミナ、締まった流れでの強さを伝えていて、影響力の強い血だ。特にエスポワールシチーは今後、ダートのトップ種牡馬の1頭になっていくはずだから、函館ダート１７００ｍでも要注意だろう。

ランキング1位はゴールドアリュール。そのエスポワールシチーの父だ。サンデー系の砂の王者で、ダート中距離はどこでもランクに顔を出す。

函館ダート１７００ｍのオープン競走は大沼ＳとマリーンＳのふたつしかないけれど、この両レースを19年に連勝したリアンヴェリテもゴールドアリュール産駒だった。

大沼Ｓは稍重馬場を逃げて圧勝の逃げ切りだったように、脚抜きのいいダートになると一段と強さを増す馬がよくいるのも、ゴールドアリュールの血を持つ馬の特徴。エスポワールシチー産駒や、スマートファルコン産駒にも同じタイプをよく見かけるから、過去成績の「湿ったダート」と「良のダート」の結果は必ず比較しよう。

6位のエンパイアメーカーは、今後バトルプランに置き換えて注意すること。あとはキングマンボ系のズブいタイプも、このコースの成績がいい。11位ヴァーミリアン、12位ルーラーシップ、21位ワークフォースと、高率をマークしている。

種牡馬ランキングを見ると、10位以内の馬のうち5頭は自身が芝の２４００ｍ以上のレースで勝っている馬という共通点がある。2位マンハッタンカフェ(01年菊花賞、有馬記念。02年天皇賞・春)、4位キングカメハメハ(04年ダービー)、7位ディープスカイ(08年ダービー)、8位スズカマンボ(05年天皇賞・春)、10位シンボリクリスエス(02、03年有馬記念)がそう。ダート１７００ｍという字面の距離以上に、スタミ

函館ダート1700m　注目種牡馬ランキング

順位	種牡馬	着別度数	勝率	連対率	複勝率	単回値	複回値
1	ゴールドアリュール	11- 3- 9- 69/ 92	12.0%	15.2%	25.0%	139	77
2	マンハッタンカフェ	9- 6- 5- 22/ 42	21.4%	35.7%	47.6%	172	98
3	クロフネ	9- 5- 8- 56/ 78	11.5%	17.9%	28.2%	52	61
4	ダイワメジャー	8- 5- 7- 27/ 47	17.0%	27.7%	42.6%	188	127
5	キングカメハメハ	7- 6- 8- 84/ 105	6.7%	12.4%	20.0%	37	46
6	エンパイアメーカー	6- 4- 4- 60/ 74	8.1%	13.5%	18.9%	95	62
7	ディープスカイ	6- 3- 1- 17/ 27	22.2%	33.3%	37.0%	396	194
8	スズカマンボ	6- 2- 3- 41/ 52	11.5%	15.4%	21.2%	118	70
9	パイロ	5- 4- 3- 18/ 30	16.7%	30.0%	40.0%	38	197
10	シンボリクリスエス	5- 1- 3- 53/ 62	8.1%	9.7%	14.5%	118	41
特注	ヴァーミリアン	4- 5- 4- 32/ 45	8.9%	20.0%	28.9%	81	61
特注	ルーラーシップ	4- 5- 0- 19/ 28	14.3%	32.1%	32.1%	85	53
特注	ワークフォース	3- 1- 2- 12/ 18	16.7%	22.2%	33.3%	578	130
特注	エスポワールシチー	0- 2- 0- 11/ 13	0.0%	15.4%	15.4%	0	27
特注	ブライアンズタイム持ち	–	–	–	–	–	–

ナの必要なコースというイメージがこのラインアップからも伝わると思う。前につけられるスピードがあり、自身で動いていける機動力が求められる。

札幌競馬場
Sapporo Racecourse

札幌競馬場▶芝

コース図

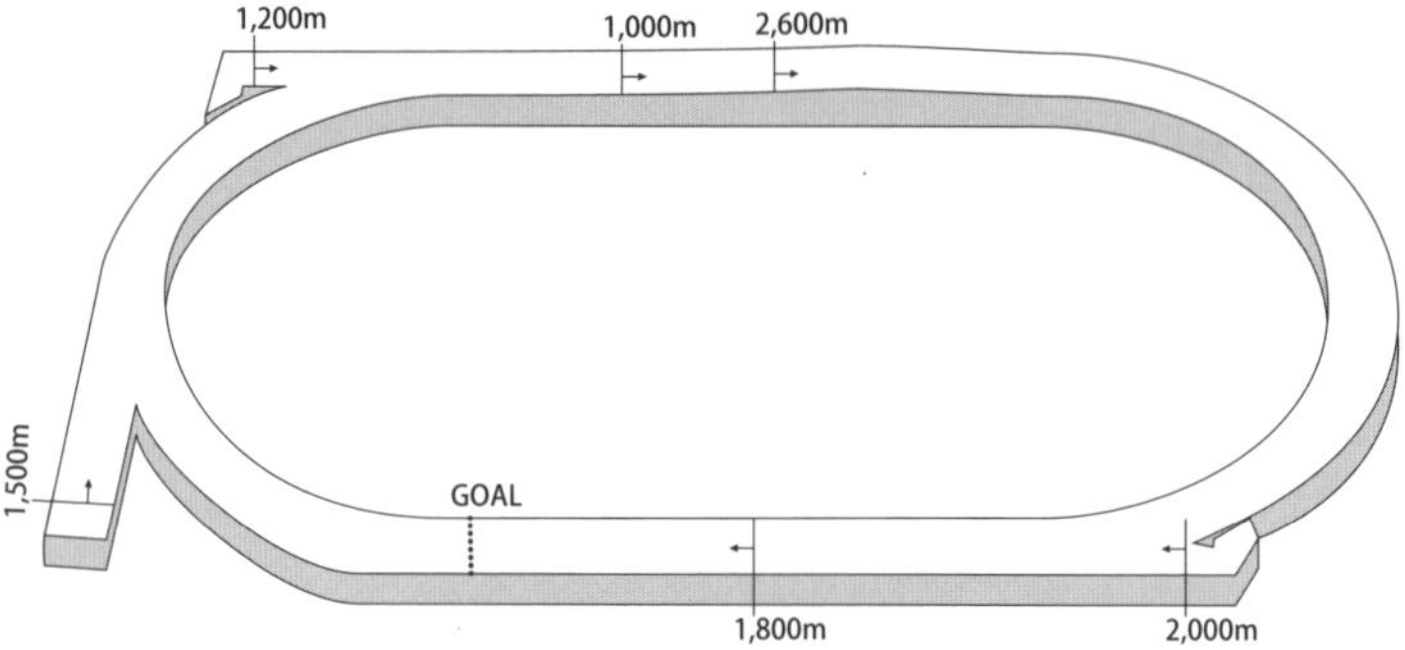

高低差断面図

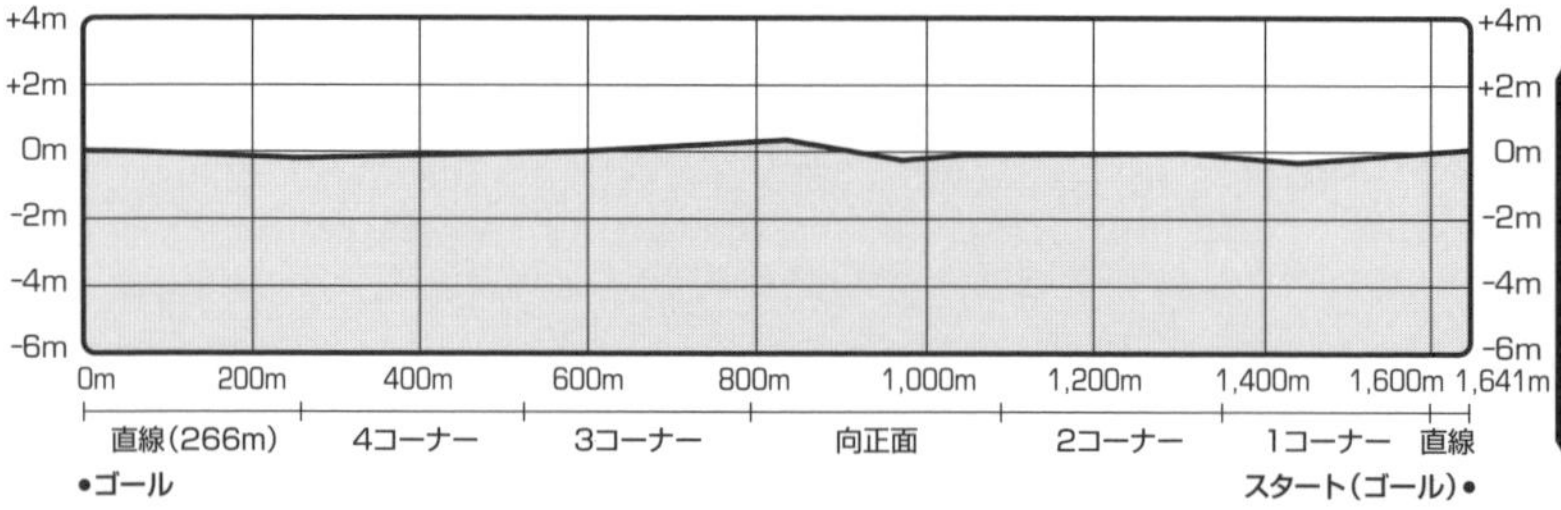

札幌芝下級条件（2勝クラス以下）種牡馬ベスト5

順位	種牡馬	着別度数	勝率	連対率	複勝率	単回値	複回値
1	ディープインパクト	39- 30- 26- 174/ 269	14.5%	25.7%	35.3%	68	78
2	ステイゴールド	22- 22- 11- 121/ 176	12.5%	25.0%	31.3%	111	82
3	ハービンジャー	21- 12- 29- 182/ 244	8.6%	13.5%	25.4%	62	70
4	ハーツクライ	18- 19- 17- 142/ 196	9.2%	18.9%	27.6%	82	74
5	キングカメハメハ	18- 18- 15- 115/ 166	10.8%	21.7%	30.7%	100	89

札幌芝上級条件（3勝クラス以上）種牡馬ベスト5

順位	種牡馬	着別度数	勝率	連対率	複勝率	単回値	複回値
1	ディープインパクト	8- 2- 4- 32/ 46	17.4%	21.7%	30.4%	94	57
2	ハービンジャー	5- 3- 3- 22/ 33	15.2%	24.2%	33.3%	129	60
3	ダイワメジャー	4- 1- 1- 19/ 25	16.0%	20.0%	24.0%	83	54
4	ステイゴールド	3- 6- 7- 29/ 45	6.7%	20.0%	35.6%	19	105
5	ハーツクライ	3- 3- 3- 34/ 43	7.0%	14.0%	20.9%	40	81

札幌芝コースは１周が約１６４１ｍで、直線の長さは約２６６ｍ（ともにＡコース使用時）。函館競馬場と同様、洋芝の施行となる。それぞれのコーナーの角度が大きくゆったりしているのが特徴で、コース全体の直線部分の割合が少ない。楕円というより円に近い、半径の大きなカーブをずっと曲がり続けているようなコースで、だから外を回され続けると距離を大きくロスしてしまう。

ローカルの「小回り」という表現をされることも多いけど、直線が短いというだけで、コーナー部分は東京の次に緩やかな大回り。むしろ「直線の短い大回りコース」と認識しておくべきだろう。

コーナーの緩やかさは種牡馬ランキングにも影響していて、〝溜めてビュッ〟のディープインパクト産駒は、直線が短くてもしっかり差し届いている。コーナーから加速できるためだ。ほかの競馬場に比べて、下級条件、上級条件ともに好走率が高くなっているのがわかるはず。

また函館とは違ってコースを通じてフラットで、高低差はわずか０・７ｍ。向正面にほんのちょっと上る箇所があるくらいで、坂の存在を考慮する必要はない。かといって、先行有利というコースでもないけれど。

洋芝、さらにクッションの効いたコースということで、他場よりも時計はかかりやすいが、雨が少なく、馬場は悪化しづらい。結果、ディープインパクトのようにきれいな馬場を好む馬の好走が多く、パワーを要する函館でスピードを殺されていた馬の巻き返しに注意が必要だ。

札幌芝１２００ｍ

逃げ馬の勝率……25・５％
複勝率……48・２％

札幌芝１２００ｍは2コーナー奥のポケットがスタート地点。

スピード勝負の平坦短距離戦で、同じ函館芝１２００ｍよりも逃げ馬の勝率、複勝率が高くなっている。加えて回収値も単勝が２４５、複勝が１４２とかなり高いだけに、馬券は逃げ馬を中心に組み立てるのが得策だろう。

そういうスピード任せのコースだけに、一応のランキング1位は前傾ラップに強いダイワメジャー。ただランキング1位から5位まで4勝で横並びのうえ、ダイワメジャーはやたらと2、3着が多い。出走数で稼いでいるだけで、ここがダイワメジャーの得意コースかと言われると、決してそんなことはない。

ダイワメジャー産駒、特に牝馬はだいたい2歳から勝ってクラシック、マイルＧＩ路線に乗るんだけど、そこではちょっと距離が長くて夏のスプリント戦で仕切り直し、再出発というパターンが多い。

このコースの重賞キーンランドCで2着（17年）に好走したソルヴェイグも、16年の桜花賞で大敗して、夏のスプリント路線で再出発。桜花賞の次走の函館スプリントSを12番人気1着→キーンランドＣ４番人気4着→スプリンターズＳ９番人気3着という成績を残した。翌年もヴィクトリアマイルに出走して9番人気5着に負け、その次走でキーンランドＣ２番人気2着に巻き返しているよね。芝１６００ｍで負けて、芝１２００ｍで好走というパターンだ。

ちなみに札幌芝１２００ｍのダイワメジャー産駒の勝ち鞍は牝馬だけ。もともと切れるタイプではないから２、３着が多いものの、牝馬ならなんとか勝ち切れる。それでも勝率は７・３％止まりなんだけれど。

ランキング２位はタイキシャトル。現役時代にフランスのマイルＧＩを勝った馬でもあり、洋芝がかなり得意だからね。ちなみにタイキシャトル産駒の４勝もすべて牝馬によるものだ。ＵＨＢ賞を勝ったクリーンファンキーなど、函館から続けて札幌でも好走することが多い。

４位に見慣れない馬名が入っているから、これも解説しておこう。インヴィンシブルスピリットはダンチヒ系の名種牡馬で、イギリスとフランスを中心に芝１２００ｍや芝１６００ｍのＧＩホースを多数出している。

こういう「欧州型のダンチヒ系」が強いのも札幌コースの特徴で、データの勝ち鞍は主にイッテツが稼いだものだけど、母父ダンチヒ系として括れば、キーンランドＣでも多数の上位馬

札幌芝1200m　注目種牡馬ランキング

順位	種牡馬	着別度数	勝率	連対率	複勝率	単回値	複回値
1	ダイワメジャー	4- 10- 11- 54/ 79	5.1%	17.7%	31.6%	62	125
2	タイキシャトル	4- 4- 2- 27/ 37	10.8%	21.6%	27.0%	56	68
3	ファルブラヴ	4- 3- 0- 21/ 28	14.3%	25.0%	25.0%	123	61
4	インヴィンシブルスピリット	4- 1- 0- 3/ 8	50.0%	62.5%	62.5%	220	108
5	ステイゴールド	4- 0- 2- 16/ 22	18.2%	18.2%	27.3%	162	64
6	キンシャサノキセキ	3- 7- 3- 52/ 65	4.6%	15.4%	20.0%	93	79
7	ロードカナロア	3- 5- 3- 23/ 34	8.8%	23.5%	32.4%	15	60
8	ヨハネスブルグ	3- 3- 4- 19/ 29	10.3%	20.7%	34.5%	36	115
9	サクラバクシンオー	3- 2- 1- 15/ 21	14.3%	23.8%	28.6%	134	112
10	ナカヤマフェスタ	3- 0- 2- 8/ 13	23.1%	23.1%	38.5%	1230	299
特注	父・母父ダンチヒ系	–	–	–	–	–	–

を送り出している。19年1着ダノンスマッシュと3着リナーテ、18年2着ダノンスマッシュと3着ペイシャフェリシタ、15年3着ティーハーフ、これら全部、母父ダンチヒ系だ。

ランキングを見渡しても、特定の種牡馬のシェアが高いわけではないから、こんなふうにざっくりと「欧州型のスピード」とか、そんなイメージのほうがうまくいくかも知れない。あとは、どの馬が逃げるのか、洋芝実績がある馬はどれか、夏に強い馬はどれか、函館から巻き返してこられそうな馬はどれかを考えて買っていくのが大切だろう。枠順は内も外も大きな有利不利なし。短距離戦だけど外枠が不利にならないことは知っておきたい。

それと、基本的には逃げ馬が有利だけど、重賞レベルになると逃げ切りは簡単ではない。開催後半の重賞のキーンランドCは差し馬もよく届く。15年ウキヨノカゼ、16年ブランボヌール、17年エポワス、19年ダノンスマッシュが、3コーナー5番手以降から勝っている。

また、逃げて勝ったナックビーナスも加えた15～19年の勝ち馬のうち、ブランボヌールは函館2歳S勝ち、ナックビーナスとダノンスマッシュは前年のキーンランドCでそれぞれ馬券圏内に好走していた。エポワスは洋芝の好走実績たっぷりで、函館スプリントS3着の実績あり。洋芝の重賞で好走経験があった馬がほとんどだ。勝ち切るには洋芝の重賞実績は必ずチェックしておきたい。

札幌芝1500m

逃げ馬の勝率……20.0%
複勝率……37.0%

ＪＲＡで唯一の設定距離。スタート地点は１コーナー付近のポケットで、２コーナーの入り口付近で本線に合流するレイアウト。スタートから最初のコーナーまでの距離が１７０ｍほどと短く、外枠の先行馬が内に入り込みづらい。中山芝１６００ｍに近いタイプのコースだ。中山同様、７枠、８枠の先行馬には不利なコースと言えよう。

ただ、これも中山と同じだが、差し馬にとって外枠は決して不利ではなく、枠順ごとの成績でも８枠の勝率10・５％は２枠に続いて２番目。安易に外枠不利と決めつけるのは避け、脚質との関係性を考えておきたい。

種牡馬ランキングのトップはディープインパクト。他場の１４００ｍ、１６００ｍと比較しても好走率が高く、安心して買えるコースではある。ただ、回収値は低いので、絞り込みは不可欠。ディープ絞り込みの基本戦略である「前走着順のいい馬や勢いのある馬」を狙うのがここでも使える。人気馬がよく走るディープ産駒らしく、このコースでもアタマは、１、２番人気。相手にも３番人気までを押さえておけばほとんどの好走をカバーできる。特に１番人気の信頼度は高く、【７２０１】で

札幌芝1500m　注目種牡馬ランキング

順位	種牡馬	着別度数	勝率	連対率	複勝率	単回値	複回値
1	ディープインパクト	11- 9- 5- 42/ 67	16.4%	29.9%	37.3%	49	67
2	ダイワメジャー	7- 6- 7- 31/ 51	13.7%	25.5%	39.2%	62	88
3	ロードカナロア	6- 3- 2- 12/ 23	26.1%	39.1%	47.8%	139	80
4	ハーツクライ	3- 4- 5- 25/ 37	8.1%	18.9%	32.4%	168	100
5	ノヴェリスト	3- 2- 1- 10/ 16	18.8%	31.3%	37.5%	111	110
6	タイキシャトル	3- 2- 0- 13/ 18	16.7%	27.8%	27.8%	92	64
7	ハービンジャー	3- 1- 6- 26/ 36	8.3%	11.1%	27.8%	109	66
8	ルーラーシップ	3- 1- 3- 11/ 18	16.7%	22.2%	38.9%	101	96
9	ブラックタイド	3- 0- 0- 10/ 13	23.1%	23.1%	23.1%	291	65
10	ロージズインメイ	3- 0- 0- 5/ 8	37.5%	37.5%	37.5%	215	58
特注	レッドスパーダ	0- 0- 1- 1/ 2	0.0%	0.0%	50.0%	0	165

勝率63・6%、複勝率81・8%と抜群。トリッキーなスタートとは裏腹に、人気のディープ産駒が強いというスタンダートな結果となっている。

近いうちにそのディープの牙城を崩しそうなのがロードカナロア。ランキングでは3位にとどまっているが、20年には2位、21年には1位を取る勢い。さすが平坦コースに強いところを見せている。急坂のない芝の１２００～１６００ｍはしばらくロードカナロアの天下が続くだろう。

特注種牡馬は5位のノヴェリスト。それにしても、札幌の芝１５００ｍで上位にランクインしてくるとはね。ノヴェリストは現役時代は２４００ｍで強かった馬だけど、血統的にはスピードに対応できる血が入っているので、幅広い距離に対応できる長所がある。

だから厩舎や馬主など使う側もよくわかっていないところがあって、代表産駒は牡馬の中長距離馬なんだけど、コンスタントに稼ぐのはマイラータイプの牝馬中心という傾向もある。札幌は洋芝だから、それが合うのは間違いないだろう。現役時代はイギリスのＧＩキングジョージをレコード勝ちした馬だからね。キングジョージを勝った馬が種牡馬になると、産駒はだいたい、洋芝とか、ちょっと時計のかかる芝コースが得意になる。ノヴェリストの牝馬はちょっとハービンジャー産駒に似た印象も受けるし、洋芝で徐々に加速するコースというのは、ヨーロピアンなこの血統には走りやすい。

あとは6位のタイキシャトルと10位のロージズインメイ。この両種牡馬はどちらもデヴィルズバッグの父系で、同じサイヤーラインだ。ダートも走れるパワー型のスピードで、短い直線を押し切るという共通のイメージ。

羊ケ丘特別という1勝クラスの札幌芝1500mの特別戦があるんだけど、16年はロージズインメイ産駒が1着、17年、18年はタイキシャトル産駒が1着。こういう細かいネタを知っていると役に立つと思う。

タイキシャトルの後継レッドスパーダも地味に頑張っていて、19年の2歳オープンのクローバー賞では、2着がタイキシャトル産駒のパブロフテソーロ、3着がレッドスパーダ産駒のクラヴィスと親仔で馬券になっていた。同じ父系グループとして注意しよう。

札幌芝1800m

逃げ馬の勝率……11・5%
複勝率……41・7%

直線半ばからスタート。1コーナーまで1ハロン弱しかなく、序盤のペースは落ち着きがち。ただ、緩やかなカーブを利した瞬発力勝負になるために、逃げ馬は逃げ粘れるが勝ち切れない傾向にある。逃げ馬は勝率が低い一方、複勝率が高いというデータは、馬券を組み立てる上でも重要なポイントとなる。早い話、逃げ馬は2着か3着に付けるのが有効だ。

枠順はロスなく先行できる内枠と、差しやすい外枠が有利という傾向。脚質を考えながら、枠順の有利不利も考えること。

ランキング1位はディープインパクトで、勝率19・7%、複勝率42・6%は他場の同距離と比較しても高い。

注目は2位のハービンジャー。ディープインパクトと遜色なく、特別戦だけに限ればディープを上回って1位にくる。内容も濃く、18年のクイーンSを勝ったディアドラ、18年の札幌2歳Sを勝ったニシノデイジーと、重賞でも活躍している。特に1番人気の安定感が素晴らしくて、勝率54・5%、連対率は驚きの１００％。1番人気で11頭出走してこの成績は素晴らしい。

かといって人気薄で走らないわけではなくて、ニシノデイジーは6番人気だったし、ひと桁人気なら検討の余地あり。近走の敗因をチェックして、札幌替わりで巻き返せるようなら、積極的に買っていいだろう。函館芝１８００ｍでもよく走るから、まとめてマークしておくこと。

新しいところでは、新種牡馬のゴールドシップだ。19年の札幌2歳Sをブラックホールとサトノゴールドの初年度産駒が1、2着。

洋芝、開催最終週、そして渋った稍重馬場と、いかにもゴールドシップが得意そうな時計のかかる条件が揃っていたところでのワンツー。「ああ、やっぱりか」と歓声を上げた人も多かったのでは。

実際、ゴールドシップ産駒の全場の成績を見ても、芝の良馬場での勝率6・9%に対して、稍重だと11・1%。複勝率は、良が24・9%、稍重29・6%、重33・3%、不良44・4%と、馬場が重くなるにつれて率が上がっていく。現役時代、皐月賞のインコースをショートカットしたり、道悪は抜群にうまい血統だから、洋芝+道悪は鬼に金棒のようなもの。良馬場も走れるけど、時計がかかる馬場、パワーを要する馬場に強いことはたしかだ。

札幌2歳Sは、最終週に行われることもあって、毎年、力のいる馬場を走れるタイプが好走するよね。18年は1着ハービンジャー産駒（ニシノデイジー）、2着ダノンバラード産駒（ナイママ）だったし、17年は1着オルフェーヴル産駒（ロックディスタウン）、2着サドラー系のダウンアプローチ（ファストアプローチ）だった。

同じステイゴールド後継種牡馬ということで、オルフェーヴルとゴールドシップは一緒に語られることも多いけど、気性の繊細さや、走りのムラっぽさはオルフェーヴル産駒のほうが激しい。ゴールドシップ産駒は意外と素直というか、さほど気性の難しさは感じない。オルフェーヴル産駒で札幌２歳Sを勝ったロックディスタウンは、繊細すぎて走るのが嫌いになってしまったと聞いたけど、ゴールドシップ産駒のブラックホールは丈夫に戦歴を重ね、良馬場のダービーでも最後はすごい脚を使っていた。３歳の夏や4歳の夏の札幌で上昇するような晩成型のゴールドシップ産駒も出てくるんじゃないか。

このコースで行われるもうひとつの重賞・クイーンSは、近5年の勝ち馬と2着馬の種牡馬が全部違う。中距離の芝重賞というのは普通、サンデー系が断然強いんだけど、札幌、中山、福島など直線の短いコースの芝１８００ｍの牝馬重賞

札幌芝1800m　注目種牡馬ランキング

順位	種牡馬	着別度数					勝率	連対率	複勝率	単回値	複回値
1	ディープインパクト	12-	7-	7-	35/	61	19.7%	31.1%	42.6%	111	83
2	ハービンジャー	11-	6-	8-	48/	73	15.1%	23.3%	34.2%	111	66
3	キングカメハメハ	10-	4-	4-	37/	55	18.2%	25.5%	32.7%	271	128
4	ハーツクライ	5-	5-	2-	39/	51	9.8%	19.6%	23.5%	46	57
5	ステイゴールド	4-	9-	4-	35/	52	7.7%	25.0%	32.7%	50	108
6	シンボリクリスエス	4-	0-	0-	16/	20	20.0%	20.0%	20.0%	382	56
7	アドマイヤムーン	3-	1-	3-	10/	17	17.6%	23.5%	41.2%	668	214
8	ヴィクトワールピサ	3-	1-	3-	19/	26	11.5%	15.4%	26.9%	96	46
9	ジャングルポケット	3-	1-	0-	15/	19	15.8%	21.1%	21.1%	229	52
10	クロフネ	3-	0-	0-	12/	15	20.0%	20.0%	20.0%	70	30
特注	ゴールドシップ	1-	1-	0-	2/	4	25.0%	50.0%	50.0%	735	177
特注	ダノンバラード	1-	1-	0-	1/	3	33.3%	66.7%	66.7%	340	123

は、サンデー系以外が活躍するという面白い特徴がある。クイーンSはそのひとつだ。

実際、過去5年でサンデー系の1着は19年のミッキーチャームだけ。残りの4回の1着は非サンデー系だった。15年はアグネスデジタル産駒のメイショウスザンナ、16年はストーミングホーム産駒のマコトブリジャール、17年はクロフネ産駒のアエロリット、18年はハービンジャー産駒のディアドラという具合だ。非サンデー系は人気になりにくい馬が多いから、穴狙いの参考になるだろう。

前走マーメイドS組か、ヴィクトリアマイル組の好走が多いレースだけど、好走してきた馬よりむしろ「マーメイドSで負けて巻き返す」パターンのほうが馬券的には面白い。

札幌芝2000m

逃げ馬の勝率……9・3%
複勝率……18・6%

札幌芝2000mは4コーナーの出口付近にあるポケットからスタート。1800mよりスタート地点が200m下がったぶん、逃げ馬の複勝率が大きく下がっている。スタートから2ハロンほど直線があり、コーナー部分の多いコースで外を回されたくないという意識もあって、序盤からポジション争いが厳しくなりやすく、ペースが速くなるのがその原因だろう。

結果、好位や中団から速い上がりを使える馬に有利なコースとなっており、上がり1位をマークした馬の勝率が43・4%、複勝率77・8%と高くなっている。

速い上がりをマークできる馬が強いとなればディープインパクトが強い。2位のステイゴールドに5勝差をつけてランキング1位。ほかのコースでは基本的に〝好調馬を買う、近走着順のいい馬を買う〟というのがディープの買い方だけれど、このコースでは前走着順がひと桁人気なら巻き返してこられる。

むしろ回収値を考えると、前走で掲示板を外した6〜9着のディープ産駒が狙い目で、勝率14・８％、複勝率29・６％、単勝回収値は１２１。ディープ産駒は上位人気中心に買うのを基本としつつ、札幌芝２０００ｍではもっと人気薄の馬まで手を広げて狙っていけるんだ。

２位以下は王道種牡馬が並んでいる。キングカメハメハ、ハーツクライ、エイシンフラッシュ、ジャングルポケットなど、現役時代にダービーやジャパンCといった東京芝２４００ｍのGⅠで上位に来たような種牡馬が多い。それだけ王道を行くスタミナも必要なコースと言える。

注目株としてモンテロッソを挙げておこう。今回はベスト10には入れなかったけど、今後は成績を上げてきそうな雰囲気だ。

モンテロッソは父がシーキングザゴールド系のドバウィだけに「マイラーか？」と思われていたフシもあるけど、そんなイ

札幌芝2000m　注目種牡馬ランキング

順位	種牡馬	着別度数	勝率	連対率	複勝率	単回値	複回値
1	ディープインパクト	14- 11- 9- 68/ 102	13.7%	24.5%	33.3%	75	68
2	ステイゴールド	9- 11- 7- 59/ 86	10.5%	23.3%	31.4%	57	83
3	キングカメハメハ	7- 9- 7- 52/ 75	9.3%	21.3%	30.7%	45	98
4	ハービンジャー	7- 6- 13- 85/ 111	6.3%	11.7%	23.4%	44	78
5	ハーツクライ	6- 5- 7- 61/ 79	7.6%	13.9%	22.8%	55	58
6	マンハッタンカフェ	4- 4- 6- 30/ 44	9.1%	18.2%	31.8%	148	108
7	シンボリクリスエス	3- 2- 1- 13/ 19	15.8%	26.3%	31.6%	172	91
8	ルーラーシップ	3- 1- 2- 22/ 28	10.7%	14.3%	21.4%	70	41
9	エイシンフラッシュ	2- 5- 1- 10/ 18	11.1%	38.9%	44.4%	90	218
10	ジャングルポケット	2- 2- 5- 24/ 33	6.1%	12.1%	27.3%	41	76
特注	モンテロッソ	2- 1- 0- 2/ 5	40.0%	60.0%	60.0%	102	72

メージよりもだいぶ適性距離は長い。産駒はスタミナがあり、相当ズブいヨーロッパな感じだ。洋芝の中距離で台頭してくるということは、母系のサドラーズウェルズが出ているんだろう。

重賞の札幌記念は秋のＧＩ戦線の前哨戦のような扱いで、出走馬のレベルも高くなる。ひと昔前は秋に1走、2走して天皇賞（秋）へというのが主流だったけれど、今は育成技術の向上や、馬への負担を考えてぶっつけでＧＩへ向かう馬も少なくなった。そういう意味で、天皇賞（秋）まで2カ月という札幌記念は秋ＧＩへ向けて使いやすいレースになっている。実績がある馬でも斤量を背負わなくていいし、クッションの効いた馬場も前哨戦に歓迎される。

実際、札幌記念をステップにした馬が毎年のように秋ＧＩで好走しているよね。16年1着のネオリアリズムは次走のマイルＣＳで3着。2着モーリスは天皇賞（秋）1着。3着レインボーラインが菊花賞2着。18年も1着サングレーザーが天皇賞（秋）2着。3着モズカッチャンがエリザベス女王杯3着。海外ＧＩの前哨戦としても、19年1、3着のブラストワンピース、フィエールマンが札幌記念のあとに凱旋門賞に出走している。

馬券的にはやはりディープインパクトが強い。15年ディサイファ、17年サングレーザーが勝っている。近5年で馬券に絡んだディープ産駒は、ディサイファ以外はＧＩで3着以内の実績があったし、ディサイファにしても重賞で2勝を含む4回の馬券絡みを果たしていた。

穴ならキングカメハメハ。17年には札幌記念の1着から3着まで産駒が独占した。6番人気1着サクラアンプルール、12番人気2着ナリタハリケーン、1番人気3着ヤマカツエース。15年にもヒットザターゲットが8番人気で2着に好走している。

札幌芝2600m

逃げ馬の勝率……14・9%
複勝率……29・8%

スタート地点は向正面なかほど。そこからコースを1周半する設定となっているため、合計6つのコーナーを回ることになる。

函館と違ってほぼ平坦コースなので、スタミナだけでなく、切れる脚も重要。だから前走で函館芝２６００ｍを走った馬の勝率は7・9%、複勝率23・6%と意外と低く、それよりも高いのは、東京芝２４００ｍを走ってきた馬の勝率25・9%、複勝率40・7%。こっちのほうが断然いい。出走数は前走函館芝２６００ｍが89。一方の東京芝２４００ｍが27と3倍ほども違うのに、勝利数は同じ7だからね。イメージほど函館芝２６００ｍとつながらないのは大事なポイントだと思う。中央のスピード馬場にも対応できる馬のほうがいい。

逆も然りで、札幌芝２６００ｍの条件戦で好走した馬が、中央の長距離重賞で活躍するきっかけにもなっている。15年の札幌日刊スポーツ杯を勝ったトゥインクルは同年のステイヤーズSで3着、16年のダイヤモンドSで1着に好走。さらに17年の札幌日刊スポーツ杯を勝ったリッジマンは18年ダイヤモンドSで3着、ステイヤーズS1着。

また、リッジマンが阿寒湖特別2着（5番人気）、札幌日刊スポーツ杯1着（5番人気）、丹頂S1着（5番人気）と、好走を繰り返しているように、特殊なコースだけあってリピーターには要注意。過去にこのコースを好走している馬は、人気薄でも必ずチェックが必要だ。

ランキングを見ると、1位ディープインパクト、2位ステイゴールド、3位ハーツクライ、このトップ3の占有率が高い。この3種牡馬の産駒はどれか来ると思ったほうがいいだろう。

特に最近のオープンクラスではハーツクライ産駒が強い。19年丹頂Sは1着から3着まで独占。19年札幌日経オープンも1着と3着がハーツクライ産駒のカフジプリンスとタイセイトレイルだった。スタミナ勝負になるとやはり浮上してくるね。

ステイゴールドの直仔は減ってしまうけど、代わりにゴールドシップやオルフェーヴルが埋めるだろうし、もうすでにナカヤマフェスタも上位に入っているね。フェノーメノの産駒もナカヤマフェスタと同タイプだし、今後はちょっと伸び悩んでいるステイゴールド系のステイヤーが、この距離を得意にすることになるだろう。

ほかでは、3年前に「今後に期待」としたワークフォースが4位に上がっている。産駒の不振で16年シーズンを最後にアイルランドに渡ったけれど、残された産駒がちゃんと〝らしい〟ところで活躍している。

札幌芝2600m　注目種牡馬ランキング

順位	種牡馬	着別度数					勝率	連対率	複勝率	単回値	複回値
1	**ディープインパクト**	8-	4-	3-	29/	44	18.2%	27.3%	34.1%	97	96
2	**ステイゴールド**	6-	6-	4-	23/	39	15.4%	30.8%	41.0%	148	95
3	**ハーツクライ**	5-	3-	4-	31/	43	11.6%	18.6%	27.9%	72	100
4	**ワークフォース**	2-	2-	5-	17/	26	7.7%	15.4%	34.6%	33	66
5	**ハービンジャー**	2-	2-	4-	30/	38	5.3%	10.5%	21.1%	18	62
6	**ナカヤマフェスタ**	2-	1-	0-	1/	4	50.0%	75.0%	75.0%	630	175
7	**スウェプトオーヴァーボード**	2-	1-	0-	0/	3	66.7%	100.0%	100.0%	646	223
8	**シンボリクリスエス**	2-	0-	0-	10/	12	16.7%	16.7%	16.7%	85	31
9	**マンハッタンカフェ**	1-	2-	1-	10/	14	7.1%	21.4%	28.6%	36	91
10	**キングカメハメハ**	1-	0-	3-	21/	25	4.0%	4.0%	16.0%	10	29

札幌競馬場▶ダート

コース図

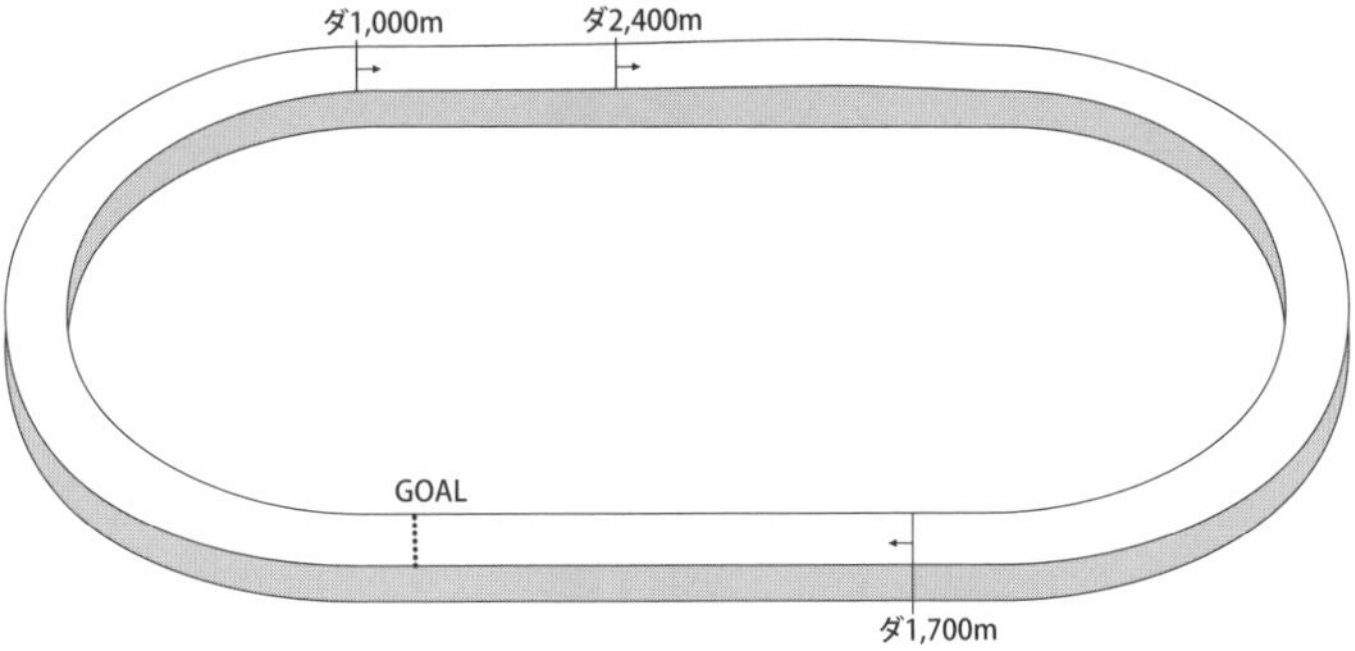

高低差断面図

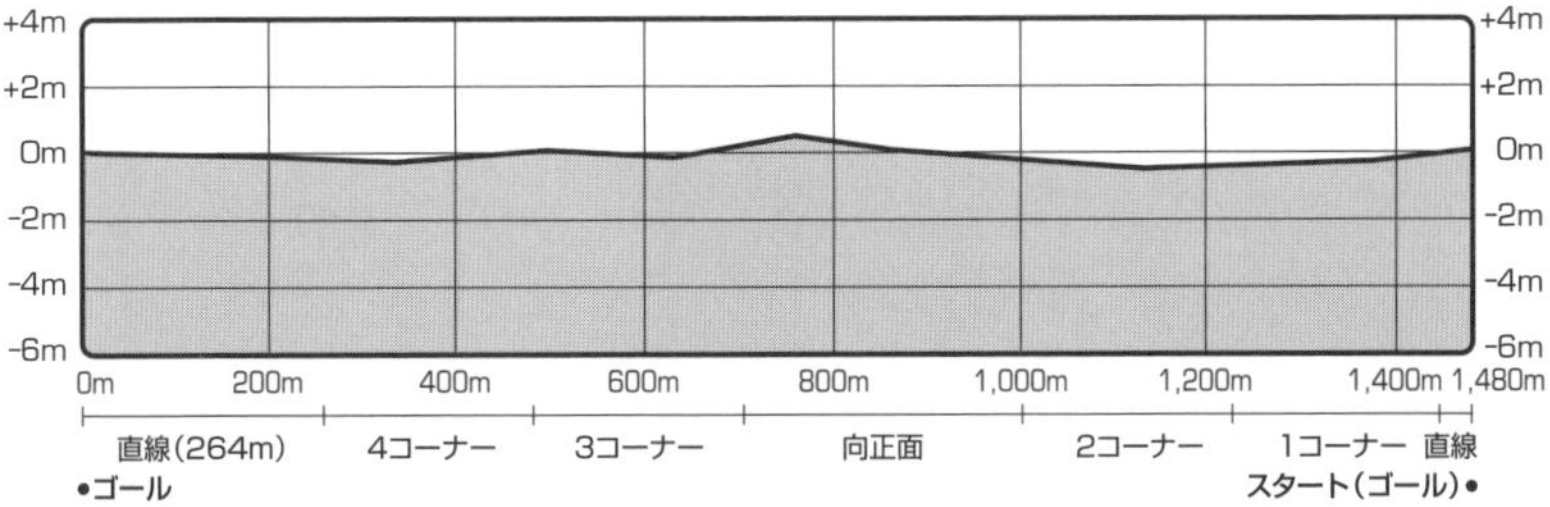

札幌ダート下級条件(2勝クラス以下)種牡馬ベスト5

順位	種牡馬	着別度数	勝率	連対率	複勝率	単回値	複回値
1	**ゴールドアリュール**	13- 17- 6- 109/ 145	9.0%	20.7%	24.8%	28	58
2	**サウスヴィグラス**	11- 11- 12- 71/ 105	10.5%	21.0%	32.4%	92	113
3	**ハーツクライ**	11- 7- 5- 49/ 72	15.3%	25.0%	31.9%	99	71
4	**キングカメハメハ**	11- 6- 9- 86/ 112	9.8%	15.2%	23.2%	59	120
5	**アグネスデジタル**	10- 3- 7- 26/ 46	21.7%	28.3%	43.5%	126	94

札幌ダート上級条件(3勝クラス以上)種牡馬ベスト5

	種牡馬	着別度数		連対率	複勝率	単回値	複回値
1	**トーセンブライト**	1- 1- 0- 0/ 2	50.0%	100.0%	100.0%	205	405
2	**カネヒキリ**	1- 0- 1- 3/ 5	20.0%	20.0%	40.0%	244	76
3	**フサイチリシャール**	1- 0- 0- 2/ 3	33.3%	33.3%	33.3%	950	146
4	**アグネスタキオン**	1- 0- 0- 1/ 2	50.0%	50.0%	50.0%	205	90
5	**ジャングルポケット**	1- 0- 0- 0/ 1	100.0%	100.0%	100.0%	610	190

札幌のダートコースは１周距離が１４６７ｍ、直線の距離は約２６４ｍで、コース全体の高低差は芝よりも若干大きい０・９ｍ。ただ、高低差とはいっても２コーナーから向正面の終わりにかけての約４００ｍをかけて上るかたちになっているだけなので、平坦という扱いでいいだろう。距離設定は１０００ｍ、１７００ｍ、２４００ｍの３つ。１７００ｍでは重賞のエルムＳが行われている。また、２４００ｍは年に２〜３レースが行われるのみなので、本書では１０００ｍ、１７００ｍを中心に解説していこう。

札幌ダート１０００ｍ

逃げ馬の勝率……30・2％
複勝率……66・3％

１０００ｍのスタート地点は２コーナーの出口付近。一応緩やかな上り坂の途中からのスタートとなるが、前半のラップに大きな影響を及ぼすほどの坂ではない。

良馬場なら前半２ハロンが23秒フラットから23秒前半、３ハロンが34秒台というのがデフォルトとなっている。これは決して速いラップではなくて、レースでは距離のわりにそれなりの速い上がりが求められるんだ。

上がりの脚が必要とはいっても、この距離だけあってさすがに逃げ・先行馬が強い。集計期間内に行われた83レースのうち70レースで、４コーナー通過順位３番手以内の馬が勝っている。他場のダート１０００同様、まずはどの馬が逃げるのか、先行から早めに前に取り付く競馬ができるのかを考えるのが的中への早道だ。

当然、先行争いも激しくなり、外から押し込まれる内枠は不振。1枠はどの枠よりも成績が悪く、勝率5・8％、複勝率20・9％。次いで外を回らされる可能性の高い8枠が悪い。もっとも成績が良いのは7枠の勝率12・1％だけど、2～7枠はほぼ偏りなしと判断していいだろう。極端な1枠、8枠だけ若干割り引きというイメージでいい。

種牡馬ランキングの1位はもう見なくてもわかるサウスヴィグラス。ただ、他場と比較して勝ち星が抜けているということはなく、勝率も平凡。出走数で押し切った1位だ。

大事なのは牡馬と牝馬の違い。サウスヴィグラス牡馬は2勝しかしておらず、2、3着のほうが多い。牝馬は1着で来るので、アタマで狙うなら牝馬。またコースの傾向通りに1、8枠も割り引きだ。

それよりも注目は2位のキンシャサノキセキ。この出走数で単勝回収値233、複勝回収値152は素晴らしい。下級条件の馬券が好きな人にはオススメの種牡馬だ。これだけの回収値もあるし、無理に絞る必要はないけれど、あえて絞るなら、湿った馬場

札幌ダート1000m　注目種牡馬ランキング

順位	種牡馬	着別度数	勝率	連対率	複勝率	単回値	複回値
1	サウスヴィグラス	9- 9- 8- 51/ 77	11.7%	23.4%	33.8%	102	93
2	キンシャサノキセキ	5- 2- 4- 17/ 28	17.9%	25.0%	39.3%	233	152
3	ロードカナロア	4- 4- 2- 8/ 18	22.2%	44.4%	55.6%	51	390
4	スウェプトオーヴァーボード	4- 3- 1- 20/ 28	14.3%	25.0%	28.6%	44	61
5	アグネスデジタル	4- 0- 3- 7/ 14	28.6%	28.6%	50.0%	277	127
6	ゴールドアリュール	3- 5- 0- 28/ 36	8.3%	22.2%	22.2%	37	58
7	トランセンド	3- 2- 0- 6/ 11	27.3%	45.5%	45.5%	90	92
8	エンパイアメーカー	3- 1- 7- 9/ 20	15.0%	20.0%	55.0%	79	140
9	シニスターミニスター	3- 1- 0- 9/ 13	23.1%	30.8%	30.8%	440	97
10	ダイワメジャー	2- 4- 0- 16/ 22	9.1%	27.3%	27.3%	66	55

がいい。稍重の脚抜きの良いダートでさらに成績を上げてくる。また１２００ｍ、１４００ｍからの距離短縮組がよく走っているのも特徴的。前走と同距離の勝率が6・7%で、距離短縮は30・8%。出走数はほぼ同数なのにこの違いはかなり大きい。札幌ダート１０００ｍは「距離短縮のキンシャサノキセキ産駒を狙え」でいこう。

　このキンシャサノキセキもそうだけど、ロードカナロア、スウェプトオーヴァーボード、アグネスデジタルと、2～5位まで芝でも重賞勝ち馬を出している種牡馬が占めている。冒頭で書いたように、カーブが多くスピードが抑えられるぶん、この距離のわりには終いも脚を使う必要がある。だからこそこのラインナップなんだろう。

札幌ダート1700m

逃げ馬の勝率……15・２%
複勝率……37・８%

　ダート１７００ｍはスタンド前から発走して、そのままコースを1周するレイアウト。本来ダート１７００ｍは早め仕掛けからのタフな持続力勝負になることが多いけれど、札幌ダート１７００ｍの最大のポイントは、他場のダート１７００ｍとの逃げ馬の好走率の違い。

　福島、小倉、函館のダート１７００ｍと比較してみよう。

函館ダート１７００ｍ

■逃げ馬の勝率……29・1%、複勝率……50・2%
福島ダート１７００ｍ（特殊だった20年春開催を除いた成績）
■逃げ馬の勝率……21・2%、複勝率……42・9%
小倉ダート１７００ｍ
■逃げ馬の勝率……16・0%、複勝率……36・4%

　こうして並べると、逃げ馬にかなり厳しい小倉と同等の数字で、函館とは大きな差。札幌ダート１７００ｍの好走率の低さがわかると思う。実際、このコースで行われるエルムSでは、逃げ切りがなく、過去5回中、3着が3回、2着が1回。馬券圏内に粘るけれども、最後は上がり上位の馬にかわされてしまい、勝てないというのが例年のパターンだ。16年は1番人気のモンドグラッセが逃げて3着に捕まった。

　コーナー部分が多くて前傾ラップになりづらい（レース全体を通じて速いラップが続きがち）↓上がりの脚が求められるというのは札幌ダート１０００ｍと同じ構図だろう。

札幌ダート1700m　注目種牡馬ランキング

順位	種牡馬	着別度数	勝率	連対率	複勝率	単回値	複回値
1	キングカメハメハ	10- 6- 8- 74/ 98	10.2%	16.3%	24.5%	45	130
2	ゼンノロブロイ	10- 2- 4- 31/ 47	21.3%	25.5%	34.0%	143	87
3	ゴールドアリュール	9- 11- 6- 81/ 107	8.4%	18.7%	24.3%	25	57
4	ハーツクライ	9- 5- 5- 41/ 60	15.0%	23.3%	31.7%	107	77
5	クロフネ	6- 8- 9- 73/ 96	6.3%	14.6%	24.0%	32	50
6	カネヒキリ	6- 8- 3- 34/ 51	11.8%	27.5%	33.3%	75	75
7	エンパイアメーカー	6- 6- 10- 52/ 74	8.1%	16.2%	29.7%	95	73
8	ステイゴールド	6- 5- 3- 32/ 46	13.0%	23.9%	30.4%	51	116
9	アグネスデジタル	6- 3- 5- 19/ 33	18.2%	27.3%	42.4%	58	81
10	ディープインパクト	5- 5- 3- 38/ 51	9.8%	19.6%	25.5%	219	135

ただ、レース全体を通じて速いラップが続くということは、後方からは差しづらいということでもある。直線が短いうえに、速いラップをさらに上回るラップで追い上げる必要が生じる。だから逃げ馬は勝てないものの、基本的には前にいる馬に有利なコースではあるんだ。

種牡馬ランキングで目立つのは2位のゼンノロブロイ。こんな上位にいるだけで感動的だけど、ゼンノロブロイ産駒の勝ち切り方はちょっとすごい。これだけ走って勝率21・３％。

中京競馬場のところで「ロブロイは直線の長いダートがいい」と書いたけど、大回りの緩やかなカーブで擬似直線みたいな札幌ダートも合うんだね。速いラップが続くなかでの差し脚比べも、ロブロイ産駒は得意だ。

後継種牡馬には恵まれていないけど、ペルーサの産駒が20年にデビューを迎えている。なんとか頑張って意地を示してほしい。ペルーサ産駒が札幌ダート１７００ｍに出てきたら、狙ってみたくなるよね。

あとは勝ち切れないけど、アグネスデジタルの複勝率もすごいし、締まったラップの流れで上位に走れるカネヒキリもちゃんと顔を出している。カネヒキリ産駒は、ロンドンタウンが17年エルムＳ1着、ミツバが18年エルムＳ３着と、エルムＳを得意にしている。札幌のダート１７００ｍはカネヒキリが得意、ダート１０００ｍはキンシャサノキセキが得意と、どちらもフジキセキの後継という共通点がある。

ちなみにダート２４００ｍにも触れておくと、1位はハーツクライで【２ １ ０ ３】。２位はワークフォースで【２ ０ ３ ７】、３位ディープインパクト【２ ０ ０ ４】。

ワークフォースはこの距離のダートでも勝ち切れないというのは切ないけれど（笑）、人気になりにくい馬だし、3連系の馬券のお供にぴったり。ふた桁人気の馬だけカットして馬券に入れておこう。

◉著者紹介

田端　到（たばた　いたる）

1962年、新潟県生まれ。

週刊誌記者を経てフリーのライターに。独特の視点からのデータ収集と、そのデータを巧みに使いこなす手法、またときには辛辣ながらも競馬愛に溢れた軽妙な文章には定評がある。競馬歴の浅い深いにかかわらず、氏の語り口に魅了されるファンは多い。日刊スポーツ紙上の連載コラム「血論」も人気で大穴馬券の的中もしばしば。

競馬のみならず野球や卓球などに造詣が深く、関連記事、書籍も多数。

主な著書に『田端到・加藤栄の種牡馬事典』シリーズ（東邦出版）、『金満血統王国』シリーズ（KADOKAWA）など。

JRA 距離《きょり》・コース別《べつ》
王様《おうさま》・田端到《たばたいたる》の
だから血統《けっとう》はやめられん！

2020年８月13日　初版第１刷発行
2020年10月20日　初版第２刷発行

著　者　　田端到《たばたいたる》
発行者　　岩野裕一
発行所　　株式会社 実業之日本社
〒107-0062
東京都港区南青山5-4-30
CoSTUME NATIONAL Aoyama Complex 2F
電話 03-6809-0452（編集）
03-6809-0495（販売）
https://www.j-n.co.jp/

印刷・製本　大日本印刷株式会社

ISBN978-4-408-42094-3（一般実用）